KB175107

韓半島 平和와 多者安保協力 構想
韓國과 中國의 立場

畢穎達

경인문화사

추천사

필영달 박사의 책 〈한반도평화와 다자안보협력구상〉은 한반도문제를 관련국가들 사이의 협력과 공조로 해결하기 위한 그간의 과정을 정리, 평가하고 특히 이에 대한 중국의 입장을 중점적으로 다룬 책이다. 저자는 무엇보다도 냉전이 종식된 이후에 새롭게 전개된 동북아지역의 국제정세를 종합적으로 관찰한 다음, 한국의 김영삼 정부 이후 이명박 정부까지의 대북정책을 충실하게 검토했고, 한국과 중국의 다자간안보협력 구상에 대한 정책들을 분석 · 평가했다. 특히 필 박사는 중국이 냉전이 지속되던 시기에는 남북한 자주평화통일을 지지했지만 다자주의 안보협력 구상은 제안하지도 지지하지도 않았음을 지적했다. 그러나 냉전이 종식된 이후 중국은 신안보관을 정립하고 한반도 평화안정과 동북아 지역평화를 위해 다자안보협력 방안을 적극 지지하고 있다고 필자는 주장했다. 그런 점에서 이 책은 한반도문제와 동북아 평화에 관심있는 학자나 국제정치학도들에게 유익한 참고가 될 것이며, 특히 6자회담 등과 같은 다자주의적 평화구상 관련 정책연구자들이나 실무자들에게도 많은 도움이 될 것으로 생각한다.

한국학중앙연구원 정윤재 교수

2013. 10. 28

책을 내면서

한반도 평화와 다자안보협력 구상

본 연구는 탈냉전 이후 한국 정부가 제시한 한반도 평화를 지향하는 다자안보협력 구상, 그리고 이에 관한 중국의 입장과 역할을 분석하는 데 목적을 두고 있다. 이에 중점적으로 탈냉전 시기에 변화하는 동북아 안보 정세, 김영삼 정부 이후 현재까지 한국의 대북정책, 한국과 중국의 다자안보협력 구상에 대한 태도 등을 자세히 살펴보았다.

탈냉전 이후 동북아 국가들 간에 경제협력과 상호의존 관계가 심화해지는 반면 군사·안보적으로는 대립과 억제 관계가 여전히 존재하고 있다. 특히 북한의 핵개발 등으로 인해 한반도의 정세는 전쟁으로 비화될 가능성이 배제되지 못한다. 이러한 점들을 고려할 때 관련 국가들이 다자안보협력을 통해 현안문제들을 해결함으로써 평화적 지역 환경을 조성하는 것이 필요하다.

1980년대 중반부터 한국의 노태우 정부는 북방정책을 단행함으로써 중국, 소련, 북한 등 주변 사회주의 국가와의 관계를 개선하였다. 이것은 다자안보협력을 전개하는 토대를 마련해 주었다. 이후 한반도 평화 정착을 위하여 김영삼 정부부터 각 정부는 다자주의의 안보구상을 제시하였다.

1993년 김영삼 정부는 한반도 평화협정 당사자 문제에 대한 기존의 남북한 대립적 입장을 절충하여 4자회담을 제안하였다. 이 구상은 다자회담의 장에서 지속적인 남북대화를 통해 신뢰를 증진하고 남북평화협정을 체결하는 동시에 중·미 양국이 이를 보장해 주는 2+2방식으로 한반도 평화체제를 구축하는 데에 근본적인 목적을 두었다. 그러나 남북한이 평화협정의 당사자 및 미군철수 등의 핵심 문제에서 합의를 달성하지 못하여 4자회담은 실패로 끝나고 말았다.

1998년 출범한 김대중 정부는 과거 정부의 흡수통일론을 포기하고 햇볕정책을 실시하게 되었다. 이 햇볕정책은 남북화해·협력을 지속적으로 추진하여 북한이 스스로 대외개방의 길로 나가도록 유도함으로써 남북한 평화공존의 상태를 조성하는 것을 기본목표로 설정하였다. 이를 위하여 김대중 정부는 대북 경제협력과 인도주의 지원 등 사업을 추진하면서 주변 국가들과의 안보협력 관계를 강화하여 한반도 냉전구조를 근본적으로 해체시키려고 하였다.

노무현 정부는 김대중 정부의 대북 포용적 정책 이념을 계승하였고 평화번영정책을 실시하였다. 이 목표를 달성하기 위하여 북핵 문제의 평화적 해결을 첫 번째의 중대한 안보과제로 설정하였고 다자안보협력의 6자회담을 적극적으로 추진하였다. 이와 함께 노무현 정부는 대외 균형외교를 실시하는 일환으로서 '동북아 균형자역할론'을 제안하고 추진해 왔다. 이것은 동북아 평화적·안정적인 환경을 조성하고 동북아 경제중심국가로 성장해 나가는 데 목적이 있다. 평화번영정책의 실시는 북한의 대남한, 대미 적대의식을 약화시키고 북핵 위기의 악화를 방지하는 데 중요한 역할을 하였다.

그런데 2008년 출범한 이명박 정부는 과거 10년 동안 추진해 온 대북 포용적 화해 · 협력의 기조에서 이탈하여 실용주의와 상호주의에 입각하는 '비핵 · 개방 · 3000 구상'이란 강경 · 압박 정책을 추진해 왔다. 이명박 정부는 남북관계의 개선보다 한 · 미관계의 강화, 장기적인 포용을 통한 북한 스스로의 변화보다 전반적인 대북 우세조성을 통한 북한의 가시적 변화를 더 중요시한다. 이러한 기조의 전환은 한반도 정세가 다시 긴장하고 남북관계도 원점으로 돌아가게 하였다.

위와 같이 탈냉전 이후 한국정부에 의해 제시된 대북정책들은 목표상, 추진과정상 다자안보협력의 요소와 특징이 뚜렷하게 드러나므로 한반도 평화를 지향하는 일종의 다자안보협력 구상으로 간주될 수 있다.

중국은 전통적으로 '남북한 자주 · 평화통일'의 입장을 견지해 왔고 한반도 문제를 평화적으로 해결하는 다자주의의 안보협력 구상을 제안하지 않았다. 탈냉전 이후 중국의 신안보관이 정립됨에 따라 중국은 냉전시기에 다자안보협력에 대한 부정적인 인식을 포기하고 한반도 평화와 안정에 유리한 다자안보협력을 적극적으로 지지하고 참여해 왔다.

비록 4자회담 구상이 제기된 초기단계에서 중국은 신중한 태도를 취하였으나, 1997년 이후 적극적인 참여 자세를 보이기 시작하였다. 특히 김대중, 노무현 정부에서 제기했던 햇볕정책, 평화번영정책에 대해서 긍정적인 태도를 보였다. 중국은 이명박 정부의 '비핵 · 개방 · 3000 구상'에 대해서 원론적으로 지지하면서도 대북 압박의 정책추진 방식에 대해 부정적인 반응을 보였다.

북핵 문제의 평화적 해결을 위하여 중국은 다자안보협력의 3자회담과 6자회담을 성사시켰다. 특히 6자회담이 곤경에 빠질 때마다 중국은 관련국가 사이에서 셔틀외교를 전개함으로써 회담의 지속진행에 주도적 역할을 하였다. 그리고 중국은 관련국들과 함께 6자회담의 지속진행을 통해서 북핵 문제를 다자안보협력의 틀 안에서 해결하려고 시도한다.

그러나 북·미 간 심각한 신뢰결여와 입장대립으로 인하여 6자회담은 단기간 내에 실질적인 진전을 보이기가 어려웠다. 그럼에도 불구하고 6자회담은 북핵 문제의 평화적 해결에는 가장 적절한 방안이라고 할 수 있다. 관련국들은 6자회담의 패턴을 인정하여 이 회담의 지속적 개최를 기대하고 있다. 회담의 참여국들은 향후에 6자회담을 통해 북핵 문제를 비롯한 한반도 문제를 해결함으로써 6자대화의 패턴을 동북아 다자안보협력 체제로 발전시키는 데 일정한 공감대를 형성하였다.

강대국으로 부상하는 중국은 북핵 문제와 같은 지역 안보현안 문제의 해결 그리고 지역 평화와 안정을 지키는 안보협력 체제의 구축 문제에는 적극적인 참여와 협력의 자세를 보이며 책임있는 대국의 이미지를 부각하고 있다. 향후에 한반도 내지 동북아 지역의 평화와 안정을 유지하는 데 중국은 역내 대국으로서의 역할을 계속 해야 한다.

요어: 한반도 평화체제, 다자안보협력, 북핵문제, 대북정책, 중국의 대한반도정책, 4자회담, 6자회담.

목 차

제1장
서론

Ⅰ. 연구의 목적과 의의

제2차 세계대전 이후 한반도는 식민통치에서 벗어나 통일 민족국가 건설의 기회를 맞이하였다. 그러나 한반도를 둘러싼 정세는 한민족의 소망과 달리 전개되어 갔다. 당시 미·소간의 전략적 대립으로 인해 남북이 분단되어 냉전의 소용돌이 속에 빠지게 되었다. 특히 한국전쟁의 발발로 남북한의 대립은 심화되었고 한국전쟁 후 체결된 정전협정이 한반도 안보의 핵심 기제(mechanism)가 되어 그동안 한반도는 세력균형 상태 하에서 '소극적 평화(negative peace)'[1)]를 유지해 왔다.

탈냉전 이후 유일한 초강대국인 미국은 자국의 민주주의 모델과 가치관을 수출하기 위하여 전 세계적으로 개입과 확장 정책으로 대표되는 대외 정책을 추진해 왔다. 그리고 동북아 지역에서 미국이 쌍무적 관계인 미·일 및 한·미 동맹을 강화함으로써 절대적 영향력을 확보하고 잠재적 패권 경쟁국인 중국에 대하여 억제 정책을 취하고 있다. 중국은 동북아 지역에서 미국의 패권확장을 견제하기 위하여 러시아와 긴밀히 협력하고 있다. 이처럼 억제와 反억제의 경쟁 속에서 미국과 중국간의 세력견제, 나아가 미국을 중심으로 하는 패권동맹과 중국 중심의 反패권동맹으로 나뉘는 新냉전 상황이 도래될 가능성이 높아지고 있다.[2)]

1) 소극적 평화는 일종의 불안전한 평화라고 할 수 있으며, 상황에 따라서는 언제든지 전쟁으로 치달릴 수 있는 잠재적 분쟁의 원인들을 내포하고 있다. Linda Rennie Forcey, "Introduction to Peace Studies," in Linda Rennie Forcey(ed.), Peace: Meanings, Politics, Strategies(New York: PRAEGER, 1989), p.6.

한편 냉전 종식 후 국제질서는 양극 체제에서 다극 체제로 전환되어 냉전 시기 양대 진영에 속했던 국가들 간의 관계도 대립적 관계에서 협력적 관계로 전환되었으며 상호간 교류와 협력이 날로 증대되는 추세이다. 그러나 냉전의 잔재인 군사적 대립과 이데올로기 대립의 양상이 아직도 한반도에 남아 있어 동북아 지역의 안정과 평화에 악영향을 끼치고 있다. 한반도의 안보불안은 남북한을 포함한 동북아 모든 국가의 이익과 상충된 것으로 볼 수 있다. 이러한 안보불안 상태를 효과적으로 해소하고 장기적인 평화 상태를 유지하는 데 다자안보협력을 전개하는 것은 중요하다. 뿐만 아니라 이것은 동북아 국가들의 이익을 충족시킴은 물론 역내 안보 정세의 안정에 기여할 수 있을 것이다. 따라서 냉전 체제가 해체된 현 시점에서 한반도 평화를 위한 다자안보협력 방안을 구상하고 연구하는 것이 중요한 연구 과제라고 할 수 있다.

동북아 지역 내에서 한반도의 내부적 갈등과 소모적인 경쟁은 한반도의 평화 정착에 근본적인 장애로 작용해 왔다. 그 동안 남북한이 평화와 화해를 지향하는 합의[3]를 이루기는 했지만, 장기적 대립으로 인한 정치적 신뢰 결여 때문에 한반도 평화 정착에 있어 실질적인 진전을 이루지는 못하였다.

소련의 해체와 한·중, 한·러 국교의 수립으로 인하여 북·중, 북·러 간의 동맹이 실질적으로 약화되었다고 볼 수 있다. 이에 따라 한반도의 세력 균형 상태가 파괴되고 일정한 정도의 '소극적 평화' 상태를 유지할 수 있게 했던 정전협정 기제가 효용성을 상실하여 남북한 간 긴장 대립 양상은 더욱 심화되었다. 이는 한반도 내에 적절한 안보 메커니즘이 부재한 가운데 남북한 간의 심화된 국력 차이, 미국에 의한

2) 김강녕, 2006, 『한반도 평화 안보론』, 부산: 신지서원, 8쪽.

3) 남북한은 관계 개선과 한반도의 평화통일을 위하여 많은 노력을 경주해왔으며 대화와 협상을 통해 많은 성과를 거두었다. 「7.4공동성명(1972)」, 「남북기본합의서(1991)」, 「6·15공동성명(2000)」, 「남북정상선언(2007)」 등을 예로 들 수 있다.

대북 적대 정책의 지속, 그리고 이에 대응한 북한의 핵 프로그램 추진으로 이어졌다.

북핵 문제 평화적 해결을 위한 6자회담의 전개로 한반도의 위기가 다소 완화되었지만 미·북간 근본적 갈등과 미사일 발사, 핵무기 실험을 포함한 돌발사건 등으로 6자회담은 난항에 놓이게 되었다. 남북, 북미 간의 대화 채널이 단절된 상황에서 한반도의 정세는 몇 차례로 전쟁의 일보직전 경지에 도달하였다. 따라서 위기국면을 타개하고 안보위협 요소들을 효과적으로 관리하여 한반도의 평화와 안정을 증진할 수 있는 다자안보협력을 추진하기 위한 구체적이고 객관적인 탐색과 논의가 더욱 요구되고 있다.

한반도의 안보구조 변화의 과정을 살펴볼 때 막대한 경제와 군사력에 의존한 패권 체제나 현실주의적 세력 균형 이론에 바탕을 두는 안보관리 방식은 한반도에 실질적인 평화를 가져올 수 없다는 것을 경험적으로 확인한 바 있다. 또한 한반도 평화협정 체결 문제에 대한 남북한 간의 심한 대립 과정을 살펴볼 때 한반도의 진정한 평화 정착은 남북한 간, 혹은 북·미간의 양자협상을 통해 이루어질 수 없다는 사실을 알 수 있다. 비록 오랫동안 학계나 정부가 한반도 평화체제 구축에 있어서 남북한 당사자 원칙을 고수해 왔을지라도 북핵 문제 해결이 다자화해지는 상황에서 한국정부가 고수해 온 '남북당사자해결원칙'은 비현실적으로 보인다.[4] 현실적으로는 남북한의 입장 차이나 한반도 문제의 복잡성으로 인하여 평화체제의 구축은 아직 논의의 차원에 멈추고 있고 가시적인 진전을 보이지 못하였다. 따라서 한반도의 장기적 평화와 안정을 조성하기 위하여 한반도와 관련된 각국이 참여하고, 무력사용 대신 평등협상의 원칙에 따라 다자간 안보협력을 적극적으로 전개해야 한다.

---

4) 趙成烈, 2007, 「韓半島和平體制的構築與東北亞安全合作」, 『當代韓國』 2007年 第2期, 北京: 中國社會科學院韓國研究中心, 14面.

탈냉전 이후 다자주의 협력안보가 효용성을 보이는 상황에서 한국은 김영삼 정부시기부터 한반도 평화를 위하여 '남북 당사자 해결원칙'을 강조하면서도 다자주의적 접근을 시도하기 시작하였다. 이에 따라 한국은 김영삼, 김대중, 노무현, 이명박 정부를 거쳐 각자 한반도 다자안보협력 구상을 제시하였다. 따라서 본 연구는 그 동안 한국정부가 제안한 여러 가지 다자주의적 안보협력 구상이 어떠한 배경에서, 어떠한 형식으로, 어떻게 추진되었는지를 집중분석하는 것을 목적으로 한다. 또 중국이 한반도 다자안보협력 구상에 대해 어떤 입장을 갖고 있었는지, 그리고 이들 구상의 실제 추진 과정에서, 특히 한반도 평화와 안정을 지향하는 전형적인 다자안보협력 사례로서의 6자회담에서 중국은 어떠한 역할을 해 왔는지, 앞으로 어떤 역할을 해야 하는지를 심도 있게 검토하고자 한다. 왜냐하면 북한에 대한 설득력을 지닌 중국의 역할이 그 어느 때보다 부각되는 현 시점에서, 한국정부의 다자안보협력 구상과 이에 대한 중국의 반응과 역할을 살펴보는 것은 향후 한반도 평화체제 구축의 발전 방향과 그 과정에서 나타나는 장애에 대한 이해를 높여줄 수 있을 것이다.

Ⅱ. 기존연구 검토

한반도 평화체제 구축 및 동북아 지역의 안보협력 문제에 대한 깊이 있는 논의가 전개되어 왔다. 특히 한반도의 안보 정세, 주변국의 對한반도 정책, 동북아 안보 체제와 동북아의 새로운 질서 등에 관한 연구가 많이 이루어졌다. 본 절에서는 한국 학계의 기존연구를 검토한 뒤, 한반도 주변국들 학계의 기존연구에 대해 살펴보도록 하겠다.

한국은 한반도 문제의 당사자로서 이 주제와 관련된 연구 성과가 다양하고 풍부하다. 한국 학계에서는 주로 한반도의 평화체제 구축, 북한 핵 문제와 다자회담, 한반도와 주변 4강간 관계, 동북아 다자간 안보 협력 체제의 구축 분야에서 많은 연구가 이루어졌다. 그 중에 특히 한반도 평화체제 구축과 관련된 연구가 가장 많다. 이들 연구는 한반도 평화체제 구축 방안을 많이 제기하였고 그 방안으로 정전협정의 평화협정으로의 대체, 평화체제 구축 당사자 문제, 평화체제 구축 추진 원칙과 단계 설정, 구체적인 보장 체제 등에 관한 연구가 주를 이룬다.

그러나 전체적으로 살펴보면 한반도 평화 정착과 관련된 연구 중에서 다자협력의 시각에서 연구된 성과물이 동북아 다자안보체제의 연구보다 상대적으로 적은 편이다. 그리고 동아시아 특히 동북아 지역의 특수성을 강조하면서 지역적인 안보 공동체 구성에 접근하는 우수한 연구[5)]가 나왔으나 주제어에서 알 수 있다시피 대부분이 냉전종식 후 동북아 차원의 다자안보체제 구축에 편중되어 있음을 알 수 있다. 특히 한반도 평화체제 구축에 관한 대부분의 기존 연구들은 남북한 당사자 원칙을 고수하면서 한반도 정전협정의 평화협정으로의 대체와 평화체제의 확립을 논의하고 있다. 한반도 평화체제에 관한 이들 논의는

---

5) 동아시아 주요국가들 간에 정치적 신뢰 결여, 군비증강 경쟁 , 안보개념의 확대 및 문화적 이질성 등으로 인해 '한마음 된 만남을 의미하는 공동체론'은 현실화될 수 없는 신화에 머무를 수밖에 없다. 동아시아 공동체 대신에 "주인공과 무대의 복합 변환을 제대로 담아낼 수 있는 '네트워크 복합체(network security complex)'"를 결성하는 것이 필요하다. 하영선, 「동아시아 공동체: 신화와 현실」, 하영선 편, 2008, 『동아시아 공동체: 신화와 현실』, 서울: 동아시아연구원, 15~31쪽 참조; 또한 동아시아 지역적인 안보 공동체의 구성은 동맹을 기본단위로 하여, 협력적 안보개념들을 논의해 나가는 '협력적 안보동맹체(cooperation-alliance security)' 성격을 갖춘 지역 '안보 복합체(security complex)'의 형태로 진행되어져야 할 필요가 있다는 비슷한 주장도 있다. 배종윤, 2005, 「동북아시아 지역공동체 건설과 '협력적 안보동맹 복합체'」, 『통일연구』 제9권 제1호, 연세대학교 통일연구원, 107~160쪽 참조.

남북한 당사자의 입장을 과도하게 강조하는 반면 다자안보협력의 중요성을 소홀히 하고 있다. 특히 1990년대 중반 이전의 연구에서 이러한 경향이 두드러지게 나타나고 있다. 물론 한반도의 문제는 최종적으로 남북한 당사자들에 의해 해결되어야 할 것이지만, 평화체제 구축 문제는 주변 관련국들의 이해와 깊은 관련이 있다.

평화체제 구축 과정의 일환으로서 정전협정을 평화협정으로 대체시키는 문제마저도 미·중의 참여와 협력이 없이는 해결되기 어려울 것이다. 일례로 1992년 한반도 평화체제 내용과 가까운 남북 기본합의서가 정식적으로 발효되었지만 감독과 보증 체제가 없는 상황 하에서 실천단계도 제대로 들어가지 못한 경우가 있다. 이를 감안할 때 한반도의 평화체제 구축은 다자협력을 통해서 접근하는 것은 바람직하다.

한편 다자주의적 접근으로 전개된 일부 연구는 주로 동북아 다자안보협력체를 구축함으로써 한반도 문제를 해결하고 평화를 실현할 수 있다는 입장을 취해 왔다.[6] 이러한 접근은 보다 광범위한 동북아 지역의 안보 체제 구축에 입각해 있기 때문에 한반도 문제를 구체적으로 어떻게 해결해야 할지에 대한 논의를 하지는 않는다. 그리고 이러한 주장은 문제 해결의 논리적 선후에 있어 혼동을 야기할 가능성이 있을 수도 있다. 즉, 다자간의 협력을 통해 한반도에 관련된 제반 현안 문제

---

6) 홍규덕, 1993, 『동북아 지역에서의 다자간 안보협력체의 형성전망과 대응책』, 서울: 민족통일연구원; 극동문제연구소 편, 1995, 『동아시아 신질서의 모색』, 서울: 프레스; 홍현익·이대우 공편, 2001, 『동북아 다자안보협력과 주변4강』, 세종 정책총서 2001-08, 성남: 세종연구소; 오수열, 2004, 『강대국의 동북아 정책과 한반도』, 부산: 신지서원; 배긍찬, 2005, 『동북아 지역협력의 과제와 전망: 동북아시대 구상을 중심으로』, 서울: 외교안보연구원; 김영작·김기석 공편, 2006, 『21세기 동북아공동체 형성의 과제와 전망』, 파주: 한울; 이상균, 1997, 「동북아 지역 다자안보협력의 가능성과 한계성」, 『안보학술논집』 제8집 제1호, 국방대학원 안보문제연구소, 99~169쪽; 이덕규, 2001, 「동북아 다자간의 안보협력체와 한반도 안보」, 『시민정치학회보』 제4권, 시민정치학회, 115~140쪽.

를 먼저 해결하고 이 과정에서 채택한 다자적 협력방식 혹은 대화 관행이 점차 제도화되어 다자안보협력체로서 한반도의 평화를 효과적으로 유지할 수 있는 것이다. 이후 이러한 체제는 '파급효과(spill-over)'를 일으켜 한반도로부터 주변으로 확산해 나가고 동북아 지역 내의 각 안보불안 요소들[7]을 점차 해소함으로써 동북아 차원의 다자안보협력체로 확장될 수 있는 것이다.

현재 한반도는 특히 북핵 문제가 안보불안 요소로 남아 있다. 이러한 상태에서 동북아 지역 내의 수많은 현안 문제를 포괄적으로 다루는 동북아 다자안보체제를 논의하기보다는 다자안보협력을 통해 동북아 핵심 지역인 한반도의 평화 정착 문제를 먼저 논의하는 것이 더 바람직할 것이다.

또 한반도 평화체제 구축 문제는 남북한 차원의 문제일 뿐만 아니라 동북아 지역 질서와 관련된 국제적 차원의 문제이다.[8] 따라서 한반도 평화체제를 구축하기에는 양자주의보다 다자접근이 더 유효성을 지닌다고 할 수 있다.[9] 1990년대 중반 이후 한반도 문제 해결에 관한 일부 연구들이 다자안보협력의 문제의식을 보여주고 있다. 대표적인 연구들은 다음과 같다.

박건영은 「한반도 평화체제 구축을 위한 동북아 다자간 안보협력 전략」에서 한반도 평화체제와 동북아 다자간 안보협력 간의 관계, 동북아 다자간 안보협력의 현황과 전망, 동북아 다자간 안보협력의 제도화를 위한 한국의 전략 등을 논의하였다. 그는 동북아 지역의 안보불

7) 동북아 다자안보체제를 구축할 때 여러 가지 난점을 해결해야 한다. 이들 난점에는 한반도 문제 이외에 중·일 지역 주도권 경쟁 문제, 미국의 對중국 전략 억제 문제, 역내 국가 간의 영토와 영해 분쟁 문제, 그리고 군비통제 문제 등을 포함할 수 있다.

8) 박종철, 「동북아 다자안보협력 방안」; 박종철 외, 2003, 『동북아 안보·경제 협력체제 형성 방안』, 연구총서 03-17, 서울: 통일연구원, 317~321쪽 참조.

9) 윤덕민, 「한반도 평화를 위한 다자적 접근모색」; 김계동 외, 2004, 『동북아 신질서-경제협력과 지역안보』, 서울: 백산서당, 287~289쪽 참조.

안 요인들을 분석하고 다자간 안보협력의 필요성을 제시하였으며, 특히 다자간 안보협력이 동북아에서의 권력정치 억지, 한반도의 군비통제, 평화체제 구축 등에 매우 유용하다고 주장한다. 특히 박건영은 다자안보협력에 대한 4강의 기본 입장을 살펴보고, 동북아 다자안보협력의 제도화를 통한 평화 구축·유지의 방법은 한국의 이익을 효과적으로 제고할 뿐만 아니라 한국이 동북아 각국에 대해 비교우위를 확보하고 있는 거의 유일한 전략적 선택이라는 견해를 제시하였다.[10] 그러나 그의 연구에서 다자간 안보협력에 관련된 이론배경에 대해서 검토하지 않은 것이 부족한 것 같다.

박성화는 「한반도 평화체제 구축에 관한 연구: 북핵 해결과 다자협력을 중심으로」에서 다자안보협력의 시각으로 평화체제 구축에 대한 논의를 전개하였다. 그는 북핵 문제 해결과 관련하여 한반도 평화체제 구축을 역사적·구조적으로 논의하였다. 그리고 한반도의 평화는 동북아 국가들과의 협력적 관계 속에서 유지될 수 있고, 이는 다자안보협력을 통해서만 보장될 수 있다는 견해를 제시하였다.[11] 이 견해는 필자의 주장과 비슷하다. 그러나 다자안보체제의 위상을 논의할 때 박성화는 한반도 평화를 위한 다자안보체제를 한·미동맹의 보완적 대안[12]으로 여기고 있는데 이 주장은 다자협력과 군사동맹 간의 상충관계를 간과한 것으로 생각된다. 왜냐하면 다극화된 세력구조 속에서 양자 간

10) 박건영, 2006, 「한반도 평화체제 구축을 위한 동북아 다자간안보협력 전략」, 『한국과 국제정치』 제22권 제1호, 경남대학교극동 문제연구소, 201~221쪽 참조.

11) 박성화, 2006, 「한반도 평화체제구축에 관한 연구: 북핵 해결과 다자협력을 중심으로」, 동국대학교 북한학전공 박사학위논문, 210~213쪽 참조.

12) 이와 비슷한 견해를 견지하고 있는 연구가 또 있다. 최강, 「동아시아 안보 공동체와 다른 안보협력체간의 관계」; 이승철 외, 2005, 『동아시아 공동체: 비전과 전망』, 서울: 한양대학교출판부, 286~289쪽; 이인호, 「다자간 안보협력: 중국과 북한의 입장과 역할」; 이기택 외, 1996, 『전환기의 국제정치이론과 한반도』, 서울: 일신사, 584쪽.

동맹은 동북아 지역의 평화와 안정을 추구하는 데 있어서 順기능보다는 오히려 갈등과 대립을 조장하는 역기능을 초래할 수 있기 때문이다. 즉, 한·미군사동맹의 강화는 탈냉전 후 한반도 냉전구조 잔재의 원인이 되고 있고 다자안보협력의 장애요인이 되기 때문이다. 또 박성화의 연구는 한반도 평화체제 구축의 단계를 설정할 때 한반도 냉전구조의 해체를 2010년까지로 정하였다. 현재의 한반도 정세를 감안할 때 이것은 비현실적이라고 할 수 있다.

중국 학계에서는 냉전 체제의 영향으로 다자안보협력을 통한 한반도 평화 정착에 대한 연구가 미비한 실정이다. 1990년대에 들어서 냉전 종식과 한·중 수교로 인해 양국 간 교류와 협력이 진전됨에 따라 중국학계의 동북아 및 한반도의 안보 정세에 관한 관심이 고조되어 관련 연구가 속출하기 시작하였다.[13] 이들 연구는 한·중의 역사적 관계, 그리고 강대국들의 대한반도 전략 등을 통해 한반도의 안보 정세를 분석하였다. 그러나 이들 연구는 중국의 세계 전략차원 혹은 동북아 전략 차원으로 접근하였기 때문에 구체적인 한반도의 평화체제 구축에 대한 논의가 부족하였다.

탈냉전 후 한반도 문제에 관련된 학술논문은 적지 않다. 그 중에서 한·미동맹과 한반도 안보관계,[14] 북핵 문제와 6자회담[15] 및 다자안보

---

13) 陳峰君, 2004, 『亞太大國與朝鮮半島』, 北京: 北京大學出版社; 孟慶義, 2002, 『朝鮮半朝和平統一問題研究』, 延吉: 延邊大學出版社; 王傳劍, 2003, 『雙重規制: 冷戰後美國的朝鮮半島政策』, 北京: 世界知識出版社; 崔志鷹, 2000, 『大國與朝鮮半島』, 香港: 卓越出版社; 高連福, 2002, 『東北亞國家對外戰略』, 北京: 社會科學文獻出版社; 王東福, 2002, 『朝鮮半島與東北亞國際關系研究』, 延吉: 延邊大學出版社.

14) 吳心伯, 1996, 「冷戰後韓國的安全政策」, 『當代亞太』 1996年 第2期, 北京: 中國社會科學院亞洲太平洋研究所, 40~45面; 鮑玲, 2001, 「簡析冷戰後美韓聯盟關係的發展」, 『解放軍外國語學院學報』 2001年 第1期, 洛陽: 解放軍外國語學院, 106~109面; 李華鋒·王曉波, 2001, 「軍事同盟, 合作安全與東北亞安全機制的建立」, 『東疆學刊』 2001年 第3期, 延吉: 延邊大學出版社, 1~4

체제 구축[16] 등에 대한 논의는 일정한 학술적 성과도 거두었다. 그러나 이들 연구는 북핵 위기 같은 시사적 주제를 가지고 쓴 소논문으로서 사건의 원인 분석 수준의 글들로 한반도 평화를 위한 다자안보협력 구상에 대해서 체계적이고 깊이 있는 논의를 전개하지 못하였다.

그럼에도 불구하고 주목을 받고 있는 몇 연구들을 검토하도록 하겠다. 우선 바띠안쥔(巴殿君)은 「한반도 다자안보협력 기제에 관한 연구」에서 한반도 및 동북아의 안보 정세를 분석하고 다자안보협력 기제 결성의 필연성과 필요성을 검토하였다. 특히 바띠안쥔은 다자안보협력에 대한 중·미·일·러와 남북한의 입장 및 실제 참여행동, 그리고 동북아 지역에서의 다자안보협력 사례와 유형 등을 살펴봄으로써 다자안보협력 기제 결성의 가능성을 밝혔다. 이어서 다자안보협력 추진에 있어 바띠안쥔은 동북아 다자안보협력의 실제 상황과 당사국들의 입장에 맞춰서 몇 가지 방법을 제시하였다.[17] 그러나 바띠안쥔의 연구 역시

面; 門洪華, 2005,「美國霸權與東亞: 一種制度分析」,『太平洋學報』2005年 第9期, 北京: 中國太平洋學會, 36~47面.

15) 朱鋒, 2005,「六方會談: 朝核背後的若干問題」,『和平與發展』2005年 第2期, 北京: 和平與發展研究中心, 44~47面; 程紹海, 2004,「朝鮮核問題與東北亞安全」,『和平與發展』2004年 第2期, 北京: 和平與發展研究中心, 23~27面; 夏安淩, 2006,「朝鮮核問題與東北亞安全格局」,『太平洋學報』2006年 第1期, 北京: 中國太平洋學會, 40~46面; 龔克瑜, 2006,「如何構建朝鮮半島和平機制」,『現代國際關係』2006年 第2期, 北京: 中國現代國際關系研究院, 14~20面; 劉文祥, 2006,「朝核六方會談的原因, 進程及作用」,『太平洋學報』2006年 第1期, 北京: 中國太平洋學會, 47~53面.

16) 石原華, 2005,「六方會談機制化: 東北亞安全合作的努力方向」,『國際觀察』2005年 第2期, 上海: 上海外國語大學, 15~20面; 趙躍欽·謝劍南, 2006,「淺議朝核問題與東北亞多邊安全合作機制」,『國際關係學院學報』2006年 第6期, 北京: 國際關系學院, 13~18面; 江西元, 2004,「朝核問題與東北亞安全合作框架前景」,『東北亞論壇』2004年 第3期, 長春: 吉林大學東北亞研究院, 44~48面; 劉鳴, 2009,「朝鮮半島与東北亞和平安全机制: 构想与問題」,『東北亞論壇』2009年 第4期, 長春: 吉林大學東北亞研究院, 3~15面.

17) 巴殿君, 2004,「論朝鮮半島多邊安全合作機制」,『東北亞論壇』2004年 第1

동북아 차원에서 다자안보협력 기제를 구축함으로써 한반도의 평화 상태를 조성한다는 시각에 입각하고 논의를 전개한 것이며, 한반도 평화와 강장 밀접한 평화체제 전환 문제에 대해 검토하지는 않았다.

또 리화(李華)는 「한반도 안보기제 연구: 이론 분석을 중심으로」에서 역사적으로 한반도의 안보구조와 안보기제(安保機制)를 고찰하고 현 단계의 북핵 위기의 원인 및 현황을 분석하면서 새로운 한반도 안보기제 구축의 필요성을 강조하였다. 그리고 리화는 다자주의 이론에 근거하여 한반도의 새로운 안보기제 구축 원칙, 목표, 단계 및 이와 관련한 여러 국가의 입장을 분석하고 한반도 안보기제를 구축하는 데 있어서 유리한 요인과 장애요인을 지적하면서 안보기제의 비전을 제시하였다. 특히 리화는 주요 안보이론의 검토를 통해서 한반도의 새로운 안보기제의 성격을 규명하였다. 즉, 현 상태에 한반도 내지는 동북아 지역의 안정을 유지하기 위하여 세력 균형 안보와 집단안보, 협력안보 등 세 가지 안보이론의 장점을 조합한 '복합형 다자안보기제' 구축을 주장하며, 이 기제는 동북아 현실에 맞추어 구상된 것이고 지역안정 유지에 강대국이 중요한 역할을 하고 있음을 강조하는 목적을 지니고 있다고 주장하였다.[18] 리화의 연구는 한반도 안보기제 구축을 위하여 새로운 안보기제 유형과 실현가능한 구상을 제시하여 학술적 의의와 실용성을 가지고 있다고 본다. 그러나 리화의 연구는 평화협정 전환 문제에 관련된 당사자 문제, 주한미군의 철수 문제 및 국제보장 체제 등 쟁점들을 검토하지 않은 한계를 보였다. 특히 한반도의 복합형 다자안보기제 구축 과정에 강대국의 역할을 강조하는 것은 남북한이 강조해 온 자주적 당사자 원칙과 상충된다.

미국 학자 알란 롬버그(Alan D. Romberg)는 「한반도 평화체제:

期, 長春: 吉林大學東北亞研究院, 42~46面;

18) 李華, 2006, 「朝鮮半島安全機制研究: 一種理論的分析」, 復旦大學 國際政治專攻 博士學位論文, 73~168面.

한·미동맹과 지역 안보 체제 구축의 함의 및 과제」에서 한반도 평화체제 문제에 대해 다자협력의 시각으로 접근하였다. 즉, 롬버그는 한반도 평화체제 구축은 그 무엇보다도 우선적으로 북핵 문제를 평화적으로 해결하는 것을 전제로 하여 진행하되 상황의 전개에 따라 북핵 문제 해결과 한반도 평화체제의 구축은 동시에 추진할 수도 있다고 주장한다. 또한 이러한 평화체제의 구축은 긴밀한 한·미공조를 통하여 진행해야 하며 또 정전협정을 평화협정으로 대체함으로써 실현시켜야 한다고 강조하고 있다. 또한 국제적으로는 한·미동맹 강화와 함께 중·일·러 등 주변 국가와 협력 관계를 추진하고 동북아의 다자안보체제를 결성함으로써 한반도의 평화를 확보하는 것이 합리적인 선택이라고 덧붙였다.

롬버그는 6자회담은 이들 문제 해결의 방향을 밝혀 주었지만 회담 결의안의 이행 여부에 따라 동북아 지역 다자안보체제로 발전해 나갈 수도 있고 그렇지 않을 수도 있다고 주장하였다.[19] 그러나 롬버그의 연구에서 한·미동맹의 강화를 통해 한반도 평화를 확보할 수 있는 다자안보체제를 결성한다는 주장은 설득력이 부족해 보인다. 왜냐하면 한·미동맹을 강화하는 것은 사실상 한·미·일 삼각동맹을 기반으로 하여 동북아 다자간 안보협력을 추진하겠다는 것을 뜻한다. 이는 곧 세력 균형 정책의 반복일 따름이며 한반도 평화체제의 구축과 동북아 다자간 안보협력이 실현가능한 의제가 되기 위해서는 북한을 적으로 상정하고 있는 한·미동맹이 좀 더 유연해지고, 북·미관계의 정상화가 이루어져야 한다고 생각한다.

이삼성은 한반도에서 평화협정 체제로의 전환에 있어서 현재의 한·미동맹은 순기능보다 역기능이 많다며, 이 동맹 체제가 내포한 군사적

19) Alan D. Romberg, “A Korean Peace Regime: Implications and Tasks for the ROK-U.S. Alliance and Regional Security Architecture,” IFANS Review, Vol. 15, No. 2, 2007, pp.51-64.

종속성으로 인하여 이 체제는 한반도 평화체제 구축과 그 유지에 부정적인 영향을 미칠 장치로 작용하고 있다고 주장한다. 그리고 그는 동맹의 정치가 공동안보의 추구와 조화되기 위해서는 동맹의 정치는 유연해져야 한다고 강조하고 있다.[20]

도날드 그로스(Donald G. Gross)는 「한국의 평화체제 예상 원칙 및 추진단계」에서 법적, 제도적 측면에서 한반도의 항구적 평화체제의 구축 문제에 대해 논의를 전개하였다. 그로스에 의하면 한반도의 항구적 평화를 실현하기 위하여 우선 '핵 폐기조약'을 체결함으로써 북핵의 불능화(不能化)를 실현해야 한다고 주장하였다. 그리고 유엔안보리 결의를 통해 남북한과 미·중을 포함한 '4자 조약'을 맺어 정전협정을 대체해야 한다고 주장한다. 또한 미국과 남북한 간에 '3자 조약'을 체결함으로써 북·미관계 정상화와 북한의 경제개혁과 개방 및 對북한 인도주의 원조 등을 추진하자고 제의했으며 북미 양측이 상대방에 대한 위협행위를 자제하고 신뢰를 구축함으로써 남북한 기본합의서에 근거하여 '북미생화학무기폐기협정'도 체결하자고 주장하였다.[21] 그로스의 연구는 한반도 평화체제 구축의 절차와 세밀한 법적 협정을 거론했기 때문에 실용적인 의미를 지니지만 한반도 평화체제 구축에 있어 하나의 실천방안에 지나지 않고 특히 각 조약 체결에 영향을 미칠 여러 변수에 대한 분석이 미비하다.

일본 동경대학교의 사카모토 요시카즈는 「한반도의 평화전망」에서 김대중 정부의 햇볕정책을 긍정적으로 평가하면서 남북화해와 한반도 긴장 완화 과정에서 남북한과 중·미 등이 주도적 노력을 해 왔지만 일본은 관계자로서 이 과정에서 누락되었다고 지적하였다. 그는 일본이

20) 이삼성, 「한·미동맹의 유연화를 위한 제언」; 이수훈, 2009, 『조정기의 한·미동맹: 2003-2008』, 마산: 경남대학교 출판부, 32~33쪽·49쪽.

21) Donald G. Gross, "Prospective Elements of a Peace Regime in Korea and Proposed Steps to Achieve It," IFANS Review, Vol. 15, No. 2, 2007, pp.31-50.

향후 한반도의 평화와 남북화해에 기여하기 위해서는 식민지배와 분단의 역사적 책임을 인정하여 배상하고 방관자적인 입장에서 벗어나 한국과 함께 문제당사자로서의 이니셔티브를 발휘할 필요가 있다고 주장하였다. 특히 북한의 개방 유도 문제에 있어 일본은 남한과 함께 북한이 경제 원조를 기반으로 급격한 성장을 할 때 수반되는 사회적·정치적 긴장을 경감시킬 수 있는 방안을 강구하고, 남북한과 미·중·일·러 등의 관련국들이 함께 평화적 국제환경을 조성함으로써 북한의 안전을 보장해야 하는 것이 무엇보다 필수적이라고 강조하였다. 그리고 사카모토는 동북아 지역의 안정 내지 지역협력과 통합을 위하여 동북아 나토의 형성과 중·미 대립 구도의 대두를 억제하고 일본과 한국이 함께 자율적 지역화를 위하여 핵심 국가로서의 주도권을 행사해야 한다고 제창하였다.[22)]

이와 같은 사카모토의 일본이 과거역사 문제에 대해 책임의식을 가져야 하고 한반도 평화와 안정을 위하여 적극적 역할을 해야 한다는 주장은 긍정적 평가를 받고 있으나, 한반도 문제 해결에 있어 일본의 지나친 역할을 주장하려는 의도가 의심을 살 수 있다. 남북한은 일본이 한반도 문제 해결의 당사자로 부상되는 것을 원하지 않고 있기 때문이다.

러시아 학자 바시리 미크헤에프(Vasily V. Mikheev)는 「한반도에 대한 러시아의 정책과 러시아의 입장에서 본 북핵 문제의 해결 방안」에서 우선 북핵 문제에 대한 러시아의 기본입장과 정책 특징을 분석하고 이어서 북핵 문제 발생원인, 해결의 방향 및 원칙 등을 밝혔다. 그는 러시아가 실리추구의 외교기조 하에 북핵 문제의 평화적 해결을 원하고 대북 영향력의 한계와 자국 경제여건 등으로 인하여 한반도 문제의 해결에 있어서 주도적 역할이 아닌 제한적 역할을 하고자 한다는

---

22) 사카모토 요시카즈, 2002, 「한반도의 평화 전망: 일본은 이것을 할 수 있는가?」, 『아세아연구』 제45권 제1호, 고려대학교 아세아 문제연구소, 16~33쪽.

대한반도 정책의 특징을 제시하였다. 즉 러시아의 대 한반도 정책은 말로는 적극적이지만 실행에 있어서는 소극적이므로 이는 파괴적이지도 않고 건설적이지도 않다는 것이다.

미크헤에프에 따르면 북한은 군사적 억제력의 수단으로 핵무기 위협을 사용하는 것이 미국과의 대화 채널을 유지하기 위한 수단으로써 핵 문제를 활용하고 있으며, 북한의 철저한 통제경제 시스템과 전체주의적 정권에 어떠한 변화도 가져오지 않으면서 북한 체제에 대한 안전보장과 경제적 원조를 얻고자 한다는 것이다.

따라서 북핵 문제 해결에 있어서 현행의 6자회담에서 정치 문제와 경제 문제를 구별하는 것이 필요하다고 강조한다. 즉 정치적으로 북핵 문제의 제어와 북미 수교를 통한 휴전 체제의 대체를 위하여 중·미·북 간의 3자회담 또는 한국을 포함하는 2+2회담을 가질 필요가 있으며, 경제적으로 대북 경제원조는 시장경제와 북한의 개방을 목적으로 하는 6자간의 합의에 따라 북한의 경제개혁을 전제로 해야 한다는 것이다.[23)]

미크헤에프는 북핵 문제 해결에 독특한 견해를 내세웠다. 특히 한반도에서 우호적이고 안정적인 분위기를 조성하기 위하여 남북한이 외교관계를 맺어야 한다는 주장까지 제기하였다.[24)] 이러한 주장은 실행 가능성이 어느 정도 있으나 한반도 분단의 고착화를 초래할 수도 있다.

지금까지 검토한 내용을 살펴보면 다자안보협력 구상의 맥락에서 한국의 대북정책 구상과 그 실천전략을 소상히 분석하고, 각 구상의 특징과 내적 연계 및 발전방향 등을 분석하는 연구가 부족하다는 사실을 알 수 있다. 본 논문은 이러한 문제의식에 입각하여 탈냉전 이후 한국 각 정부 대북정책의 제기 배경과 그 전개과정, 그리고 대북정책

23) 바시리 미크헤에프(Vasily V. Mikheev), 2004, 「한반도에 대한 러시아의 정책과 러시아의 입장에서 본 북핵 문제의 해결방안」, 『지역사회』 제48호, 한국지역사회연구소, 9~18쪽 참조.

24) 위의 논문, 14~15쪽.

을 추진하기 위한 다자안보협력 논의 등에 대해 중점적으로 살펴보고, 대북정책을 평가하면서 그 다자주의의 특징을 밝혀내며 향후에 한반도 평화를 위한 다자안보협력의 발전 방향을 함께 제시하고자 한다.

한편 중국은 대국으로 부상하면서 한반도 내지 동북아 지역에서 점차 더 큰 역할을 할 것이며, 특히 향후 한반도 다자안보협력을 추진하는 데 있어 미국에 못지않은 영향력을 행사할 수 있다. 그러나 실제로는 대부분 연구에서 이 점을 간과해 왔다. 본 논문은 김영삼, 김대중, 노무현, 이명박 정부시기의 한반도 다자안보협력 구상을 분석하면서 이들 구상에 대한 중국의 입장 및 한반도의 평화유지를 위한 실천과정에서 중국의 역할 등에 대해서도 심도 있게 다루고자 한다.

Ⅲ. 연구방법 및 논문구성

전통적인 안보관은 쌍무적 또는 일방적 방식으로 일국의 안보를 지킨다는 것에 주안점을 두지만 오늘날의 안보관은 다자간 안보협력을 통해서 국가 내지 지역의 안보이익을 지키는 것을 중요시한다. 탈냉전의 진전에 따라 국가안보의 개념은 점차 군사·국방중심의 안보개념에서 정치, 경제, 환경 등의 다양한 영역을 포함하는 포괄적 안보(comprehensive security)개념으로 확대되었다. 테러, 환경오염, 마약밀수 등 포괄적 안보현안 문제는 항상 일국 또는 양자의 힘으로 해결되지 못한다는 특징을 지니고 있다. 다자주의의 한 형태로서의 다자안보협력은 이러한 포괄적 안보현안 문제의 해결에 실천 가능한 모델을 제공하고 있다. 예를 들면 북핵 문제는 동북아 모든 국가의 안보이익과 밀접한 관계를 형성하기 때문에 북한과 미국 양자간 협의만으로는 제대로 해결할 수 없는 사안이다. 그리고 이 문제는 한반도 평화체제 구축 문제와 연계되어 있기 때문에 관련국들의 참여와 협력 없이는 해결하기 어렵다. 따라서 동북아 관련국들이 다자간의 대화를 추진하고 북핵 등 현안 문제들을 해결하며 문제 해결 과정에서 이루어진 다자안보협력의 틀을 제도화함으로써 한반도 및 동북아 지역 평화를 조성하는데 노력해야 한다. 이와 관련해 다자안보협력에 대한 이론을 살펴보기로 한다.

다자주의는 일방주의 또는 양자주의와 대조되는 개념이다. 다자주의의 개념에 대해서는 다양한 정의가 존재하지만 일반적으로 "셋 이상의 국가가 집단적으로 정책을 상호 조정하는 제도적 관행"[25)]으로 정의할 수 있다. 러기(John G. Ruggie)는 이러한 개념을 발전시켜 다자주의는 일반화된 행위의 원칙, 즉 "어떤 특별한 상황에서 존재할 수 있는 집단들의 특정한 이해나 전략적 상황에 관계없이, 한 유형의 행동에 대해 적절한 행위를 명시할 수 있는 원칙에 기반해서 셋 이상의 국가들의 관계를 조정하는 제도적인 형태"라고 정의한다.[26)] 즉 다자주의란 관련국들이 정책의 조정을 통하여 보다 좋은 결과를 얻도록 협력하는 것을 의미한다.

다자주의는 다자적 행동을 촉진하기 위한 일종의 의식형태이며 규범적 원칙과 현실적 이념을 조합시키는 것이다. 이러한 다자주의는 일반적으로 국제 레짐이나 국제기구 등의 형태로 발전하여 분쟁을 예방하고 지역의 안전보장을 담보하는 기제로서 작용하게 된다. 제도적인 형태로서의 다자주의란 단순히 '다자적(multilateral)'이라는 형용사의 명사형 이상의 의미를 갖는 것이다. '다자적 제도(multilateral institutions)' 와 '다자주의의 제도(the institution of multilateralism)'란 각기 다른 현상

---

25) Robert O. Keohane, "Multilateralism: An Agenda for Research," International Journal, Vol. 45, 1990, p.731.

26) John Gerard Ruggie, Multilateralism Matters: The Theory and Praxis of an Institutional Form(New York: Columbia University Press, 1993), 蘇長和 譯, 2003, 『多邊主義』, 杭州: 浙江人民出版社, 7~8面.

을 지칭하는 것으로 전자가 공식적인 조직 형태에 주안점을 두는 반면 후자는 국가간의 관계가 어떻게 조직화 되는가 하는 좀 더 실질적인 맥락을 다루고 있다.[27] 따라서 다자주의란 일방주의나 쌍무주의와 대비되어 단순하게 행위자의 수적인 차이를 나타내는 것을 넘어서서 국제정치에 있어서 일정한 이론적 입장을 대변한다고 볼 수 있다.[28]

일반적으로 다자주의는 일반화 행위원칙(generalized organizing principles), 불가분성(indivisibility), 포괄적 호혜성(diffuse reciprocity) 등의 특징을 보인다. 오늘날 다자주의 이론이 주목을 받는 이유는 다음과 같이 몇 가지 유용성을 지니고 있기 때문이다. 첫째, 다자주의는 국가 간 협력을 취한 절차와 기준을 마련함으로써 역할분담을 통한 상호협력을 촉진할 수 있다. 둘째, 다자주의를 통해 국가들은 쌍무적인 관계에서 획득하기 어려운 다양한 정보를 얻을 수 있어 국가운영 비용을 줄일 수 있다. 셋째, 다자간 관계에서 얻어지는 정보는 공유될 수밖에 없으며, 이를 통해 공동이익의 소중함을 느낌으로써 협력을 통한 문제 해결을 선호하게 된다는 것이다.[29]

또한 다자주의는 약소국으로서는 강대국의 일방주의적 세력 과시욕을 누그러뜨릴 수 있고, 강대국으로서는 약소국의 견제심을 완화시킬 수 있는 메커니즘이 될 수 있다는 점에서도 의미가 있다. 다자주의적 접근은 국제 체제의 무정부성이 초래하는 대결과 갈등이라는 전통적 가정을 완전히 무효화시킬 수는 없을지라도 불균등한 힘을 가진 상호의존적 행위자들 간에 공동의 목표와 의무를 설정함으로써 협력을 가

---

27) James A. Caporaso, “International Relations Theory and Multilateralism: The Search for Foundation,” International Organization, Vol. 46, No. 3, 1992, pp.601-602.

28) 신욱희, 1997, 「다자주의의 동아시아 적용의 문제」, 『한국과 국제정치』 제17권 1호, 경남대학교 극동 문제연구소, 244쪽.

29) 연현식, 1998, 「동북아 신질서 형성과 다자주의 가능성: 다자안보협력의 가능성을 중심으로」, 『슬라브학보』 제13권 제2호, 한국슬라브학회, 32쪽 참조.

능케 한다.[30)]

그런데 국제안보 측면에서의 다자주의는 집단안보(collective security), 공동안보(common security), 협력안보(cooperative security) 등의 형태로 나타나고 있다. 이 중에서 특히 협력안보는 탈냉전 이후 각국 학계의 주목을 받고 있다. 협력안보란 각 국가의 군사체계 간의 대립관계를 청산하고 나아가 협력적 관계 설정을 추구함으로써 근본적으로 상호 양립 가능한 안보 목적을 달성하는 것으로 이해된다. 다시 말해 협력안보란 국가들이 안보 분야에서 대화와 협력을 통해 발생할 수 있는 안보 위협과 불안을 제거함으로써 안보를 이루는 다자적 안보협력을 말하는 것이다. 집단안보와 달리 협력안보는 침략이 발생하기 전에 침략국의 출현을 방지하는 예방적 수단을 강조한다는 것이다. 특히 협력안보는 상대국의 군사체계를 인정하고 안보이익을 존중하는 가운데 상호공존을 모색해 나간다. 그리고 국가 간의 공포를 극복하기 위한 대화의 장을 마련하고 관행화함으로써 상호불신을 불식하고 상호이해를 증진하며 나아가 각국의 이익과 정책상의 차이를 조정해나가는 과정을 중시한다.[31)]

그리고 협력안보는 초기 단계로서 대화의 '관행화'에 목표를 둔다. 이러한 대화의 습관화를 통해 신뢰를 구축하고 국제적 갈등을 평화적으로 해결하며 안보위협 해결에 있어 민주적인 합의과정을 거친다면 각 국가들 간 상충된 이해를 조정할 수 있는 규범을 창출할 수 있다.[32)] 요컨대 다자주의에 입각한 협력안보는 다자군사동맹과 집단안

30) James A. Caporaso, op. cit., pp.603-604.

31) 신범식, 2010, 「다자안보협력 체제의 이해: 집단안보, 공동안보, 협력안보의 개념과 현실」, 『국제관계연구』 제15권 제1호, 고려대학교 일민국제관계연구원, 15~17쪽 참조.

32) 홍규덕, 앞의 책, 13쪽 참조; 클라즈너(Stephen D. Krasner)에 의하면 안보 레짐은 국제관계의 문제영역에서 행위자들의 기대가 수렴되는 묵시적 혹은 명시적인 일련의 원칙, 규범, 규칙 및 의사결정의 절차를 의미한다. Stephen D. Krasner, "Structural Causes and Regime Consequence," in Stephen D.

보와 달리 여러 참여국들이 동등한 권리를 가지고 상호이익의 차원에서 공동규칙 및 규범을 제도화하려는 형태이며, 궁극적으로 안보 레짐의 구축을 목표로 하고 있으며, 이러한 안보 레짐은 관련 국가들 간의 분쟁과 적대관계를 해소하고 안정과 평화를 유지하는 데 유리하다.

위에서 검토한 다자주의 이론에 입각하여 본 연구는 한반도 다자안보협력 구상의 필요성을 논증하고 그 실현 가능성을 탐색하고자 한다. 이를 위해서 필자는 첫째, 탈냉전 시기에 변화하는 동북아 안보 정세, 둘째, 김영삼 대통령이후 현재까지 한국의 대북정책, 셋째, 한국과 중국의 다자안보협력 구상에 대한 태도 등을 기본적인 분석 대상으로 삼고자 한다.

이 연구를 위하여 필자는 문헌분석 방법을 사용할 것이다. 그리고 한반도 안보환경의 변화, 안보구상 제기의 배경, 중국의 한반도 정책의 역사적 배경 및 발전 과정 등을 살펴보는 데 있어 주로 종적(縱的) 기술 방법을 사용할 것이다. 또 한반도 다자안보협력 구상의 변화에 대한 내·외부적 영향 요인, 각종 정책의 결정요소 및 각 요소 간의 관계, 향후의 전망 등을 살펴보는 데 횡적(横的) 분석방법을 사용하기도 한다.

연구의 현황을 전체적으로 파악하기 위하여 본 연구에서는 일차적으로 한반도와 동북아 다자안보협력 구상에 관련된 자료를 종합적으로 수집하고 주제별로 정리한 후 그 중에 가치 있는 부분을 뽑아내어 분석하면서 연구를 진행한다. 자료는 주로 공식적으로 간행되는 학술저서, 논문, 정기간행물, 신문기사, 각국 정부에서 새로 공개된 문서 등이 포함된다. 그러나 북한 측의 자료는 북한의 폐쇄 정책으로 인하여 접근하기 어려운 실정이다. 이 문제를 해결하기 위하여 신문매체에 실려 있는 북한 관련 기사, 중국과 한국 등의 북한 문제 연구기관에서

Krasner(ed.), International Regimes(Ithaca: Cornell University Press, 1983), p.185.

나온 자료, 인터넷에 게재된 시사보도 등을 최대한 이용해 북한의 정책 입장을 추측해 보고자 한다.

본 연구는 연구범위를 노태우 정부부터 이명박 정부까지의 시기에 한하여 논의를 진행할 것이다. 그리고 한반도 다자안보협력 구상 제기의 배경과 이에 대한 중국의 인식변화 등을 다룰 때 연구의 시기적 범위를 추가하여 냉전 시기를 아울러 살펴보기도 한다.

이 논문은 총 여섯 장으로 구성된다. 제1장 서론에서는 연구 목적의 제시와 함께 선행연구의 검토와 연구 방법을 살펴본다. 제2장에서는 한반도 다자안보협력의 필요성에 대해 알아본다. 냉전시기에 형성된 한반도 안보구조, 오늘날의 국제정치질서, 동북아 지역차원의 안보 정세, 한반도의 안보실태 및 지역 내의 비전통적 안보 문제 등을 살펴봄으로써 다자안보협력 전개의 필요성을 강조한다. 이를 위하여 한반도 다자안보협력의 개념 및 가능성 등을 검토할 것이다.

제3장에서는 대북정책의 형식으로 제기된 한반도 다자안보협력 구상의 내용, 전개과정, 특징 등을 살펴볼 것이다. 이를 위하여 한반도 다자안보협력 구상이 제기된 시대적 배경을 밝히기로 한다. 국제적 배경을 분석하면서 국내적으로 노태우 정부의 북방정책을 살펴봄으로써 다자안보협력 구상 제기의 원인과 함의를 제시할 것이다. 이어서 한반도 다자안보협력 구상의 시기별 양상, 추진과정, 특징 등을 분석하고 평가함으로써 구상의 발전 맥락을 파악한다. 즉 한반도 다자안보협력 구상은 김영삼 정부시기에 한반도 평화 정착을 위한 4자회담의 형식으로 제기되고 김대중 정부시기의 햇볕정책, 노무현 정부시기의 평화번영정책, 이명박 정부시기의 '비핵·개방·3000 구상'으로 이어진 것이다.

제4장에서는 중국의 대한반도 정책과 한국의 다자안보협력 구상에 대한 중국의 입장 및 추진 과정에서의 역할을 체계적으로 분석해 보고자 한다. 이를 위하여 중국의 다자안보협력 정책의 바탕에 깔려 있는

안보관의 변화과정[33]과 영향 요인 등을 먼저 살펴보기로 한다. 이어서 중국의 한반도 다자안보협력 구상에 대한 소극적 반응에서 적극적 대응으로의 입장 변화과정 및 그 원인을 밝힐 것이다.

제5장에서는 주로 한반도 다자안보협력의 실제 추진과정에서 중국이 어떤 역할을 했는지를 검토하고자 한다. 이를 위하여 먼저 북핵 위기의 발생원인과 전개과정을 분석한다. 그리고 북핵 위기 발생 후 사태의 악화를 막기 위하여 중국이 관련국들 사이에서 어떤 외교적 노력을 전개하였는지, 특히 북핵 문제의 평화적 해결 내지 한반도 평화 정착을 위한 다자안보협력의 대표적 사례로서의 6자회담의 성사 및 지속적 개최에 중국은 어떤 기여를 했는지를 밝혀 보고자 한다. 또 한반도 평화를 지향하는 6자회담의 향후 발전방향 및 과제 등에 대해 전망해보고자 한다.

제6장은 결론으로 앞의 각 장의 내용을 요약하고 향후 다자주의에 입각한 한반도와 동북아지역의 평화안정을 위한 중국의 역할을 논의할 것이다.

---

33) 덩샤오핑(鄧小平) 시기(1978-1997)의 '도광양회(韜光養晦)' 실용주의로부터 장쩌민(江澤民) 시기(1997-2002)의 '상호신뢰(互信)', '호혜(互惠)', '평등(平等)', '협력(協作)'의 신안보관, 그리고 후진타오(胡錦濤) 시기(2002-현재)의 '화해공존론(和諧共存論)'에 이르기까지 각 시기에 따라 일정한 변화가 발생하였다. 덩샤오핑은 1989년부터 권력을 이양하기 시작하였지만, 실제로 원로정치의 행태로 1997년 2월 사망했을 때까지 중국정치에 중대한 영향력을 행사해 왔다. 따라서 본 논문에서 시기를 분할할 때 이러한 점을 고려하여 그가 최고 권력자로 부상될 때인 1978년부터 사망할 때인 1997년까지의 시기를 '덩샤오핑 시기'로 설정한다.

제2장

한반도 다자안보협력

탈냉전 이후 국제 정세는 정치군사 구조의 다극화와 경제 일체화의 양상을 보이고 있다. 이러한 시대의 흐름 속에 군사안보 문제보다는 경제, 종교, 환경오염, 인권 등의 문제가 중요한 쟁점으로 부각되고 있다. 그 결과 국제분쟁의 강도(强度)가 상대적으로 약화되고 있지만 해결하기에 어려운 문제들이 증가하는 경향을 보이고 있다. 또 냉전 시대에 이루어진 이데올로기의 대립과 갈등은 줄어들고 시장경제 체제가 전 세계적으로 확산되어 가고 있다. 세계무역기구(WTO)를 중심으로 한 자유무역 체제가 정착됨과 동시에 지역 경제의 블록화 추세가 강화되고 있다.

이러한 세계질서 변화의 특징들은 동북아 지역에서도 드러난다. 경제적 측면에서는 냉전 후 동북아 국가들이 활발한 경제적 교류와 협력을 통해 지속적인 경제 성장을 이루면서 상호 의존도가 증가하였다. 이로써 동북아 지역은 전 세계에서 가장 역동적인 지역이 되었고 세계 경제 성장의 원동력이 되고 있다. 그러나 경제성장을 한 단계 더 향상시키고 동북아 경제공동체를 형성하기 위해서는 평화적이고 안정적인 안보환경이 필수적인 전제 조건이 된다.

군사안보 측면에서는 동북아 지역에서의 냉전 구조의 잔재와 정치적 신뢰의 결여, 그리고 강대국들 간의 이익 상충으로 인하여 동북아 지역의 진정한 안정과 평화 상태가 정착되지 못하였다. 특히 이 지역의 핵심지인 한반도는 그 지정학적 가치 때문에 주변 강대국들이 대외전략을 추진할 때 한반도에 더 많은 관심을 기울이고 있다. 따라서 한반도의 안보가 불안해지는 경우 전체 동북아 지역도 곧 불안해지고 이러한 안보불안 상황은 강대국들 간의 이익의 재조정을 야기하여 한반도의 상황을 더욱 복잡하게 만들 것이다. 또 현실적으로 한반도에 유효한 안보 메커니즘이 부재하기 때문에 남북한 관계가 긴장·대립을 지속하고 있다. 북한의 핵무기 실험 강행과 같은 돌발 사건은 한반도를 전쟁으로 몰고 갈 수 있는 위기상황으로 만들었다. 따라서 한반도에서 위기를 관리하고 역내 평화를 조성할 수 있는 다자안보협력을 추진하는 것이 급선무이다. 또 한반도의 다자안보협력을 전개하는 과정에서 형성된 다자안보협력의 경험들은 향후 동북아 지역의 안보협력체의 구축에 촉매역할을 할 수 있을 것이다.

본 장에서는 동북아 지역 국가 간 경제적 상호의존 관계, 역내 안보정세, 한반도의 안보실태 등을 분석함으로써 한반도 평화를 위한 다자안보협력 추진의 필요성을 제시하고자 한다. 이를 위하여 다자주의 이론, 다자안보협력에 적용되는 협력안보 이론 등에 대해서 살펴보기로 한다.

Ⅰ. 동북아 정세의 변화

냉전 종식 후 양극 체제가 무너졌고 세계질서는 다극화의 무드가 드러나기 시작하였다. 냉전 시기 양대 진영에 속했던 국가들 간의 관계도 점차 대립적 관계에서 화합적 관계로 전환되었으며 상호 교류와 협력이 날로 늘어나는 추세이다. 그러나 국제정치의 핵심 문제는 여전히 강대국들 간의 대립으로 나타나고 있다. 즉 미국이 세계 범위에서 패권을 추구하는 반면에 여타 강대국들이 미국 패권을 반대하는 양상으로 보이는 것이다.[1] 미국의 국력이 쇄약해지지 않고 외부로부터 커다란 타격을 당하지 않는 상황에서 미국은 단극 패권을 계속 추구할

1) 閻學通, 2000, 『美國稱覇與中國安全』, 天津: 天津人民出版社, 22面.

것이며, 만약 여타 강대국들이 미국의 세계 패권추구에 대항하는 反패권연합을 결성하지 못할 경우 미국의 단극 체제는 오랫동안 지속될 것이다.2) 특히 동북아 지역에서는 심각한 냉전 대립의 경험과 복잡한 역사적 관계 등으로 인하여 아직 냉전의 요소가 잔존하여 새로운 지역질서가 형성되지 못하고 있는 상태이다.

오늘날 세계의 유일한 초강대국 미국은 기존의 반테러, 핵비확산 전략과 더불어 잠재적인 패권경쟁국의 부상 방지를 중요한 대외 정책기조로 설정하였다. 미국은 동북아 지역에서 잠재적 경쟁 국가인 중국의 급부상을 막기 위하여 對중국 억제 정책을 전개하고 있다. 즉 냉전의 종결에도 불구하고 미·일 동맹을 계속 강화함과 동시에 동북아 지역에서 중국을 견제할 수 있는 일본의 군사대국화 행동을 묵인하고 있다. 따라서 동북아 지역은 미국 중심의 해양세력과 대륙국가인 중국의 이해관계가 첨예하게 대립하고 있는 지역이며 향후 이러한 대립은 더 심각해질 가능성이 있다.3)

중국과 긴밀한 경제 관계를 유지하고 있는 일본은 동아시아 지역 주도권을 장악하기 위하여 미국의 對중국 억제행동에 적극적으로 동참하면서 자국의 군사력을 부단히 강화해 왔다. 그 결과 중·일관계도 '정냉경열(政冷經熱)'의 특징을 보이고 있다.

미·중·일 삼국의 전략적 경쟁 구도 하에 동북아 지역 내의 국가 간 관계는 복잡한 양상을 보이고 있다. 본 절에서는 경제적 상호의존의 심화와 미국의 對중국 억제전략, 그리고 중·일 주도권 경쟁 관계 분석을 통해 동북아 지역 정세의 변화 양상을 살펴보기로 한다.

---

2) 王緝思, 2003, 「新形勢的主要特點和中國外交」, 『現代國際關系』 2003年 第4期, 北京: 中國現代國際關系硏究院, 1面.

3) 김우상, 2004, 「동북아 및 한반도 정세」, 이승철 외, 『21세기 동북아 국제관계와 한국』, 서울: 나남출판사, 56~57쪽.

1. 지역 국가간 경제의존 심화

냉전 후 이데올로기적 대립과 갈등이 완화되면서 시장경제 체제가 전 세계적으로 확산되어 갔다. 세계무역 체제를 중심으로 하는 자유무역 체제가 정착됨과 동시에 지역 경제의 블록화 추세가 두드러지고 있다. 유럽 안보 공동체(CSCE)와 북미자유무역협정(NAFTA)이 그 대표적인 예인데 이들은 현재 세계 경제구조에 지대한 영향을 미치고 있다. 따라서 동북아 지역에서도 이와 비슷한 경제협력체의 결성이 언급되고 있다. 물론 이러한 지역경제협력체는 안정적이고 평화적인 국제환경이 조성될 때 비로소 가능한 것이다.

동북아 지역 경제협력체를 결성하기 위하여 역내 각국은 적극적으로 협력해 오고 있다. 그리고 이 과정에서 활발한 교류와 협력을 통해서 동북아 각국의 경제가 지속적으로 성장하였고 호혜협력과 상호의존 관계가 형성되었다.

특히 동북아의 주요 국가이자 6자회담의 당사국인 중국, 일본, 한국은 상호 간의 기술, 자금, 시장과 인력자원 등의 장점을 충분히 활용하고 서로 보완적인 경제구조를 결성함으로써 거대한 무역 규모와 경제규모를 이루었다. 3국의 GDP가 동아시아 전체 GDP의 70%를 차지하고 있고 교역량은 세계 교역량의 6분의 1에 달한다.[4] 중국은 이미 한국과 일본의 최대 교역대상국이자 최대 투자 대상국이 되었고 일본은 중국의 최대 교역대상국, 한국은 제4 교역대상국이 되었다. 2006년부터 중국과 일본의 교역총액이 2000억 달러 이상이 되었다. 한·중 양국의 교역총액은 2005년부터 1000억 달러를 상회하여 2008년에는 1860억 달러를 기록하였다. 2006년까지 일본의 중국 실제 투자총액은 580억 달러에 달하였고 한국의 중국 실제 투자총액은 350억 달러를 넘었

4) 『동아일보』, 2009년 10월 9일자.

다.[5] 이와 같이 한·중·일을 포함한 동북아 지역은 20여년의 지속적 성장을 거쳐 현재 전 세계 총생산(GDP)의 20% 이상을 차지하며 세계 경제 성장을 견인하고 있다. 특히 장기 불황을 겪어 오던 일본이 일정한 경제 회복세를 보이고, 금융위기 상황에서도 상대적으로 안정적이었음을 볼 때, 중국의 부상과 함께 일본 경제의 회복은 동북아 지역의 경제 활성화를 더욱 가속화시킬 것이다.[6]

이 같은 사실에도 불구하고 적대적인 역사적 경험과 현실적인 힘의 균형에 대한 인식 등으로 인하여 동북아 지역에서 경제협력체는 아직 형성되지 못하고 있다. 지역경제협력체가 없는 상황에서 동북아 국가들은 세계 경제 참여와 경쟁에서 상대적으로 불리한 위치에 처해 있고 금융과 경제위기를 대비하는 능력이 부족해 보인다. 따라서 위기를 대비하고 극복하기 위해서는 역내 국가들이 제도적 협력과 일치된 행동을 취해야 할 필요가 있다.

따라서 동북아 각국은 지역경제협력체의 구축을 위하여 적극적으로 노력해야 한다. 그 중에 가장 핵심적인 과제로는 한·중·일 간의 자유무역협정(KCJ FTA)의 체결을 들 수 있다. 무역의 블록화가 동북아 경제협력체 결성의 기초이고 전제이며 지역경제협력체의 형성과 발전을 추진할 수 있는 바탕이 되기 때문이다.

한·중·일 3국은 FTA 내지 동북아경제협력체를 추진하기 위하여 많은 시도를 해오고 있다. 지난 1999년부터 경제협력과 우호증진을 지향하는 한·중·일 3국 정상회담이 개최되고 그 후에 점차 정례화되었다. 그 중에서 2008년 12월 일본 후쿠오카(福岡)에서 처음으로 열린 3국 정상회의는 3국간 협력의 틀을 공식화했다는 상징적 의미가 있다.

---

5) 曾珠, 2008,「經濟全球化條件下的中日韓貿易一體化」,『雲南財經大學學報』2008年 第2期, 昆明: 雲南財經大學, 33~35面.

6) 이동휘, 2010,『21세기 한국 외교에 있어서 다자 협력의 중요성: 미국 오바마 행정부의 외교 정책 변화를 계기로』, 정책연구과제 2009-06, 서울: 외교안보연구원, 11쪽.

2009년 10월 10일에 중국 베이징(北京)에서 열린 3국 정상회의에서는 협력 확대를 위한 구체적인 실천 과제를 담은 「한·중·일 협력 10주년 공동성명」 및 「한·중·일 지속가능 개발을 위한 공동성명」이 발표되었다. 성명에서 3국은 향후 10년 동안 상호 존중, 평등, 공동 이익, 개방성, 투명성 및 다양한 문화 존중의 원칙 아래 선린 우호, 상호 신뢰, 포괄적 협력, 상호 이익 및 공동발전의 방향으로 협력을 도모하기로 하였다. 베이징 회의를 계기로 하여 3국은 공개성, 투명성, 다양성의 원칙을 기반으로 동아시아공동체 개발에 원칙적인 합의를 달성하였다. 이렇게 함으로써 한·중·일 자유무역협정(KCJ FTA) 추진이 탄력을 받게 되었다. 회의에서 3국 정상은 이른 시일 내에 FTA를 체결하도록 협력하기로 합의하였다.7)

위에서 언급한 바와 같이 동북아 각국은 세계적으로 주목을 받을 만큼의 경제 성장을 이루었고 향후 더 큰 도약을 실현하기 위하여 제도적 지역경제협력체를 결성하고자 노력하고 있다. 이와 같은 경제성과의 확보와 지역경제협력체의 구축 모두 안정적이고 평화적인 역내 환경을 필요로 한다. 그러나 현실적으로 동북아 지역에는 많은 불안정 요인이 내재되어 있다. 중일, 한일 간에 해양도서 영유권 분쟁, 과거사 문제 등 요인이 3국간 협력관계의 진일보 발전에 저해하고 있다. 특히 한반도에 적합한 안보 메커니즘이 존재하지 않기 때문에 남북한 대립 상태가 여전히 지속되고 있고 북핵 문제로 인한 전쟁의 위협도 존재하고 있다. 이러한 안보 불안 상태 하에서는 그 동안의 경제성과가 위험에 노출되고 향후 지역경제협력체의 구축도 단기적으로 성사되기 어려울 것으로 보인다.

필자는 한 지역 내의 구성국들 사이에 경제적 의존관계가 형성된

---

7) 인터넷 자료: 「中日韓合作十周年聯合聲明」, 「中日韓可持續發展聯合聲明」, 中國政府網: http://www.gov.cn/jrzg/2009-10/10/content_1435475.htm(검색일: 2010년 1월 8일) 참조.

경우 구성국가간의 안정과 평화 상태가 요구되어지며, 의존관계가 긴밀해질수록 이런 안정과 평화 상태에 대한 요구가 더 강해진다고 본다. 따라서 동북아국가들이 경제 견인차 역할을 확보하고 그동안 이루어낸 경제적 성과를 지키기 위하여 안정적·평화적 역내환경을 조성하는 것은 시급한 과제이다. 역내에서 위기발생이 가장 잦은 한반도의 평화를 위하여 다자안보협력을 전개하는 것은 필수적 과제라고 할 수 있다. 동북아의 핵심지인 한반도에서 위기상황 내지 전쟁이 일어날 경우 전체 동북아 지역도 불안해지고 전쟁에 휩싸일 가능성도 높아지기 때문이다.

2. 미국의 對중국 억제 전략

탈냉전 이후 유일한 초강대국으로서의 미국은 냉전기에 형성된 적대적·대립적 사고 관행으로 인해 새로운 적대적 목표국가의 설정을 세계전략 조정의 중요한 요인으로 간주해 왔다. 소위 적대적 목표국가는 소련처럼 미국과 전면적으로 경쟁할 수 없지만 지역 차원에서 미국의 이익에 도전할 수 있는 국가이다.

2001년 등장한 부시 행정부는 국가 안보 전략의 중점을 본격적으로 동아시아지역으로 이동하였다. 그 목적은 미국과 대적할 만한 신흥 패권국가의 출현을 방지하는 동시에 동아시아 지역이 미국과 대적할 만한 특정국가의 통제 하에 들어갈 것을 방지하는 데 있다. 그 동안 미국은 미군의 동아시아 지역에서의 주둔과 이 지역의 전통적인 동맹국 혹은 우방국들과의 양자 간 군사동맹 관계의 강화와 전역미사일 방어체계(Theater Missile Defense)의 구축을 추진해 왔다. 오바마 정부가 출범하자 미국이 국가전략의 중점을 중동에서 아시아-태평양 지역으로 이전하는 데 박차를 가하였다. 이를 통하여 동아시아지역의 정치와 안보 문제에 적극 관여하고 자신의 구상대로 동아시아지역을 통제하고자 한다는 것이다.[8] 이처럼 미국의 세계전략 조정 과정에서 체제가 다르고 급속히 부상하고 있는 중국은 미국의 중점 견제 대상국으로 설정되었다. 특히 아태지역에서 미국이 중국을 전략적, 군사적 첫 번째 견제 대상국으로 설정하였다.[9]

미국 정부 내외의 분석 기관들은 중국이 2020년 혹은 2025년 시점에서 군사적으로나 경제적으로 미국에 버금가는 강대국의 지위로 부상할 것이라고 전망한 바 있다.[10] 만약 중국이 예측대로 미국을 능가할 정도로 급부상한다면 미국 주도의 동북아 안보질서는 개편될 수밖에 없을 것이다. 이것은 동북아 지역에서 미국의 기득이익이 크게 축소될 것임을 의미한다. 뿐만 아니라 정치 분야에서는 중국 경제의 지속적 고속성장에 따라 이루어진 중국발전 모델과 미국이 제창해 온 민주주의 시장경제 모델 간에 경쟁관계가 점차 대두하고 있다.[11] 이러한 점들을 감안하여 미국은 잠재적 경쟁국가로서의 중국의 급부상을 막아야 한다는 인식을 가지게 되었다. 이러한 인식에서 미국은 對중국 경제협력을 유지하면서도 전체적으로 중국의 성장에 대해서 냉전색깔이 짙은 포위, 분할, 억제 정책을 추진해 왔다. 미국은 이러한 對중국 억제 정책을 통해 중국의 성장을 지연시켜 미국이 주도하는 국제 체제 안에 끌어들이고자 한다는 것이다.[12]

8) 김준철, 2010, 「중국의 대국전략과 동아시아 지역협력」, 충남대학교 정치외교학과 박사학위논문, 64쪽 참조.

9) 朱峰, 2005, 「‘中國崛起’與‘中國威脅’-美國‘意向’的由來」, 『美國研究』 2005年 第3期, 北京: 中國社科院美國研究所, 41~42面 参조.

10) Joseph Nye는 아세아개발은행의 보고서를 바탕으로 할 때 매년 6%의 경제성장만 지속한다고 하더라도 21세기 초반 중국의 경제력은 미국을 능가할 것이기 때문에 미국은 중국의 경제적 군사적 성장에 대비해야 할 것이라고 경고한 바 있다. Joseph S. Nye, 1997, “China’s Re-emergence and the Future of the Asia-Pacific,” Survival, Vol. 39, No. 4, pp.67-70 참조.

11) 沈丁立, 2009, 「中美關系、中日關系以及東北亞國際關系」, 『當代亞太』 2009年 第2期, 北京: 中國社會科學院亞洲太平洋研究所, 9面 참조.

12) 閻學通 編, 2007, 『中國學者看世界-國際安全卷』, 北京: 新世界出版社, 13面.

그러나 미국이 유일한 초강대국으로 독주하긴 하나 다극화의 시대적 흐름 속에서 일국의 힘만으로 전 세계 여러 지역에서의 안보질서를 주도하기는 어렵다. 특히 동북아 강대국으로서의 중국의 부상을 억제하는 데 막대한 비용을 치를 수밖에 없다. 2008년 세계 경제위기의 충격을 겪어온 미국은 이 막대한 비용을 스스로 감당하면 어려운 일이 아닐 수 없다. 따라서 미국은 세계전략을 조정함과 동시에 미국을 핵심으로 한 동맹체계를 강화하는 데 노력을 경주해 왔다. 전통적 동맹관계를 강화함으로써 동맹국들이 패권확장의 비용을 분담하도록 하는 것이다.

동아시아지역에서 미·일동맹과 한·미동맹은 냉전기에 소련의 세력확장을 저지하고 역내 힘의 균형 상태를 유지하는 데 중요한 역할을 해 왔다. 냉전 후에 미·일동맹은 약화되지 않았고 오히려 미국의 전략수요에 따라 중국의 급부상을 억제하는 방향으로 발전해 나가고 있다.

미국은 동북아 지역에서 자국의 국가이익을 확보하기 위한 필수적 파트너로 항상 일본을 선택해 왔다. 탈냉전 이후 미·일 양국은 전통적 동맹관계를 강화하면서 보다 더 광범위한 군사동맹 또는 ‘아시아의 나토(Asia NATO)’를 구축하기 위하여 노력하고 있다. 이와 같은 새로운 안보동맹 체제를 구축함으로써 중국을 중점적으로 견제하고자 한다는 것이다.[13] 2007년 2월 존 하워드(John Winston Howard) 호주 총리의 제의 하에 호주와 미·일 3국정상회의에서 공동 안보를 위하여 군사교류를 대폭 확대하고 합동 훈련을 정례적으로 하는 등 군사동맹 수준의 협력 방안을 논의하였다. 그 후에 인도를 방문한 일본의 아베 총리는 국회 연설에서 ‘4개국 구상’(Quadrilateral Initiative)이라는 소위 민주주의 국가 4개국 자유연대(미국, 일본, 호주, 인도)를 창설하자고 제의했으며 자유연대는 4개국이 지닌 자유와 민주주의, 인권 존중에 대

13) 王緝思, 2001, 「對中美關系的幾點分析」, 『現代國際關系』 2001年 第6期, 北京: 中國現代國際關系研究院, 7面.

한 근본가치의 결합은 물론 공동의 전략적 이익을 추구하기 위한 것이라고 설명하였다.[14] 이에 대해 인도는 긍정적인 반응을 보였으며 미국을 비롯한 다국 연합 군사훈련[15]에 적극적으로 참여하였다.

이러한 '4국동맹 구상'은 중국을 주적(主敵)으로 한 것으로 보인다. 이에 대해 중국은 '4국동맹 구상'이 표면적으로 4개국 간의 경제 및 전략 협력을 주요 내용으로 하지만 본질적으로 對중국 포위망을 짬으로써 중국의 부상을 견제하여 아태지역의 전략적 균형을 도모하는 것으로 지적한 바 있다.[16]

미·일동맹의 강화와 새로 등장하고 있는 '新4국동맹'[17]에 대응하기 위하여 1990년대 이래 중국과 러시아는 관계 강화를 위해 노력해왔다. 2001년 6월 15일 중·러 양국이 주도하여 역내 중앙아시아 국가들과 함께 결성한 상해 협력기구(Shanghai Cooperation Organization)가 공식으로 출범하였고 이는 정례적 안보회의 및 몇 차례의 군사합동훈련을 거쳐 점차 상설기구로 발전되었다.[18] SCO는 탈냉전기 이후 등장

14) 『중앙일보』, 2007년 9월 4일자.

15) 2007년에 미국과 인도는 그간 벌여왔던 미국-인도 군사훈련인 말라바 훈련을 일본, 호주, 심지어 싱가포르까지 포함하는 5개국 합동 훈련으로 확대 실시하였다. 그 해 9월 4일부터 9일까지 미국의 항공모함 2척과 인도의 항공모함 등 25척의 군함이 참여한 대규모 군사훈련이 있었다. 영국의 BBC 방송은 말라바 2007 훈련을 4개국 구상이 현실적인 군사 동맹 관계로 나가는 것을 의미한다고 전하고 있다.

16) 趙青海, 「四國戰略同盟意在何爲?」, 人民網: http://media.people.com.cn/GB/22114/41180/103626/6287519.html (검색일: 2009년 10월 17일).

17) 4국동맹(Quadruple Alliance)은 오스트리아, 러시아, 프로이센, 영국 등 대(對) 프랑스 전쟁을 이끌었던 네 나라가 1815년 11월 20일 빈 체제(Wiener System)의 유지를 위하여 체결한 동맹을 지칭한다. 본문에서 원래의 4국동맹과 구분하기 위하여 '新4국동맹'이라는 용어를 사용한다.

18) SCO는 회원국가 간의 정례적 회담을 통한 역내 안보협력을 위한 제도와 기제를 발전시키는 점진적인 대화의 장을 마련하고 있고, 탈냉전기 이후 등장한 테러리즘, 분리주의, 극단주의와 같은 비전통 안보 문제와 경제, 에너지, 환경 문제 등과 같은 이슈들을 모두 다루는 포괄안보를 다루고 있다. 2002년부터

한 비교적 새로운 안보레짐으로서 협력안보 체제와 유연한 준동맹적 협력체의 성격을 동시에 가지고 있다. 만약 이 기구의 반미적 내지 반서구적 기구로서의 성격이 입증될 수 있다면 이는 곧 SCO가 공동방위체적 성격을 지니고 있음을 뜻하는 것인데, 이는 곧 유라시아에서 새로운 거대 대결구도가 출현함을 의미하는 것이다.[19]

SCO의 정례화에 따라 중·러 관계도 한층 강화되어 '전략적 협력 관계(Strategic Partnership)'로 격상되었다. 2007년 9월 8일 APEC 회의에 참석한 푸틴 대통령은 후진타오 주석에게 "우리들은 최고 수준의 중·러 관계를 만들어낸 업적이 있다"며 "내년에 퇴임한 뒤에도 러시아의 對중국 정책은 변하지 않을 것"[20]이라고 하였다. 이러한 중·러의 전략적 협력 관계는 동맹으로 규정할 순 없지만 일종의 준(準)동맹[21]의 관계라 할 수 있다.

위에서 살펴본 바와 같이 동북아 지역 패권 장악을 위해 미국이 계속 군사동맹을 강화·확대해 나간다면 중국 또한 이에 맞서서 대결 국면으로 나아갈 것이고 이 경우에 미국과 중국 간에 억제와 反억제를 특징으로 한 新냉전이 도래할 가능성이 있다. 이에 대해 로버트 로스(Robert Ross) 역시 21세기 초반 동아시아지역에서 미국과 중국 간의 양극 체제가 형성될 것으로 예측한 바 있다.[22]

SCO 회원국가가 참여한 군사 합동 훈련은 수차례 진행되었다. 2002년 8월 중국과 키르기즈스탄의 반테러 군사 합동 훈련, 2003년 8월 러시아, 중국, 카자흐스탄, 키르기즈스탄, 타지키스탄의 'Cooperation-2003' 군사합동훈련, 중·러에 의한 '평화의 사명 2005(Peace Mission-2005)'라는 대규모 군사합동 훈련 등을 예로 들 수 있다.

19) 신범식, 앞의 논문, 35쪽 참조.

20) 『국방일보』, 2007년 9월 10일자.

21) 현재 NATO의 동진 및 미·일 동맹 강화 등으로 나타나는 미국의 움직임에 대응하는 차원에서 형성되고 있는 중·러 간의 연대도 이들 국가들의 경제 성장세가 뚜렷해지고, 그 결과 '전략적 자율성(strategic autonomy)'의 폭이 확대될 경우, 점차 준(準)동맹 성격으로 공고화되어 갈 가능성이 있다. 이동휘, 앞의 책, 13쪽 참조.

3. 일본의 군사대국화

아태지역에서 일본이 중·미관계에 영향을 미치는 가장 큰 변수로 역할을 하고 있다.[23] 일본은 냉전 종식 이후 동북아에서 막강한 경제력을 바탕으로 하여 국제정치적으로 영향력을 증대시키려고 하고 있다. 그러한 노력의 일환으로 미·일동맹의 지속적 강화를 계기로 보통국가화와 군사대국화의 방향으로 전략을 변환하고 있다. 그러나 일본의 이러한 전략은 중·일 간의 지역주도권 경쟁 구도를 조성할 것으로 판단된다.

일본은 보통국가론의 국가전략에 따라 경제력을 바탕으로 기존의 전수방위 영역을 넘어 안보 분야에서의 역할을 국제적으로 확대하기 시작하였다. 일본은 유엔 안보리 상임이사국 진출을 목표로 하면서, 경제만이 아니라 외교 및 안보 측면에서도 세계 주요 강대국의 대열에 들어가고자 한다.[24] 이를 위하여 일본은 보통국가화의 일환으로 군사대국화를 추진하고 있다. 군사대국화 전략은 주로 미·일동맹의 강화에 따라 추진되어 왔다.

탈냉전 후 일본은 미·일동맹의 안보 역할을 더욱 중요시하고 이를 바탕으로 국제사회에서 자국의 영향력을 향상시키는 데 전략적 목표를 두었다. 따라서 일본은 미국의 세계전략을 지지하면서 동북아 지역에서 미국과의 동맹 강화에 적극적으로 동참하며, 미국의 제의를 받아들여 미·일동맹을 미·영동맹의 수준으로 격상하기 위하여 노력하고 있다.[25] 특히 2006년 5월 미국과 일본은 주일미군 재편을 위한 최종

---

22) Robert S. Ross, "The Geography of the Peace: East Asia in the Twenty-first Century," International Security, Vol. 23, No. 4, 1999, p.95.

23) 王緝思, 2005, 「中美關系:尋求穩定的新框架」, 『中國黨政幹部論壇』 2005年 第1期, 北京: 中共中央黨校, 38面.

24) 송은희, 2006, 「중·일 관계의 변화와 동북아 안보 정세」, 『아태연구』 제13권 제2호, 경희대학교 아태지역연구원, 30쪽.

보고서를 확정하였다. 이 최종보고서에 따라 미·일동맹이 일본의 영역 방위를 넘어서 주변 사태에 대응하는 범위로 확대되었고, 반테러전쟁과 대량살상무기 확산 방지를 위한 협력이 추가되었다. 이와 동시에 일본이 미국의 MD계획에 적극적으로 참여하기로 하였다. 중국은 일본의 MD계획 참여는 일본 군국주의가 표출되는 것으로 보고 MD 체계의 구축은 중국의 핵 억지력을 무력화할 뿐만 아니라 중국 주권과 군사력에 대한 심각한 위협이라고 우려하고 있다.[26)]

일본은 미·일동맹의 강화와 함께 자국의 군사대국화를 이루고자 하고 있다. 냉전기에 일본은 전수방위 정책을 근본적으로 이행해 왔다. 그러나 냉전 종식 후 특히 1990년대 중반부터 일본은 「방위대강」(1995)을 수정하고 「일미방위협력지침」(1997)을 공포하는 한편, 「주변사태법안」(1999)에 의해 전수방위의 범위를 주변 지역으로 확장시켰다. 또 일본은 걸프전을 계기로 자위대를 처음으로 해외에 파견하였다.

9.11 테러사건 이후 미·일동맹 강화기에 접어들면서 일본은 본격적으로 군사력의 질적 향상 및 군사전략의 강화를 통해 「新방위대강」을 확정하기에 이른다. 9.11테러사건 이후 일본은 미국의 反테러 정책에 맞추어 反테러를 방위 정책의 기본 목표로 정하였다. 아프가니스탄 反테러 전을 계기로 일본은 「자위대법수정안」, 「反테러특별조치법안」등 일련의 법안을 수정·통과함으로써 對미군 지원의 명분 하에 타국으로의 전시파병을 합법화시켰다. 특히 2004년 다시 수정된 「방위대강」에

---

25) 리처드 아미티지(Richard L. Amitage) 미 국무부 부장관은 조지프 나이(Joseph S. Nye)와 같이 「미-일 동맹 : 2020년 아시아 질서 바로잡기」라는 이름의 보고서 작성을 주도하였다. 2000년 10월 발표된 1차 보고서(아미티지 보고서)에 미·일 동맹을 미·영 동맹 수준으로 확대·강화하고 일본의 재무장을 권고하는 내용이 담아 있다. 『한겨레신문』, 2007년 2월 19일자.

26) 이태환, 2004, 「9·11 이후 미중관계 변화와 한반도」, 『신아시아』 제11권 제2호, 신아시아연구소, 122쪽 참조,

서 '국제평화협력'을 자위대의 기본목표로 정하며 자위대는 국제평화협력을 주체적·적극적으로 진행해야 한다고 강조하고 있다.

2006년부터 일본은 자위대를 정상적 군대로 승격시키기 위해 몇 차례에 걸쳐 평화헌법을 수정하였다. 그리고 일본은 방위청(防衛廳)을 방위성(防衛省)으로 승격시켰다. 방위성은 보다 큰 자주권을 가지고 있어 국회의 간섭을 피하고 내각의 결정에 따라 대규모 해외파병을 주도할 수 있다. 이것은 일본의 군사대국화를 위한 지름길을 마련한 것이다.

위에서 언급한 바와 같이 제2차 세계대전 후 비록 일본의 군사력 발전이 여러 측면에서 제약을 받아 왔지만 튼튼한 경제력을 바탕으로 하여 강한 전력을 지닌 자위대를 창설하고 부단히 강화해 왔다. 그리고 방위의 내용이 단순한 영토방위로부터 군사, 경제, 환경 등을 포함한 종합안보 분야로 확장되었으며 방위의 범위도 본토방위부터 광활한 아태지역까지 팽창되었다. 이러한 사실을 감안하면 일본이 미·일동맹에 의거하여 이미 군사대국으로 변신하였다는 것을 알 수 있다.

한편 지역차원에서 중국과 일본의 관계는 또한 동북아 안보환경을 규정할 중요한 변수로 작용하고 있다. 탈냉전 후 군사대국화를 위하여 일본은 미국과 같이 방위적 미·일동맹을 개입형 군사조직으로 전환시켰다.[27] 이러한 행동은 중국의 우려를 자아내어 중·일 관계를 경색되게 하였다. 특히 일본이 동북아 지역 내의 우위를 확보하기 위하여 미국의 對중국 억제 정책에 적극적으로 따라가는 것이 중국의 불만과 경계를 초래하였다.

일본은 1990년대에만 해도 미국의 對중국 억제 정책을 공개적으로 지지하지 않았다. 그러나 2004년 미·일 2+2회의(외무장관과 국방장관)에서 미국의 제의를 적극적으로 채택하고 중국의 대만 문제를 미·

---

27) 金友國, 2004, 「日本軍事安全政策的變化及其影響」, 『國際戰略研究』 2004年 第3期, 北京: 中國國際戰略學會, 15面.

일동맹의 군사적 행동목표로 설정하였다. 특히 일본의 고이즈미 총리는 일본의 보통국가화와 군사대국화 전략 하에 영토와 해양권익을 빌미로 주변 국가와 긴장관계를 조성하였다. 이러한 주변 국가와의 긴장관계는 일본이 헌법 제9조를 수정하여 자위대를 정식 군대로 승격시키고 군비를 증강하는 구실로 이용되고 있다.[28)]

일본의 안보역할 증대 및 보통국가화 추구에 맞서 동북아 지역에서의 중·일 간의 경쟁구도는 그 어느 때보다 고조되고 있는 형국이다. 최근 몇 년간에 중국과 일본이 조어도(釣魚島, 일본에서는 센카쿠 열도라 한다) 영유권 분쟁을 두고 벌이는 각축전도 점차 노골화되고 있다. 2010년 9월 7일 조어도 해역에서 발생한 중국 어선 선원 억류사건은 중·일 관계를 급속히 냉각시켰다. 더욱이 2012년 4월 16일 일본이 조어도를 구매한다는 입장을 표명한 것은 중·일 양국 이 조어도 주변 해역에서 보다 치열한 대치 행동을 초래하였다. 여태까지 중·일 양국은 이 현안 문제를 둘러싸고 한 치의 양보 없이 서로 강경한 대립 자세를 취하고 있다. 이러한 중·일 간의 도서 영유권 각축은 동북아 지역의 안보상황을 더욱 복잡하게 만들어 가고 있다.

또 에너지 공급원을 다각화하려는 중국과 일본이 동중국해 가스전 개발, 러시아 극동 석유 송유관선 가설 등 여러 사안을 놓고 심한 갈등 양상을 보이고 있다. 자원을 둘러싼 중국과 일본의 이러한 마찰로 인해 양국관계가 경색될 경우, 한국을 포함한 동북아 지역에 미칠 파장도 만만치 않을 것이다.

강대국 간의 구조적 대립의 배경 하에 동북아질서는 중국과 일본의 지역주도권 경쟁, 핵과 미사일 문제로 인한 북한과 주변 국가 간의 갈등, 그리고 남북한의 협력과 대립 등의 요소들이 중층적·복합적으로 결합되어지는 양상으로 나타난다. 이러한 복잡한 상황 외에도 지역 국가 간에는 영토·영해 문제, 역사·문화·종교 문제, 환경보호와 자원 확

28) 閻學通 編, 앞의 책, 18面.

보 등 안보불안 요소가 내재되어 있다. 이들 문제를 해결하지 못할 경우, 지역 분쟁 사태를 야기하기 쉽다. 지역 내 다자주의적 안보협력 체제가 결여된 상태에서 이들 지역분쟁은 격화·확산될 가능성이 크다고 보여 진다.

따라서 강대국 간의 전략대립을 원활히 조율하고 동북아 지역 내 국가 간의 갈등과 불안요소들을 효과적으로 관리하기 위하여 다자간 안보협력이 시급히 필요하다. 특히 동북아 지역의 핵심이자 분쟁이 일어나기 가장 쉬운 한반도에서 평화를 위한 다자안보협력을 추진하는 것이 우선적으로 필요하다. 한반도의 다자안보협력이 전개되면 한반도의 안정과 평화가 확보될 수 있고 그의 전개과정에서 이루어진 관련국 간 협력의 의식과 경험은 지역 강대국 사이의 갈등 완화 및 분쟁의 평화적 해결에 큰 도움이 될 것이다.

Ⅱ. 한반도 안보 정세와 다자간 안보협력의 필요성

오늘날까지 남북한의 대립이 근본적으로 완화되지 않고 있어 한반도의 안보는 여전히 유동적인 상태라 할 수 있다. 이 같은 상황은 남북한의 대립 외에도 주변 강대국들의 한반도 문제에 대한 전략적 불일치와 이해차이에 의해 조성된 것이다.

한편 한국전쟁 후 체결된 정전협정이 한반도의 전쟁재발을 억제해 왔으나 탈냉전 후 동북아 국제질서의 구조적 변화와 한반도 평화에 대한 남북한 입장의 심각한 대립으로 인하여 정전협정은 이미 유명무실해졌다.[29] 한반도에서 정전협정을 대신하는 신 안보 메커니즘이 부재

29) 한반도 정전협정 체제가 이미 유명무실해졌다거나 그 기능이 상실되었다는 몇 가지 연구가 있다. 박명림, 2006, 「한반도 정전체제: 등장, 구조, 특성, 변환」, 『한국과 국제정치』 제22권 제1호, 경남대학교 극동 문제연구소, 25~27

하는 현재의 상황에서 정전협정의 효력 상실은 한반도 안보에 부정적 영향을 미치고 있다.

또 남북한이 대립하는 상황에서 양측이 계속 군사력을 증강하고 있어 또 다른 안보 불안요인이 되고 있다. 게다가 남한과 북한의 경제력의 격차 확대와 미국의 대북 압박 정책으로 인한 북한의 핵무기 실험 사태는 한반도의 안보상황을 저해하는 직접적 원인이 되고 있다.

이 절에서는 한반도에서 강대국들의 이해 각축 실태를 살펴보고 효과적인 안보메커니즘이 결여된 상황 하에서 한반도 안보의 취약성을 분석해 봄으로써 한반도 평화를 위한 다자안보협력 추진의 필요성을 밝히고자 한다.

1. 한반도의 가치와 강대국의 전략적 경쟁

지정학적 측면에서 동북아 지역은 매우 중요하고 이해관계가 매우 복잡하게 얽혀 있는 지역이라 할 수 있다. 한반도는 동북아 지역의 지정학적·지경학적 중심지역이기 때문에 주변 강대국들의 힘과 이익의 교차점이고 동북아 안보구조의 중심지이다.

지정학자들에 의하면 유라시아대륙의 가장자리 지대가 강대국들이 점유·지배하고자 하는 핵심지역이며, 가장자리 지대는 대륙과 해양의 장점을 모두 지니고 있기 때문에 가장자리 지대를 지배한다면 세계를 지배하게 될 것이라고 한다.[30] 한반도는 대륙과 해양의 가장자리 지대에 위치하고 있어 이러한 특징을 지니고 있다. 지정학적으로 한반도는

쪽 참조; 龔克瑜, 2006, 「如何構建朝鮮半島和平機制」, 『現代國際關係』 2006年 第2期, 北京: 中國現代國際關系研究所, 15面 참조; 李華, 2004, 「停戰機制困境及其出路-冷戰後朝鮮半島安全機制探析」, 『國際論壇』 2004年 第1期, 北京: 北京外國語大學國際問題硏究所, 73~74面 참조.

30) Nicholas J. Spykman, The Geography of the Peace(New York: Harcourt Brace Co., 1944), 劉愈之 譯, 1965, 『和平地理學』, 北京: 商務印書館, 76面.

대륙세력이 해양으로 진출하는 통로이고 해양세력이 대륙에 들어가는 관문이기도 하다. 한반도는 완충 지대로서 해양세력과 대륙세력이 각축하는 장이 되며 양 세력의 영향을 동시에 받고 있는 지역이다.

이와 같은 중요한 전략적 가치 때문에 역사상 해양과 대륙의 강대국들이 한반도를 둘러싸고 격렬한 각축을 벌였다. 19세기 말부터 20세기 중반까지의 60여년 동안 일어난 전쟁 중에 청일전쟁, 러일전쟁 그리고 6.25전쟁 모두가 한반도를 겨냥하여 일어난 전쟁이었다. 오늘날에도 여전히 미·중·러·일의 4대 강국은 한반도에서의 전략적 경쟁을 계속하고 있다. 강대국의 전략경쟁 속에서 한반도의 안보 정세는 복잡해지고 어려워질 수밖에 없다.

이러한 강대국들 간의 이익 다툼은 남북한 대립과 한반도 안보불안 상태를 야기하였고, 역으로 이러한 대립과 안보불안은 강대국들이 한반도 문제에 개입하는 이유로 작용되기도 한다. 따라서 이러한 안보 악순환을 타파하여 한반도의 안보불안 상태를 평화적인 상태로 전환시키기 위해서는 새로운 안보관리 장치를 만들어야만 한다.

한편 강대국들은 한반도에서 전략적 우위를 차지하기 위하여 경쟁하지만 한반도에서 위기사태 또는 전쟁이 일어나는 것을 원하지는 않는다. 위기사태나 전쟁이 일어나면 그들이 가진 한반도에서의 기득권이 위협당할 뿐만 아니라 동북아에서의 자국의 전체적 이익도 위협당할 것이기 때문이다. 따라서 강대국들은 한반도에서 자신들의 전략적 이익을 두고 다투면서 한편으로는 한반도의 안정 상태를 바라는 모순적 태도를 지니고 있다고 할 수 있다.

동북아 지역에서 미국은 잠재 패권국가의 등장을 방지하고 대량살상무기의 확산을 저지하며 미국에 유리한 자유무역 질서를 확립·유지하는 데 전략적 이익의 핵심을 두고 있다. 한반도의 안보불안과 북한의 핵과 대량살상무기의 개발 등은 미국의 전략적 이익에 저해하는 것이다. 그러나 미국은 자신의 힘으로만은 이러한 복잡한 문제들을 해결하지 못한다고 인식하였다. 따라서 미국은 여러 불안요소들을 제거하고 최대한 자국의 이익을 확보하기 위하여 주변 국가들과의 협력을 추진할 수밖에 없다.

역사적으로나 현실적으로나 한반도는 중국에게 매우 중요한 전략적 가치를 가지고 있는 지역이다. 한반도의 안보 정세 변화가 중국 국가 발전의 핵심이익과 긴밀히 연관되어 있기 때문이다. 한반도의 안보불안이 중국의 안보에 부정적인 영향을 직접적으로 미칠 것이다. 이는 중국의 평화발전 전략에도 심각한 악영향을 줄 수 있다. 따라서 중국은 한반도에 대하여 영향력을 보유·확대함과 동시에 한반도의 안정과 평화 상태 유지를 필요로 한다.

동북아 지역에서 거대한 교역규모를 보유하고 있는 일본과 극동지역 개발에 심혈을 다하고 있는 러시아 또한 마찬가지로 한반도에 대한 영향력 확대를 시도하면서도 한반도의 불안정 상태를 원하지 않고 있다.

위와 같이 한반도는 지정학적으로 중요한 가치를 지니고 있기 때문에 역사적으로 이미 주변 강대국들이 이익 다툼을 하는 장이 되어 왔다. 강대국들 간의 이러한 다툼이 한반도의 안보불안 상태를 조성하였다. 한편 강대국들이 한반도의 전략적 이익을 두고 다투는 가운데 정치, 경제, 안보 등의 분야에서 복잡다단한 상호의존 관계가 형성되었다. 때문에 한반도의 장기적 안정과 평화는 남북한은 물론 주변 강대국들의 전략적 이익과 밀접한 관계가 있다. 따라서 한반도의 안정과 평화 상태를 조성할 수 있는 다자안보협력은 남북한은 물론 주변 강대국들도 당면하고 있는 중요한 과제이다.

2. 정전협정 체제의 불안 요인 증대

3년이나 지속해 왔던 한국전쟁이 1953년 7월 27일에 정전협정이 체결되어 휴전되었다. 정전협정에 의해 결성된 군사정전위원회(이하 정전위로 약칭함)와 중립국감시위원회(이하 중감위로 약칭함)가 정전협정의 이행을 감시하고 협정 위반 사건을 조율하여 전쟁의 재발을 방지하는 역할을 해 왔다. 정전위와 중감위를 비롯한 여러 기구로 구성된 정전협정 체제에는 몇 가지 특징이 있다. 즉 적대적 상호의존성, 잠정성과 과도성, 지역성과 국제성, 세계 최고 수준의 폭력성과 무력성, 동아시아 예외주의로서의 다자주의 배제와 일방적 양자주의 지속 등이다.[31)]

정전협정 체제는 전후 적대적이었던 남북한 군부 간에 소통의 유일한 경로로서 도발사건 확산의 방지, 상대방 군사행동에의 오해 해소, 군사 분쟁의 회피 등 여러 측면에서 일정정도의 역할을 해 왔다. 그러나 한반도 및 주변 국제 정세의 구조적 변화에 따라 정전협정 체제는 무력화의 양상을 보이기 시작하였다.

우선 냉전의 종결에 따라 정전협정 체제를 조성한 국제적인 근본조건과 구조가 붕괴되어 정전협정 체제의 근간이 해체되고 있다. 특히 중·미, 한·중, 한·소 국교의 정상화는 정전협정 체제의 주요 당사자 간의 전쟁상태가 종결되었음을 의미한다. 이러한 상황에서 정전협정 체제는 최종적으로 해체된 것은 아니지만 이미 그 효용성을 잃었다고 말할 수 있다. 즉 이 체제는 더 이상 한반도의 안보 상태를 효과적으로 관리할 수 없다는 것이다.

특히 탈냉전 이후 남북한은 화해와 협력을 취지로 하는 몇 가지 중요한 합의를 도출하였다. 1991년 채택한 남북기본합의서, 2000년에 발표한 「6·15 공동선언」 그리고 2007년에 발표한 「10·4 남북정상선언」 등이 그것이다. 한반도 평화체제의 체결 및 통일 문제 등을 다루는 합의들은 적어도 문서상으로나마 남과 북이 더 이상은 대결과 증오의 상대가 아님을 시사하고 있다. 이러한 점을 보면 정전협정 체제는 남북한 차원에서도 실질적인 해체과정에 들어섰다고 할 수 있다.

또 정전협정의 규정에 의하면 한반도의 주요 군사 문제는 정전위나

31) 박명림, 앞의 논문, 12쪽.

중감위를 통해 논의·해결되어야 한다. 그러나 이러한 전쟁 관리의 핵심 기능은 남북한의 군비경쟁, 북한의 일방적 정전협정 폐지 행동 등으로 인해 마비 상태가 되었다. 정전협정의 주요 내용은 군사분계선 및 비무장 지대의 설정과 그 위치, 설치목적, 비무장 지대 내 적대행위 금지와 출입제한 등이다. 그러나 이 같은 정전협정은 남과 북의 군사력 증강에 따른 긴장상태를 완화하는 데 있어 별다른 역할을 수행하지 못하였다. 실제로 북한은 1970년대 중반부터 미국과의 평화협정 체결을 통해 정전협정을 대체하려고 시도해 왔다. 그리고 그 과정에서 미국을 압박하기 위하여 정전위의 대표를 철수하고 대신 조선인민군 판문점 대표부를 설치하였다. 그리고 이에 호응하여 중국 역시 정전위의 중국 대표를 철수시켰다. 이들 조치로 인해 정전협정 체제의 핵심기능 부서인 정전위의 역할이 불능 상태에 빠지게 되었다.

이와 함께 북한은 중감위의 사회주의국가였던 체코와 폴란드의 대표를 축출함으로써 중감위의 기능을 마비시켰다. 이처럼 정전협정에 대한 준수 및 관리기능 문제는 냉전시대에는 쌍방의 위반으로 인해, 그리고 탈냉전시대에는 실질적 기능상실로 인해 현재 군사분계선의 유지라는 핵심기능 이외에는 갈등관리기능을 행사하지 못하고 있다.[32] 따라서 냉전 시기부터 기능을 상실해 온 정전협정 체제는 더 이상 한반도의 안보 상황을 효과적으로 관리할 수 없기 때문에 새로운 안보관리 체제로 대체되어야 한다.

한편 실제적으로 정전협정의 당사자들은 한반도 평화체제에 관련하여 계속 논의해 왔다. 남북정상회담, 다자주의적 4자회담, 6자회담에서는 핵 문제를 비롯한 한반도의 여러 군사현안 문제가 검토되었을 뿐만 아니라 한반도 평화체제의 구축 문제까지도 논의되어 왔다. 이러한 현실은 정전협정 체제의 실효성 상실을 의미한다. 특히 제4차 6자회담에서 발표한 「9·19 공동성명」은 한반도 정전협정 체제를 근본적으로 해

32) 위의 논문, 26쪽.

체시킬 내용을 담고 있고, 이것이 이행되기만 하면 정전협정 체제를 완전하게 대체하는 효과를 갖게 될 것이다.

위에서 살펴본 바와 같이 정전협정 체제는 한국전쟁 휴전 이후 한반도의 안보기제로서 남북한의 전쟁재발을 억제하고 일정부분 한반도의 '소극적 평화' 상태를 유지하는 데 기여하였다. 그러나 탈냉전 이후 한반도 및 주변 국제 정세의 구조적 변화에 따라 정전협정 체제는 제도적·기능적인 규제력을 상실하였고 더 이상 한반도의 안보 상황을 효과적으로 관리하지 못한다. 한반도의 전략적 가치와 현실적 안보 정세를 감안할 때 적대적 행위를 규제하고 분쟁의 발생과 격화를 미연에 방지하기 위해서는 관련국들 간의 다자안보협력을 시급히 전개하지 않으면 안 될 것이다.

3. 한반도의 안보불안 실태

지금까지 평화체제에 대한 남북한의 심한 입장 차이로 인하여 한국전쟁의 종전협정이 체결되지 못하고 평화협정이 이루어지지 않아 한반도는 국제법상으로 아직도 전쟁상태에 있다고 볼 수 있다. 이러한 제도적 불안 요인은 외부적인 안보불안 요인과 내부의 냉전 잔재 요소들과 혼재되어 한반도의 안보상황을 취약하게 만들어 놓았다.

1) 한반도 위기의 다발성

냉전의 종결에도 불구하고 오늘날 한반도는 여전히 냉전의 잔존 지역이자 위기다발지역이다. 냉전 시기에 남북한은 각자 동맹을 결성하여 적대 세력의 위협으로부터 자국의 안전을 도모하였다. 그 결과 한반도에서는 일종의 세력 균형 상태가 이루어졌다. 이 같은 냉전적 세력 균형의 구조 속에서 한반도의 소극적 평화 상태가 달성되었다. 그러나 이러한 세력 균형 구조는 자체적 허물[33])로 인하여 영구적 평화 상태를 확보할 수 없게 하고 단지 일시적인 안정 상태를 유지하게 할 뿐이다. 즉 국가 간의 힘의 관계 변화로 인하여 이러한 세력 균형 구조는 파괴될 수밖에 없으며 그로 인한 충격과 불안은 지역 안보 딜레마 상태를 초래할 수 있다.

냉전 후 구 소련의 후원을 잃어버린 북한과 한·미동맹에 의지하며 지속적인 경제성장을 달성한 남한의 국력차가 한층 심해졌다. 이것은 원래의 세력 균형 구조가 파괴되었음을 의미한다. 극도로 불리한 안보 상황에 당면한 북한은 체제의 존립에 가장 큰 위협인 미국과의 관계 정상화를 최우선 전략적 과제로 삼고 있다. 즉 주한미군 철수 전제 하에 미국과 평화협정을 체결하고 북·미관계 정상화를 실현하려는 것이다. 자국의 전략적 이익을 위하여 북한은 일련의 모험적 행동을 취하였으며, 미·일 등이 이에 대해 강경한 입장을 표명하고 대북 압박 정책을 실행해 왔다. 이로 인하여 한반도에서 위기상황이 빈번히 일어났다.

1990년대 초에는 북한의 핵무기 개발과 핵 사찰 거부로 남북관계가

---

33) 세력 균형 구조에는 근본적 문제가 내재해 있다. 우선 이 구조 속에서는 국가 간의 힘 관계가 상대성과 유동성을 지니기 때문에 국가가 상대국의 힘과 의도를 예측하기 어렵다. 힘의 변화로 야기되는 균형상태의 파괴는 강대국 간 힘의 중심의 전이를 조성할 수 있다. 힘 중심의 전이는 일반적으로 두 가지 위기를 초래할 수 있다. 첫째는 힘의 불균형으로 인하여 강대국 간의 마찰이 일어나기 쉽다는 것이고, 둘째는 상대국의 힘과 의도를 예측하기 어려워서 '예방전쟁'을 먼저 벌이는 것이다. 즉 일국은 상대국 힘의 지속 증강이 자국의 이익 내지 생존에 위협할까 봐 우려해서 먼저 전쟁을 벌임으로써 이를 막고자 하는 것이다. 세력 균형 구조의 두 번째 문제는 세력 균형 상태가 국가의 추구 목표가 아니라는 것이다. 즉 균형 구조 내의 국가는 자국의 안보이익 최대한으로 지키기 위하여 항상 상대국에 대한 힘의 우위를 확보하는 것이다. 이러한 시도는 국가 간의 군비경쟁을 초래하기 마련이다. 군비경쟁으로 긴장 대립의 국제관계가 이루어지게 된다. 蘇長和, 1997, 「關於均勢理論的幾點思考」, 『歐洲』 1997年 第4期, 北京: 中國社會科學院歐洲研究所, 33~34面.

경색되었을 뿐만 아니라 미국의 북한에 대한 무력공격 계획이 추진되는 위기상황이 발생하였다. 비록 1994년 북미양국이 「제네바 핵 협약」을 체결하여 전쟁의 위기에서 벗어났지만 북·미 관계가 본격적으로 개선되지는 못하였다. 핵 위기사태가 가라앉았지만 미국과 직접 대화를 하기 위하여 북한은 일방적으로 정전군사위의 대표 철수, 중립국감시위의 해산, 비무장 지대에 북측 군대진입 등 정전협정을 무력화시키는 일련의 행동을 취하였다. 남한의 김영삼 정부는 이러한 북한의 행동에 대해 강경 정책을 취하였다. 이로 인해 남북관계는 다시 긴장 국면에 접어들게 되었다.

1998년 북한은 함경북도 무수단리(舞水端里)에서 김정일 위원장이 직접 명명한 인공위성인 '광명성(光明星)' 1호를 발사하였다. 그러나 미국과 일본은 북한에서 발사한 것은 인공위성이 아니고 '노동 미사일'의 후속 미사일이라고 주장하였다. 따라서 미·일은 북한의 중·장거리 미사일의 위협을 대비하기 위하여 구역미사일방어 시스템(TMD)을 구축하는데 박차를 가하였다. 이러한 대응 조치는 북한에 거대한 압박감을 주었을 뿐만 아니라 중국과 러시아에도 불안감을 안기게 되었다. 따라서 북한의 강경한 대응으로 인하여 한반도가 다시 긴장 속에 빠지게 되었다. 비록 한반도 긴장상황의 완화와 평화체제 구축을 지향하는 4자회담이 개최되고 기나긴 협상과정을 거쳐 일정한 진전을 거두긴 했지만 정치적 신뢰의 결여와 냉전의식의 잔존으로 인하여 실질적인 성과를 이루어 내지는 못하였다.

4자회담의 실패로 미국과의 직접 협상을 통해 한반도 평화체제를 구축하려 했던 북한의 전략구상은 실패로 돌아갔다. 이러한 상황에서 2002년 북한이 핵무기 개발을 재차 강행하여 한반도를 위기상황으로 몰아넣었다. 2006년 10월 9일 북한이 제1차 핵실험을 공개적으로 실시함으로써 한반도의 위기가 고조되었다. 한·중 양국의 노력으로 북한과 미국은 핵 문제의 평화적 해결을 위한 6자회담을 선택하였다. 6자회담의 틀 안에서 핵 위기 사태가 완화되었고 남북관계도 개선되었으며 핵 문제 해결의 분위기가 조성되었다. 「9·19공동성명」, 「2·13합의」, 남북정상선언 등이 그 대표적인 사례이다. 이것은 한국의 대북 평화번영정책과 중국의 적극적 외교노력에 의해 이루어진 성과라고 생각한다.

그러나 2008년 한국의 이명박 정부가 출범한 이후 김대중-노무현 정부시기의 대북 포용정책을 일순간에 포기하고 상호주의 정책기조 아래 조건부 대북 인도주의 지원 정책을 시행해 나갔다. 이와 동시에 대외적으로 이명박 정부는 다자주의보다는 양자적 한·미동맹 관계의 강화·격상을 핵심적 안보전략으로 설정하였으며 '전략적 인내' 라는 대북전략을 추진해 왔다. 이러한 남한의 대북정책에 직면한 북한은 다시금 '강경 對강경'의 입장을 취하게 되었다. 남북한이 언론매체를 통해서 상대방을 비난하기 때문에 김대중, 노무현 정부가 활발히 추진해 온 남북교류와 협력 사업이 점차 중단되고 남북관계도 급속히 냉각되기 시작하였다.

미국의 오바마 정부 출범 시점에 맞춰 북한은 對미 협상력을 강화시키기 위하여 로켓을 발사하는 등 특별한 수단을 취하였다. 한·미·일 등 주변 국가들이 이것을 장거리 미사일 실험으로 판단하여 유엔안보리에 대북 제재를 호소하면서 북한에 압박 정책을 추진해 왔다. 유엔안보리의 규탄성명이 나오자 북한은 6자회담에서 퇴장하겠다고 선언하고 이어서 제2차 핵실험을 강행하여 한반도에 위기가 또 다시 발생하였다. 유엔안보리는 북한이 2006년 유엔의 1718호 결의안을 위반하였으므로 강화된 대북 제재를 하기로 결정하였다. 북한은 정전협정에서 탈퇴할 것이며 이로써 한반도는 다시금 전쟁상태에 돌입하는 것이라고 선언하였다. 이에 대응하여 한국이 중거리 미사일을 실험하겠다고 발표하고 일본은 북한에 대해 선제공격을 하겠다고 하였다. 미국도 만약 2차 한국전쟁이 발발한다면 이에 개입하겠다는 입장을 밝힌 바 있다. 이로 인해 한반도 정세는 극도로 악화되었다.

2010년 3월에 발생한 천안함 사건과 11월에 일어난 연평도 폭격사건으로 인하여 남북간의 교역이 단절되었고 한반도의 긴장 정세는 절정에 도달하였다. 특히 이들 사건에 따른 대북 제재에 대한 중국과 러시아의 입장과, 미국과 일본의 입장은 현저한 입장 차이를 보였다. 한·미 군사합동훈련과 그에 대한 북한의 강경한 대처, 그리고 중국의 대응 군사훈련은 동북아 국제관계를 한층 더 심하게 하였다. 비록 2011년부터 북한과 한·미간의 대화가 이루어지면서 한반도의 정세는 어느 정도 완화되었지만 이명박정부 임기의 마지막 한해에 북한 2차례의 장거리 로켓 발사로 또 다시 전쟁위기 상태로 되돌아가게 되었다. 결국 긴장된 한반도, 내지 동북아 지역의 정세는 악순환에 빠지게 되었다.

위에서 서술한 바와 같이 한반도의 안보실태는 극히 불안정하다. 따라서 관련 국가들이 외교적 노력과 함께 대화와 협의를 통해 현재의 위기상태를 완화하면서 한반도의 위기 확대를 방지할 수 있는 관리 체제를 구축하는 것이 시급히 필요하다.

2) 한반도 군비 상황

남북한 군사대립은 한반도의 안보불안 상태를 지속시키는 가장 주된 요인이라고 할 수 있다. 남북한은 오래간 대립으로 인하여 서로를 믿지 못하는 심각한 불신상태에 빠져 있다. 남북한이 몇 차례의 관계개선 노력을 시도해 왔지만 체제, 이데올로기, 경제제도, 가치관 등의 차이로 인해 강력한 군사대립이 여전히 지속되고 있다. 비록 남북한간에 전쟁이 재발하지는 않았지만 군사분계선 근처에서의 소규모 무력충돌 사태는 빈번하게 일어나고 있다. 서해 NLL 해역의 교전 사건이나 비무장 지대의 도발 사건 등이 바로 그 전형적인 사례이다.

특히 남북한이 군사력의 우위를 차지하기 위하여 냉전기부터 심한 군비경쟁을 벌여왔다. 그 중에 북한의 국방비는 GDP의 30% 정도를

〈표 1〉 남북 군사력 비교(2010년 11월 기준)

구 분		한 국	북 한
육군	군단	10개(특전사 포함)	15개
	사단	46개(해병대 포함)	90개
	기동여단	14개(해병대 포함)	70개(교도 10여개 미포함)
	전차	2천400여대(해병대 포함)	4천100여대
	장갑차	2천600여대(해병대 포함)	2천100여대
	야포	5천200여문(해병대 포함)	8천500여문
	다련장/방사포	200여문	5천100여문
	지대지유도무기	30여기	100여기(발사대)
해군	전투함정	120여척	420여척
	상륙함정	10여척	260여척
	기뢰전함정	10여척	30여척
	지원함정	20여척	30여척
	잠수함정	10여척	70여척
공군	전투임무기	460여대	820여대
	감시통제기	50여대(해군 항공기 포함)	30여대
	공중기동기	40여대	330여대
	훈련기	180여대	170여대

※출처 : 2010 국방백서

차지하고 있으며 남한의 국방비도 260억 달러안팎을 유지해 왔다.[34) 2만 8천 명에 달하는 주한미군 외에도 현재 한반도는 군사분계선 근처에 대량의 군대가 대치하고 있어 세계에서 군사력이 가장 밀집되어 있는 지역이다.(<표 1>참조). 그리고 한반도 주변 정세와 남북한 관계의 유동적 변화로 인해 한반도의 군비는 계속 증강될 추세에 있다.

34) 김성만, "남북 군사력 비교분석", http://www.konas.net/article/article.asp?idx=29989(검색일: 2013.4.9.).

효과적인 안보 메커니즘이 없는 상황에서 <표 1>처럼 막강한 군사력은 한반도의 안보에 보다 더 큰 위험 요인으로 작용하고 있다. 뿐만 아니라 한반도의 군비경쟁은 역으로 동북아 지역의 강대국의 군비경쟁을 야기할 수도 있다. 특히 다시 출범한 일본 우익 정부는 한반도의 정세 긴장을 빌미로 삼아 일본의 군사대국화를 가속화시키고 있다.[35] 이것은 여타 동북아 국가들의 우려를 초래할 수밖에 없다.

탈냉전 이후 비록 중·미, 중·일 등 강대국들 간에 긴밀한 경제적 의존관계가 이루어졌지만 안보이익상의 구조적 차이로 인하여 중·미 사이에 억제와 反억제 관계, 중·일 주도권 경쟁으로 인한 '정냉경열(政冷經熱)' 관계가 나타난다. 이로 인해 동북아 지역질서는 불안정해 지고 신 냉전의 기운이 대두하고 있다. 이러한 강대국 간의 구조적인 대립 하에서는 한반도의 안보도 안정될 수가 없다.

한편 한반도의 유효한 안보 메커니즘이 부재하는 상황에서 남북한 그리고 북·미 간에 긴장과 대립도 빈번히 일어나고 있다. 따라서 한반도 및 동북아 지역에서 위기와 전쟁의 발생을 방지하고 평화 상태를 조성할 수 있는 다자안보협력을 추진하는 것이 시급하다. 다자안보협력은 한반도 내지 동북아 지역의 안보 문제에 근본적인 해결책을 제공할 수 없더라도 국가간의 이해증진과 신뢰구축에 크게 기여할 것이라고 보기 때문이다. 그리고 한반도 평화를 위한 다자안보협력을 전개하는 과정에서 형성된 경험과 관행은 최종적으로 동북아 지역의 안보 체제 조성에 긍정적인 역할을 할 것으로 생각한다.

---

35) "한반도 긴장, 일본 군사력 강화 빌미될까", http://www.yonhapnews.co.kr/bulletin/2013/04/14/0200000000AKR20130414003100072.HTML?from=search(검색일: 2013.5.11).

4. 한반도 다자안보협력의 가능성 검토

한반도 다자안보협력이 한반도의 평화 정착을 지향하는 것이다. 갈퉁(Johan Galtung)의 평화에 대한 정의에 의하면 평화는 '소극적 평화(negative peace)'와 '적극적 평화'(positive peace) 두 가지로 나뉠 수 있다. 소극적 평화는 전쟁 혹은 조직적 폭력이 없는 상태이고 적극적 평화는 '구조적 폭력의 부재'로 정의된다.[36] 이에 따르면 한반도의 평화는 전쟁 혹은 조직적 폭력이 없는 상태, 즉 소극적 평화라고 할 수 있다. 그렇게 되면 한반도 적극적 평화는 소극적 평화에 그치지 않고 상호간의 접촉과 협력이 이루어지는 상태까지 포함한다. 즉 교류협력이 적극적 평화 개념에 포섭되는 동시에, 실질적인 평화조성의 효과적인 수단으로 인식되고 있다.[37]

한반도 평화의 개념을 보다 더 정확하게 이해하기 위하여 여기서 가장 많이 사용된 '한반도 평화체제'의 개념을 살펴볼 필요가 있다. 현재 한반도 평화체제에 대한 연구는 많이 이루어졌으나 평화체제에 대한 의미는 다양하게 규정되고 있다. 일반적으로 한반도에서 평화체제라고 하면 한반도에서 전쟁이나 무력 충돌이 없고 평화를 교란시킬 수 있는 비평화적 요인들이 제거된 상태라고 할 수 있다.[38] 또 평화체제

---

36) Johan. Galtung, "Peace," in David L. Sills(ed.), *International Encyclopedia of the Social Sciences,* Vol. 11(New York: The Macmillan Company & The Free Press, 1968) p.487.

37) 고병길, 1990, 「남북한 평화체제의 접근방법 및 방안」, 구영록·길승흠·양성길 공편, 『남북한의 평화구조』, 서울: 법문사, 332쪽; 이승헌은 '적극적 평화'를 전쟁의 억제에 그치지 않고 전쟁의 위협요인을 근원적으로 제거함으로써 제도화된 평화질서(institutionalized peace)가 형성·수립된 상태로 이해한다. 이승헌, 1978, 「남북한 평화전략 비교: 그 구상내용과 발전상황을 중심한 고찰」, 『국제정치논총』 제18집, 한국국제정치학회, 163~164쪽 참조.

38) 송대성, 1998, 『한반도 평화체제: 역사적 고찰. 가능성. 방안』, 성남: 세종연구소, 205쪽.

란 우선 휴전 체제의 전환결과로서 형성되는 휴전 체제의 전환 체제이다.[39] 앞의 정의는 적극적 평화상태와 가깝고 뒤의 정의는 단순히 전쟁이 없는 상태를 지칭하는 소극적 평화상태와 가깝다고 본다.

한반도의 평화체제는 제도적으로 남북한 간의 전쟁상태를 종결하고 한반도에서 평화 상태를 조성할 수 있는 평화협정 체제와 평화협정의 실시를 보장하는 국제보장 체제로 이루어질 것으로 생각된다. 이러한 제도들을 확립하면서 한반도 외부의 위협 구조를 해소할 수 있는 동북아 국가 간의 다자안보협력을 동시에 추진할 필요가 있다.[40] 그중에 평화협정 체제는 관련국들의 안보협력 속에 체결된 평화협정과 이에 대한 미·중에 의한 보장 장치로 이루어질 수 있다. 이 평화협정 체제는 한반도에서의 평화 구조를 정립하고 남북한이 각자의 안보를 지키는 것이지만 한반도 평화 정착의 한 구성 부분으로 기능할 뿐이다. 한반도에서의 평화 상태는 한반도의 안전 상태를 의미하는 것이 아니다. 즉 남북한 간 평화상태가 이루어진 한반도는 외부로부터의 위협을 받을 수도 있다는 것이다.[41] 따라서 진정한 의미상의 한반도 평화 상태

39) 지봉도, 2001, 「한반도 평화체제의 구축방안과 그 보장방안의 국제법적 접근」, 『북한학보』 제25권, 북한연구소, 108쪽.

40) 박성화에 의하면 한반도 평화체제 구축을 위한 담론에는 두 가지 평화의 문제가 혼합되어 있다고 한다. 하나는 남북한이라는 두 국가 간의 평화이며 다른 하나는 한반도의 평화 문제를 공유할 수밖에 없는 주변 국가들과의 평화 문제이다. 박성화, 2006, 「한반도 평화체제 구축에 관한 연구: 북핵 해결과 다자협력을 중심으로」, 『북한학연구』 제2권 제2호, 동국대학교 북한학연구소, 173~174쪽; 구갑우 박사도 한반도 평화체제 구축과 동북아 다자안보협력의 관계를 세밀히 분석하고 양자를 동시에 추진해야 한다는 견해를 제시하였다. 구갑우·박건영·최영종, 2005, 「한반도 평화체제 수립과 동아시아 다자간 안보협력에 관한 연구」, 『한국과 국제정치』 제21권 제2호, 경남대학교 극동 문제연구소, 35~41쪽 참조.

41) 중국 학자 얀쉬예퉁(閻學通)은 평화가 일종 안보상태이며 위협과 위험의 존재 여부를 의미하지 않으며 불안전, 약간 불안전, 비교적 안전, 절대적 안전 등 4개 등급으로 나뉠 수 있다고 주장한다. 객관적으로 절대적 안전 상태는 존재하지 않기 때문에 한 지역 내에 평화 상태의 실현은 지역의 안전을 의미

를 정착시키기 위해서는 한반도 평화협정 체제 및 실시 보장 체제의 구축을 추진하면서 한반도 외부적 위협구조의 해소 노력을 동시에 진행해야 한다. 이는 다자간의 안보협력을 통해야만 이루어질 가능하다고 본다.

위에서 제기된 평화와 평화체제에 대한 정의를 살펴보면 평화는 평화가 이루어진 상태라는 것을 알 수 있다. 다시 말해 평화는 일종의 평화상태, 또는 일종의 안보 상태이다. 그렇다면 평화체제는 평화적 상태를 조성·유지하는 수단 또는 장치로 이해될 수 있다. 이러한 수단 또는 장치는 일정한 규약능력을 지닌다. 앞에서 제시된 데이비드 실스(David L. Sills)의 국가안보 정의에 따르면 국가안보는 "외부의 위협으로부터 국가의 내적 諸가치를 보호하기 위한 국가의 능력"[42]으로 정의된다. 때문에 규약능력을 지니는 평화체제는 일종의 안보 체제로 이해될 수도 있다. 예를 들면 정전협정 체제는 일종의 안보 체제이며 소극적 평화상태가 이루어진 체제이다. 마찬가지로 적극적 평화이론에 입각하고 다자안보협력을 통해 구축되어야 하는 한반도 평화체제는 한반도의 적극적 평화 상태를 조성·유지는 데 목적이 있다고 할 수 있다.

한반도의 평화 문제는 남북 간의 평화 정착의 문제이기도 하지만 한반도를 둘러싼 주변 강대국들의 세력 균형과 경쟁관계를 기반으로 한 국제적인 문제이기도 하다. 이 문제는 정전협정의 당사자인 미국과 중국의 문제일 뿐 아니라 더욱 넓게는 러시아와 일본도 이해관계를 가

하는 것이 아니라고 강조하고 있다. 閻學通 編, 앞의 책, 6~7面 참조.

42) David L. Sills, "National Security," in David L. Sills(ed.), *International Encyclopedia of the Social Sciences,* Vol. 11(New York: The Macmillan Company & The Free Press, 1968), p.40; 실스 데이비드의 정의와 비슷한 정의는 또 있다. 루션(Giacamo Lucian)에 의하면 "국가안보란 외부로부터의 침략에 저항할 수 있는 능력"이라고 정의할 수 있다. Giacamo Lucian, 1989, "The Economic Content of Security," *Journal of Public Policy,* Vol. 8, No. 2, p.151.

진 지역적 문제이다.[43] 따라서 한반도 문제를 해결하기 위해서는 다자주의에 입각한 다자안보협력의 문제 해결 틀을 도입할 필요가 있다.

그런데 이러한 다자안보협력은 종국적으로 한반도 평화를 관리하는 다자안보체제로 발전해 나갈 수 있을까? 이를 알기 위하여 먼저 젤비스(Jervis)의 다자안보체제 구축의 4가지 전제조건을 살펴볼 필요가 있다. 첫째, 강대국의 동의가 있어야 한다. 둘째, 상호신뢰, 즉 각 행위자가 다른 행위자도 안보협력의 관념과 협력의 의지를 가지고 있다는 믿음이 있어야 하다. 셋째, 각 행위자는 현상유지를 바라며, 확장을 통해 안보를 실현하려는 생각을 포기해야 한다. 넷째, 전쟁의 선택 또는 자국의 안보만 단순히 추구하는 것은 커다란 비용이 필요하다는 인식이 있어야 하다.[44]

위와 같은 다자안보체제 구축의 4가지 전제조건에 비추어 보면 한반도 평화를 위한 다자안보협력의 제도화 가능성이 있다고 결론지을 수 있다. 이를 상술하면 다음과 같다.

첫째, 한반도는 미·중·일·러 등 강대국의 중요한 전략이익을 집합하고 있기 때문에 모두 한반도의 안정을 바란다. 즉 한반도 주변 4강이 한반도 평화 상태를 효과적으로 지킬 수 있는 안보관리 장치를 원하고 있는 것이다.

둘째, 한반도 평화를 위한 다자안보협력의 추진은 남북한뿐만 아니라 주변 강대국들의 전략적 관심사이다. 이에 대해 관련국들이 적극적 안보협력의 의지를 이미 충분히 드러냈다. 특히 한반도 평화와 직접 연계 관계를 지니는 북핵 문제의 평화적 해결을 위하여 남북한과 주변 4강이 6자회담과 같은 다자안보협력을 긴밀히 추진해 오고 있다.

셋째, 한반도의 평화통일 기반이 조성되기 전에 주변 4강이 한반도

43) 전재성, 2006, 「한반도 평화체제」, 하영선, 『북핵 위기와 한반도 평화』, 서울: 동아시아연구원, 202쪽.

44) Robert Jervis, “Security Regime,” in Stephen D. Krasner(ed.), *International Regimes*(Ithaca: Cornell University Press, 1983), pp.176-177.

의 현 상태 유지를 원하고 있다. 비록 한반도의 평화통일은 남북한의 지상목표이지만 현 단계에서 이루기는 어렵다. 탈냉전 이후 전반적으로 열세에 처하고 있는 북한은 남북통일보다는 현 상태 유지를 더욱 선호한다. 즉 흡수통일을 당하지 않기 위하여 북한은 한반도의 현 상태가 유지되기를 바란다는 것이다. 남한도 한반도의 안보현황을 현실적으로 인식하여 남북한 간의 화해·협력을 통한 공존공영의 상태를 원하고 있다. 이것은 김대중 정부와 노무현 정부 시기 정책에서도 분명히 나타났다.

넷째, 무력을 증강하고 전쟁을 통해 안보이익을 추구하는 것은 세계경제의 엔진지대인 동북아 지역에서 일어날 가능성이 높지 않다. 오늘날 강대국 간의 전쟁의 파괴성은 전 세계로 파급할 것이기 때문이다.

비록 많은 안보 난제가 산재되어 있지만 젤비스가 제시한 다자안보체제 구축의 전제 조건들이 한반도에는 어느 정도 충족되고 있어 한반도 평화를 위한 다자안보협력이 가능하다고 생각된다. 따라서 다자안보협력을 통해 한반도 문제를 해결하고 이 과정에서 형성된 다자안보협력의 틀은 한반도의 다자안보체제로 발전해 나갈 수 있다고 전망하고 있다.

제3장

한국의 대북정책과 다자안보협력 구상

한반도 다자안보협력 구상은 김영삼 정부시기에 한반도 평화 정착을 위한 4자회담의 형식으로 제기되었고 김대중 정부시기의 햇볕정책, 노무현 정부시기의 평화번영정책, 이명박 정부시기의 '비핵·개방·3000 구상'으로 이어졌다. 본 장에서는 김영삼 정부 이래 각 정부 대북정책의 제기 배경, 내용, 추진과정 등을 검토하고 이를 다자안보협력의 측면에서 평가하고자 한다.

Ⅰ. 한반도 평화에 대한 남북한의 입장과 북방정책

한반도의 평화체제 체결 문제에 대해서 남북한은 서로 대립적인 입장을 계속 보여 왔다. 노태우 정부는 탈냉전의 무드에 편승하여 주변 사회주의 국가들과 관계를 개선하면서 한반도 평화 정착을 도모하였다. 그러나 전체 냉전구조가 상존된 상황에서 다자안보협력을 통해 한반도 평화를 정착시키려는 데는 한계가 있을 수밖에 없었다. 그럼에도 불구하고 노태우 정부는 북방정책을 통해서 후임 정부의 한반도 다자안보협력 구상의 공식적 제기를 위하여 필요조건을 마련해 주었다. 이 절에서 한반도 다자안보협력 제기 직전 한반도 평화 정착에 대한 남북한의 입장 변천과정, 그리고 냉전 체제 해체의 무드 속에서 추진해 온 노태우 정부의 북방정책에 대해서 살펴보기로 한다.

1. 탈냉전 체제 전환기의 도래

1980년대부터 냉전적 국제 정세의 완화가 가시화되기 시작하였다. 전체 국제 정세의 흐름이 전쟁보다는 평화, 갈등보다는 화해의 분위기로 흘러갔다. 특히 구소련의 고르바초프 정부가 출범한 후 이러한 흐름은 더욱 분명해졌다. 1985년 3월 고르바초프가 등장한 후 경제적인 어려움을 극복하기 위하여 국제적으로 기존의 미·소를 중심으로 하는 진영대결 전략을 포기하고 대미관계 완화의 전략을 취하였다. 진영내부에 대해서도 성원국들에게 체제의 일치성을 더 이상 강요하지 않고 수많은 내부 문제점을 지적해 내며 침체된 사회에 개혁과 개방을 통해 생기를 불어넣고자 하는 일련의 신사고적 정책들을 전개하였다. 구소련의 이러한 신사고적 정책의 전환이 국제 정세에 커다란 변화를 가져왔다.

첫째, 신사고적 정책은 미·소 간 화해의 분위기를 조성하고 전 세계적인 냉전대결 구도를 완화시키고 화합과 평화의 무드를 조성하였다. 새로 등장한 고르바초프는 미·소간의 군비경쟁 완화 정책을 추진하였고, 미국의 레이건 행정부도 집권 제2기에 들어 재정 및 무역적자의 누적 등 경제적인 난관을 타개하기 위하여 군비통제의 방향을 모색하였다. 그 결과 미·소 양국은 수차에 걸친 정상회담을 통해 1987년 미국과 소련이 「중거리핵전력(INF) 철폐협정」을 체결하고, 전략무기감축협상(START) 및 재래식 무기 감축협상에도 상당한 진전을 보였다. 이러한 미·소 군비축소 정책의 영향 하에 NATO와 바르샤바조약 성원국들을 포함하는 세계범위의 군축 분위기도 나타나게 되었다. 이러한 세계적인 규모의 군비감축이 이루어지자 세계사의 큰 흐름은 갈등과 대결보다는 화합과 화해의 분위기로 흘러가게 되었다.

둘째, 신사고적 정책의 시행으로 인하여 소련을 비롯한 사회주의 진영이 와해의 양상을 보이기 시작되었다. 과거 동구 사회주의 국가들은 소련의 지원을 받으면서 본국의 정치 체제에 있어서 소련과의 일치성을 유지해 왔다. 길고긴 냉전의 대결 속에 소련이 점차 침체의 상황에 빠져 들면서 주변부로서의 동구 사회주의 국가도 경제의 곤경을 피하지 못하고 사회의 불안정 양상을 보였다. 이들 국가는 고르바초프의 신사고적 정책을 계기로 소련진영에서 속속 벗어나기 시작하였다. 이로 인하여 소련-동구 사회주의진영은 와해되고 소련조차도 연방국가로 분열되었다.

또한 1980년대 냉전의 완화 분위기 속에 국제질서가 다극화 추세로 접어들었다. 길고 긴 냉전 대결 속에 미국과 소련의 국력은 상대적으로 약화되었다. 반면 미·소 양진영에 속하는 국가들은 경제개발에 성공하면서 국력을 크게 신장하였다. 이로써 이들 국가는 냉전구도 완화의 흐름에 편승하여 점차 국제사회의 일극으로 부상하였다. 통일된 독일을 포함한 유럽연합, 경제적으로 세계 제2강대국으로 부상한 일본, 개혁개방을 통해 급속한 경제성장을 이룬 중국 등이 국제사회 다극화의 일극으로 역할을 하게 되었다. 이러한 국제사회의 다극화는 이른바 약소국가들의 주체적 활동영역을 확대시키는 결과를 낳았다.

이러한 냉전 완화와 국제사회 다극화의 흐름 속에 동북아 지역에서도 화해와 평화의 조짐이 선명해졌다.

중국은 1970년대 소련의 위협에 대처하기 위하여 일본과 미국과 외교관계를 수립하였다. 미국과 일본 등 주요 자본주의 국가들과의 국교수립은 색깔이 다른 진영으로부터의 위협을 크게 줄여 안정된 외부환경을 조성하였다. 덩샤오핑(鄧小平)이 등장한 후 중국은 국가전략의 중심을 이데올로기의 대립에서 경제건설로 점차 이동하기 시작하였다. 문화혁명으로 조성된 경제적 낙후 및 사회적 정체 상태에서 벗어나고 부강한 국가를 건설하기 위하여 1978년의 11기 3차 전당대회에서 경제 체제의 개혁과 대외개방 정책을 기본국책으로 정하였다. 개혁개방 정책의 실행은 안정적·평화적 주변 환경은 물론 주변 국가들과의 우호적 협력 관계를 필요로 하였다.

한편 소련은 미국과의 장기적인 대결로 인하여 국력을 크게 소모하여 국가경제와 사회가 심각한 정체 상태에 빠졌다. 곤경에서 벗어나기 위하여 앞에서 언급한 바와 같이 소련은 대미관계 완화 전략을 시행함과 동시에 경제 재건에 힘썼다. 따라서 소련도 중국과 마찬가지로 주변 국가들과 우호적 관계를 맺음으로써 안정적·평화적 외부환경을 조성해야만 하였다.

이러한 중·소의 대외전략 조정 하에 오랫동안 악화되어 온 중·소 양국관계의 개선이 가능해졌다. 1960년대 이래 중·소 양국의 관계는 급속히 악화되어 군사대립 양상을 보였고 국경 지대의 무력충돌까지 일어났다. 1980년대에 들어 미·소 대결 구도의 완화에 따라 중·소양국은 외교관계의 개선을 위하여 접촉하기 시작하였다. 결국 소련은 중국 측에서 제시한 이른바 '3大 장애요인' 즉 중·소 국경 문제와 아프가니스탄 및 캄보디아 사태의 해결에 있어서 전향적 태도를 취하였다. 이로써 중·소 화해를 이루었고 1989년 고르바초프의 중국방문을 계기로 관계가 정상화되었다.

위와 같이 동북아 주요 강대국 사이에 관계개선과 외교관계의 수립은 한국의 북방정책 시행을 위한 우호적인 외부환경을 만들어 주었다.

2. 한반도 평화체제에 대한 남북한 입장

지난 60여 년간 남북한은 분단 체제 하에 이데올로기, 정치 체제, 경제 체제, 군사력 등의 분야에서 치열하게 경쟁해 왔다. 이러한 와중에 남북한은 한반도의 평화 정착과 민족의 통일을 위하여 나름대로 제안을 제기해 왔다. 이 제안들은 북방정책을 전개한 노태우 정부시기를 전환점으로 북한 주도기와 남한 주도기로 구분할 수 있다.[1)]

한반도 평화체제 제안으로서 "조선에서 평화의 공고화를 위한 방안"은 1954 제네바 정치회담에서 북한 대표 남일에 의해 처음으로 제시되었는데, 이 제안은 조속한 시일 내 외국군 철수, 군대 10만 명 이하 감축 등의 내용을 포함하고 있다.[2] 1962년 10월 23일 북한의 최고인민회의 제3기 1차회의에서 김일성은 포괄적이고 적극적인 평화통일 방안을 제시하면서 '남북한 평화협정' 체결을 제안하였다. 이 제안은 남한에서 미군철수, 남북한 간 평화협정 체결, 10만 또는 그 이하로의 군대 축소, 경제문화의 교류 협조, 남북교류를 효과적으로 실시하기 위한 경제위원회 조직, 연방제의 강조 등을 포함하고 있다.[3] 이러한 북한의 '남북한간 평화협정' 체결 주장은 1970년대 초반까지 지속되었다.

1970년대까지 남한은 통일과 평화보다는 북한의 남침에 대비하는데 정책의 우선순위를 두었다. 따라서 평화체제와 관련하여 북한이 대남제안을 적극적으로 제기하였음에 비하여 남한은 수세적 자세를 보이며 주목할 만한 대북 제안을 제기하지 못하였다. 1970년대에 들어서 남한은 한반도 평화에 대한 입장을 종종 천명하였다. 1972년 남북한은 한반도 평화와 관련한 합의 즉 '7·4공동성명'을 도출하였다. 이 합의는 조국통일원칙, 긴장완화, 신뢰조성, 제반교류 실시 등 내용을 포함

1) 이에 대해 이석수는 남북한 간 평화체제 관련 주도적 제안과 수세적 반응의 패턴에 따라 시기를 북한 주도기와 남한 주도기, 두 시기로 구분하는데, 북방정책을 전개한 노태우 정부부터 남한의 주도기로 파악한다고 주장한다. 이석수, 2009, 「남북한 평화체제 제안 논의 비교」, 서울평화상문화재단 편, 『동북아 핵무기와 한반도 평화체제』, 서울: 서울평화상 문화재단, 289쪽; 이와 관련하여 제성호는 보다 더 구체적인 시기구분을 하였다. 즉 그는 제1기(1962-1974), 제2기(1974-1984), 제3기(1984-1991), 제4기(1991-현재)로 시기를 구분한 것이다. 제성호, 2000, 『한반도 평화체제의 모색: 법규범적 접근을 중심으로』, 서울: 지평서원, 109~115쪽 참조.

2) 허문영 외, 2007, 『한반도 평화체제: 자료와 해제』, 서울: 통일연구원, 278~280쪽 참조.

3) 조선중앙통신사 편, 1963, 『조선중앙년감(1963)』, 평양: 조선중앙통신사, 33~34쪽 참조.

한다. 1973년 남북한은 남북대화, 내정불간섭, 국제기구 동시참여, 평화선린(平和善隣)외교 등의 전향적 내용을 담고 있는 '6·23공동선언'을 발표하기도 하였다.

그러나 삼엄한 냉전대립의 소용돌이에서 남북한이 비록 평화 지향적 성명을 발표하였지만 여전히 심각한 이데올로기적 대립과 정치 불신 상태에 있었다. 북한의 남북 평화협정 체결 주장에 대해 1974년 연두기자회견에서 박정희 대통령은 이것을 하나의 위장전술로 파악하고 정치선전목적으로 이용하고, 언급하였으며 상호불가침협정을 체결함으로써 평화적 공존을 이루어야 한다고 주장하였다. 이에 대응하여 북한은 1974년 3월 25일 최고인민회의 제5기 3차 회의에서 남북평화협정 체결 대신 미국과의 평화협정 체결을 주장하기 시작하였다. 그 이후 북한은 북·미 평화협정 체결 주장을 계속 고수해 왔다. 물론 이러한 주장에 대해 남한과 미국은 반대 입장을 표하였다. 1984년 북한은 남북한과 미국이 참가하는 3자회담을 통하여 북·미 평화협정을 체결하고, 남북 불가침선언 채택 문제를 협의할 용의가 있다고 제안하였다. 1988년 북한은 좀 더 체계화, 구체화된 '조선의 자주적 평화통일을 촉진하기 위한 포괄적인 평화방안'[4])을 제시하였다.

이처럼 1980년대 중반까지 북한은 한반도 평화체제의 구축 방안을 적극적으로 제시하였고 주도적 역할을 행사해 왔다. 이에 비해 남한은 상대적으로 수세적 자세를 보였다. 1982년 전두환 정부는 '민족 화합 민주통일방안' 및 통일 전까지의 '잠정협정' 체결을 제안한 후 한반도 평화에 관한 특별한 제안을 내놓지 않았다.[5]) 그러나 1980년대 후반

---

4) 이 제안은 평화보장 4원칙(2개 조선에 반대하는 통일지향, 외군철수, 북남군축, 남북한과 미국을 포함하는 당사자협상)과 핵무기 및 주한미군의 단계적인 철수, 남북무력의 단계적 감축, 북·미·남 사이의 3자회담, 정치·군사 대결상태의 완화, 남북 고위급 정치군사회담 등을 포함하는 것이다. 이석수, 앞의 논문, 294쪽 참조.

5) '잠정협정'의 내용은 호혜평등의 원칙, 무력 및 폭력의 사용을 지양하고 모든

동구 공산권이 붕괴되어 국제 정세가 북한에 불리한 방향으로 변화하기 시작하였다. 반면에 남한은 1970~80년대의 경제개발의 성공을 통해 국력이 크게 신장되었고 대북 우위를 보였다. 특히 노태우 정부는 출범 이후 북방정책을 적극적으로 추진하면서 한반도 평화체제 구축에 대해 공세적인 자세를 취하기 시작하였다. 북한은 북·미간의 한반도 평화협정 제안을 제시하였으나 냉전종식의 위기, 경제난, 그리고 남북한 국가실력의 차이 등으로 인하여 수세에 몰려 있는 형국이었다.

노태우 정부의 성공적인 북방정책 추진에 따라 남한은 유리한 국제정세와 힘의 우위를 바탕으로 북한에 한반도 평화방안을 적극 개진하였다. 제43차 유엔총회 연설에서 노태우 대통령은 남북정상회담을 제안하면서 정상회담에서 상호 불가침과 무력 불사용에 합의한 다음, 공동으로 이를 선언할 것을 제의하였다. 특히 노태우 대통령은 평화체제 전환에 있어서 남북한 당사자론을 고수하였다.

북방정책의 성공적 추진으로 남북관계가 어느 정도에 개선되었다. 7·7선언의 발표, 남북기본합의서의 확립, 남북한 유엔 동시 가입 등이 남북한 관계개선의 대표적인 사례이다. 그러나 남북한의 평화체제에 대한 주장은 여전히 근본적인 차이를 보였다. 북한은 유엔의 가입을 계기로 유엔과 북한 간의 비정상적 관계는 더 이상 지속되어서는 안된다고 강조하면서 정전체제의 평화체제로의 전환 및 유엔군사령부 해체, 대미 평화협정 체결, 주한 미군 철수 등을 포괄적으로 다시 주장하기 시작하였다.[6] 1993년 북한은 핵 문제 해결을 위한 북·미 고위급 회담에서 북·미 평화협정 체결을 제의하였고, 1994년 4월 28일 외교부 성명을 통해 "새로운 평화보장체계 수립을 위한 협상을 진행할

문제를 대화와 협상을 통해 해결할 것, 내정불간섭, 현 휴전 체제 유지, 군비경쟁 지양, 상호 규류협력 등을 포함하고 있다. 위의 논문, 296~297쪽.

6) 제성호, 1995, 「북한의 대미평화 협정 체결 전략: 내용, 의도 및 문제점」, 민족통일연구원 편, 『한반도 평화체제 구축방안 모색』, 제16회 국내학술회의논문집, 서울: 민족통일연구원, 12쪽.

것"[7])을 미국에 제의한 바 있다.

북한은 시종일관의 북·미간 평화협정 체결과 주한미군 철수를 주장하면서 핵무기 개발과 함께 기존의 정전협정 무효화를 일방적으로 강행하였다. 이로 인해 남북대화가 중단되고 남북관계가 다시 경색되었다.

위의 내용에서 한반도의 평화체제 구축의 절차에 있어 한국은 '선 신뢰구축 후 평화체제 구축'이라는 원칙을 견지하는 반면에 북한은 '선 평화체제구축 후 신뢰회복'이라는 절차를 강조하고 있다는 것을 엿볼 수 있다. 그리고 한반도 평화체제와 관련해 남북한은 당사자 문제, 정전협정의 유효성 문제 및 평화협정의 전환 문제 등에 있어서 아직도 심각한 이견을 보이고 있다.

3. 노태우 정부의 북방정책

1980년대 미·소·중·일 등 강대국 관계 개선의 상황 하에서 냉전적 대결에 시달려 온 한반도가 대내외적 관계개선의 계기를 맞이하게 되었다. 노태우 정부의 북방정책은 바로 이러한 기회를 포착하여 전개된 것이었다. 북방정책이란 이념과 체제를 달리하면서도 한반도의 안보환경에 직간접적 영향을 줄 수 있는 소련, 중국 및 기타 동구권의 주요 공산 국가들과의 관계개선을 적극적으로 도모하고, 이를 통해 궁극적으로는 북한으로 하여금 한반도의 분단현실을 인정하고 그 바탕 위에 대화와 교류를 추진하여 통일을 지향하도록 유도하는 총체적인 외교적 노력을 의미하는 것이다.[8]) 결국 북방정책이란 중국과 소련과의 관계개선을 도모함으로써 한반도의 평화와 안정을 유지하고, 공산국가와의 경제협력을 통한 경제이익의 증진과, 남북한 교류 협력 관계의 발전추구, 그리고 궁극적으로는 공산국가와의 외교정상화와 남북한 통일

7) 『로동신문』, 1994년 4월 29일자.

8) 외무부 편, 1989, 『한국외교 40년: 1948-1988』, 서울: 외무부, 197쪽.

의 실현을 추구하는 정책인 것이다.[9)]

한국은 1970년대 박정희 정부 시기부터 공산국가들에 대한 접촉과 교류를 시도하였다. 그러나 이러한 시도는 결과적으로 북한은 물론 북한의 동맹국인 중국과 소련으로부터도 경계를 받게 되었기 때문에 진전될 수가 없었다. 1980년대에 들어와서 전두환 정부는 서울올림픽 유치를 통해 공산국가에 대한 관계개선을 적극적으로 추진하였다. 특히 한·중 양국은 중국의 민항기 납치사건, 어뢰정 난동사건, 스포츠 경기 및 국제학술회[10)]의 참가를 계기로 비정치적 분야의 교류와 협력을 확대하였다.

그러나 전체적인 국내외적 여건이 형성되지 못하므로 북방정책은

---

9) 김달중에 의하면 북방정책은 외교정책과 외교의 대상국가에 대한 지리적 개념, 외교정책으로서의 목표의 개념, 외교로서의 수단방법을 의미하는 형식개념으로 나누어 생각해 볼 수 있다. 대상국은 소련, 중국, 동구, 북한을 대상으로 하는 것이며, 이는 지리적 개념이라기보다는 공산권을 지칭하는 정치·지리적 개념이다. 정책 목표의 측면에서는 국가안보, 경제이익, 남북통일, 국가의 명예 및 위신 추구로 나누어 볼 수 있다. 정책추진수단의 측면에서 보면 북방정책은 인적자원, 제도적 능력, 군사력과 경제력의 수단을 갖추어야 할 것이다. 이러한 분석을 바탕으로 북방정책을 정의한 것이다. 김달중, 1989, 「북방정책의 개념, 목표 및 배경」, 『국제정치논총』 제29집 제2호, 한국국제정치학회, 43쪽 참조.

10) 1983年의 중국 민항기의 피랍, 1985年의 중국 어뢰정 난동사건 등 각종 돌발사건이 연발함으로써 한·중 양국정부는 사건 해결을 위하여 직접 교섭을 하지 않을 수 없었으며 이를 계기로 한·중간 교역, 스포츠, 문화 등 비정치적 교류가 증대되었다. 즉 1983年 8月 중국에서 개최된 'FAO 수산식량 세미나'에 참석한 한국의 공무원이 최초로 중국을 방문하였다. 1984年 3月 한국 테니스 선수단이 중국 쿤명시(昆明市)에서 개최된 '데이비스컵 테니스대회 동부지역 예선전'에 참가함으로써 스포츠교류가 시작되었다. 중국은 1984年 4月 서울에서 개최된 '아시아 청소년 농구대회'에 참석하였다. 또한 1984年 11月 서울에서 개최된 '아시아·태평양 전기통신협의체총회'에 중국 대표단 4명이 참석하였다. 특히 1986年 9月 서울에서 개최된 제10회 아시안게임에 중국이 북한의 불참에도 불구하고 600여명의 대규모 선수단을 파견함으로써 양국 민간 상호이해의 폭을 넓혔다. 외무부 편, 앞의 책, 208쪽.

본격적으로 추진되지 못하였다. 국제적으로는 소련의 직접적인 對아프가니스탄 군사개입으로 인해 미·소 간의 냉전 대립의 분위기가 다시 조성되었다. 그리고 소련의 대한항공기 폭파사건(1983.9) 및 북한의 아웅산 테러사건(1983.10.9)의 발생 등으로 남한의 對소련, 對북한 관계가 다시 악화되었다. 국내적으로는 제5공화국의 등장에 따른 많은 문제점으로 인하여 북방정책 추진에 있어서 별로 유리한 환경이 아니었다. 이러한 국내외적인 여건은 북방정책 추진의 제약요인이 되었다.

북방정책을 실천적 차원에서 본격적으로 추진한 것은 노태우 정부였다. 앞에서 언급한 바와 같이 이 시기의 전체적인 국제환경은 미·소의 군비감축으로 인한 新데탕트의 형성, 중·소관계의 화해 추세, 소련의 對아태국가 경제권의 적극 진출 등을 특징으로 한다. 또 국내 정세는 민주화라는 커다란 정치적 변동이 있었고, 국제사회에서 한국의 위상을 향상시킬 수 있는 88서울올림픽의 성공을 위하여 온 국민이 적극적으로 준비하는 중이었다. 노태우 정부의 북방정책 실시는 바로 이러한 우호적인 대내외적 환경 속에서 시작된 것이었다.

노태우 대통령은 취임사에서 "긴장 완화와 평화공존의 물줄기를 타고 대한민국은 세계 모든 나라와 국제평화와 협력의 외교적 노력을 더욱 더 쏟고자 한다"며, "이념과 체제가 다른 북방 국가들과의 관계개선은 동아시아의 안정과 평화, 공동의 번영에 기여하게 될 것이고, 북방에의 외교적 통로는 통일로 가는 길을 열어 줄 것"[11]이라고 선언하였다. 이러한 노태우 대통령의 취임사를 분석해 보면 한국의 북방정책은 단기적으로 실익 추구와 한반도 및 주변의 긴장 완화를 지향하는 對중·소외교가 핵심을 이루고, 중장기적으로 한반도 평화통일의 여건 조성이 그 주안점임을 알 수 있다. 동북아 지역에서 북방정책의 실제 추진과정도 주로 對중국, 소련 관계의 개선과 남북관계의 완화 및 평

11) 대통령비서실 편, 1990, 『노태우대통령 연설문집』 제1권, 서울: 대통령비서실, 11쪽. 이후부터 이 자료집은 『노태우대통령 연설문집』으로 인용함.

화통일 기반조성이라는 두 축을 중심으로 이루어졌다.

'7·7선언' 이후 국제적으로 사회주의권의 개혁과 개방의 기회를 포착한 노태우 정부는 북방정책을 강력히 추진시켰다.

소련과의 관계 개선은 순조롭게 진행되었고, 재조정된 북방정책[12)]은 남북한 관계와 분리되어 사회주의권과의 국교정상화 방향으로 폭넓게 전개되었다. 1988년 8월 소련이 영사단 사무소를 한국에 설치하였다. 1989년 소련과의 관계를 보면, 7월말부터 8월초에 전국경제인연합회의 경제협력사절단이 소련을 방문해 생필품 수출과 합작투자 등을 논의하였다. 이어서 소련의 '세계경제 및 국제관계연구소(IMEMO)' 대표단들이 한국을 방문하여 소련의 대 한반도 정책변화를 시사하는 한국정부에 대한 우호적인 발언이 잇따랐다.

1990년 6월 4일 샌프란시스코에서 노태우 대통령과 고르바초프 대통령 간의 한·소정상회담에 이어 9월 30일 뉴욕 국제연합본부에서 최호중 외무부장관과 셰바르드나제 소련 외무부장관이 대사급 외교관계를 수립한다는 공동성명에 서명함으로써 정식으로 수교가 이루어졌다. 이후 12월 31일 노태우 대통령의 소련 방문, 1992년 4월 19일 고르바초프 소련 대통령의 방한 등을 통해 상호간의 협력방안들이 논의되었다.

외교관계 개선에 따라 한·소간 경제교류는 부단히 확대되어 나갔다. 양국의 무역규모는 1988년에 2억 9천만달러, 1989년에는 6억달러로 전년대비 100%의 성장률을 보였으며, 1990년에는 8억 9천만 달러를 기록하였다.[13)]

---

12) 1989년 초 정주영 현대그룹 명예회장의 방북을 계기로 북방정책의 지나친 속도를 견제하려는 정부 내 세력에 의해 재조정되었다. 동시에 서경원 의원, 문익환 목사, 임수경 등의 '방북사건'은 정부가 사회의 전반적인 반공 분위기를 자극할 수 있게 해주는 계기가 되었다. 따라서 북방정책은 일시 지체되지 않을 수 없었다. 그러나 김대중 평화민주당 총재의 동유럽 순방과 통일민주당 김영삼 총재의 소련 방문은 새로운 돌파구를 마련해주었다.

앞에서 기술했듯이 1980년대 전반기부터 한·중 양국은 우발적 사건이나 학술회의와 체육경기 등의 기회를 이용하여 교류와 협력을 시작하여 어느 정도의 성과를 거두었다. 노태우 정부 시기에 88올림픽 경기대회의 참가를 계기로 양국 관계가 더 가까워졌다. 그러나 주지하다시피 이러한 교류와 협력은 주로 비정치적 차원에 국한되었다. 중국이 북한과의 긴밀한 우호관계를 고려하였기 때문이다. 하지만 정치적으로 중국과 남한의 관계 정상화는 중국이 한반도의 분단 사실과 국제사회에서 두 개의 한국 존재를 합법적으로 시인한다는 것을 의미하는 것이었다. 이는 기존의 중·북 관계의 변화를 의미하는 것이었지만 1990년 9월 한·소 국교 수립 이후 북한이 소련에 대해 거세게 비난했던 경험을 감안하여 중국은 對한국 관계 정상화에 있어서 유보적 입장을 취하게 되었다.

1989년 6월 '톈안먼(天安門)사건' 후 중국의 주요 자본주의 국가들과의 관계는 크게 냉각되었다. 이 같은 대외관계의 악화는 중국의 기본 정책인 개혁개방 정책과 맞지 않았다. 따라서 중국은 서방 국가들 대신 우선 주변 국가와의 관계 개선에 노력하였다. 이 같은 중국의 상황은 공산국가들과의 관계를 개선하기 위하여 북방정책을 추진하고 있던 한국의 외교 정책과 부합되어 관계 정상화라는 결과로 나타났다. 결국 한·중 관계 정상화는 중국의 하나의 전략적 돌파구가 되었다고 볼 수 있다.

한·소 수교는 북한의 많은 외교 비난을 초래했음에도 불구하고 중국이 한반도의 두 개 정권과의 관계를 다루는 데 있어 중요한 행동패턴을 제공해 주었다. 따라서 중국은 한·소 수교에서 힘을 얻어 한·중 정치관계 정상화를 적극적으로 추진하기 시작하였다. 1990년 10월 한·중 양국이 북경과 서울에 각자의 무역대표부를 설립하였다.

특히 남북한의 유엔 동시 가입 이후 중국은 한·중관계 정상화에 더

13) 국제민간경제협의회 편, 1991, 『북방국가편람』, 서울: 국제민간경제협의회, 24쪽.

많은 노력을 기울였다. 1991년 11월 노태우 대통령은 서울에서 개최한 APEC 회의에 참가한 중국 외교부장관 치안치첸(錢其琛)을 접견하였다. 또 1992년 4월 북경에서 개최한 아태경제사회위원회(UNESCAP) 제48기 회의에 참가한 한국 외무부장관 이상옥과 중국의 국무위원 겸 외교부장 치안치첸 사이의 회담이 성사되었다. 이러한 한·중 양국 간 고위급 인사의 만남은 한·중 국교 수립을 위한 정식 회담의 개최를 직접적으로 촉진하였다. 몇 차례 공식회담을 거쳐 1992년 8월 24일 베이징에서 이상옥 외무부장관과 치안치첸 중국 외교부장이 수교공동성명에 서명함으로써 한·중 간의 국교 수립이 정식으로 이루어졌다.

한·중 외교관계의 정상화는 양국 경제의 성장에 큰 힘이 되었다. 한·중 관계 개선에 따라 양국의 교역은 사무소 개설교섭이 본격화된 1988년에 30억 9천만 달러에 달함으로써 87년의 16억 8천만 달러의 두 배 정도로 신장세를 나타냈다. 1990년에는 양국의 교역규모가 38억 5천만 달러에 도달하였다. 중국은 한국의 4번째, 한국은 중국의 4번째 교역대상국으로 부상하였다. 한국의 對중국 투자는 1991년 상반기까지 한국은행 허가기준으로 총108건에 11,157.7만 달러이었다.[14)] 이와 같이 교역량의 꾸준한 성장이 양국의 교역관계를 더 밀접하게 하고, 밀접해진 교역관계는 양국 간의 정치관계의 발전을 추진시켰던 것이다.

한국의 북방정책에서 가장 중요한 핵심은 對북한외교이다. 남북한관계의 평화적인 공존과 민족통일의 자주적인 실현은 한국 북방정책의 최종적인 목적이다.[15)] 노태우 정부의 대북정책 기본방향은 남북관계에서 폭력대결을 종식시키고 한민족공동체의 실현을 위하여 평화통일을 적극적으로 추진하는 것이다. 즉 한국은 북한과 적극적으로 접촉

14) 위의 책, 14~15쪽.

15) 유병용, 1995, 「한국 북방외교사에 관한 일고찰-제6공화국의 외교정책을 중심으로」, 『강원사학』 제11권 제1호, 강원대학교사학회, 47쪽.

하여 한민족 구성원으로서의 의식을 돈독히 하고 평화주의에 입각하여 민족통일 실현에 노력해야 한다는 것이다.

북방정책에서의 대북정책 기본방향을 가시적이며 실천적인 행동지침으로 구체화시킨 것은 1988년 7월 7일 발표한 「민족자존의 통일번영을 향한 특별선언」(「7·7선언」)이었다.[16] 「7·7선언」은 남북한 관계 정립과 북방정책의 새로운 지침을 제시했으며, 남북관계를 동반자 관계로 파악하고 함께 번영해야 할 민족 공동체 관계로 규정하고 있다. 즉 남북한 간의 소모적인 경쟁, 대결 상태를 종지하고 북한이 국제 사회에 발전적 기여를 할 수 있도록 협력하며, 또한 남북한 대표가 국제무대에서 자유롭게 만나 민족의 공동 이익을 위하여 서로 협력할 것을 희망한다. 「7·7선언」에서 노태우 대통령은 한반도의 평화를 정착시킬 여건을 조성하기 위하여 북한이 미국, 일본 등 한국의 우방과의 관계를 개선하는 데 협조할 용의가 있으며, 또한 한국은 소련, 중국을 비롯한 사회주의 국가들과의 관계 개선을 추구할 의지를 제시하였다.[17] 이러한 「7·7선언」에 제시된 기본 인식과 정책은 1988년 10월 제43차 유엔총회 본회의에서 행한 노태우 대통령의 「한반도의 화해와 통일을 여는 길」이란 연설에서도 분명히 나타났다.[18]

16) 「7·7선언」은 다음과 같이 몇 가지 주요 내용을 포함하고 있다. 첫째, 남북동포간의 상호교류 및 해외동포의 자유로운 남북왕래를 위한 문호 개방; 둘째, 이산가족의 서신왕래 및 상호방문 적극 지원; 셋째, 남북간 교역을 위한 문호개방; 넷째, 비군사 물자에 대한 한국의 우방과 북한간의 교역 찬성; 다섯째, 남북간의 소모적인 경쟁대결외교 지양 및 남북대표간의 상호협력; 여섯째, 북한과 한국 우방과의 관계 개선 및 사회주의 국가와 한국과의 관계 개선을 위한 상호협조 등 그것들이다.

17) 『노태우대통령 연설문집』 제1권, 176~179쪽 참조.

18) 이 연설에서 노태우 대통령은 다음과 같이 선언하였다. “대결의 구조를 종식시키는 것은 서로 가르는 벽을 허물어 서로 개방하고 교류, 협력하여 믿음을 심는 길밖에 없다. 이를 위해서는 새로운 접근이 있어야 한다. 나는 지난 7월 7일 이것을 공개적으로 제시하였다. 나는 남북한 사이에 서로를 불신, 비방하며 서로를 적대시하는 모든 대결의 관계를 지양할 것을 선언하였다. 나는 남

노태우 정부는 「7·7선언」에서 제시한 기본방향에 입각하여 대북정책을 전개하고 남북관계를 개선할 수 있는 객관적 여건을 조성하였다. 이러한 여건 하에 남북관계는 남북한 유엔 동시가입, 남북고위급회담 추진, 남북기본합의서 및 비핵화공동선언의 발표 등의 가시적인 성과를 거두었다.

북방정책은 변화하는 국제 정세 속에서 북한을 개혁개방의 방향으로 이끌어 내어 북한 체제를 변화시켜 점진적으로 평화 정착과 체제 동질성을 높인다는 목표 하에 우선적으로 중·소와의 관계개선을 통해 북한을 외교적으로 압박한다는 고려도 있다.[19] 즉 중국과 소련과의 관계 정상화를 통해 북한의 대남 공세적인 정책 입지를 축소시킴으로써 북한을 단기간 내에 남북한 대화협상의 길로 나오도록 하기 위해서이다. 그 결과 북한은 1970-80년대의 공세적인 대남 전략에서 1990년대의 체제생존을 꾀하는 수세적인 전략으로 정책을 바꾸어야만 하였다. 이 같은 대외환경 변화에 위기의식을 느낀 북한은 핵무기 개발을 통해 자신에게 불리한 상황을 헤쳐 나가려 했고, 이것은 결국 한반도에 위기사태를 초래하였다.

북한이 한 민족으로서 번영을 위하여 서로 협력하는 동반자로서의 관계를 진전시켜 나갈 뜻을 분명히 하였다. 나는 이 선언에서 우리는 대외적으로도 대결의 관계를 지양해 나갈 것을 분명히 밝혔다. 북한이 책임있는 성원으로 국제사회에 참여하고 그것이 북한동포의 삶을 윤택하게 하기를 희망한다. 국제사회에서 남북한은 서로의 위치를 인정하고 민족전체의 이익을 위하여 협력해 나가야 한다. 이와 병행하여 한국은 과거에 이념적 차이로 인하여 상호관계가 소원하였던 중국, 소련 그리고 동유럽 여러 나라들과도 관계개선을 위하여 노력을 기울이고 있다." 『노태우대통령 연설문집』 제1권, 289쪽.

19) 전재성, 2002, 「노태우 행정부의 북방정책 결정요인과 변화과정 분석」, 『국제문제연구』 제24권 제1호, 서울대학교 국제문제연구소, 270쪽.

Ⅱ. 한국의 대북정책

1. 김영삼 정부의 4자회담 구상

냉전종식 이후의 국제 정세와 외교환경 변화에 보다 능동적으로 대응하기 위하여 김영삼 정부는 '신외교 정책'을 수립하였고, 그 기본방향으로 '세계화', '다변화', '다원화', '지역협력' 및 '미래지향의 통일외교' 등 5대 기조를 설정한 바 있다.[20] 통일외교와 관련해 김영삼 정부는 '자주·평화·민주'의 통일 3원칙에 입각하여 '신뢰구축·협력', '남북연합', '단일 민족국가 건설'의 3단계 민족통일방안을 꾸준히 추진해 왔다.

그러나 당시 북한은 미국과의 평화협정 체결을 통해 한반도의 평화체제를 구축한다는 입장을 고수하며 한국과의 대화협상을 거부하고 있었다. 그리고 미국과의 직접 협상을 위하여 북한은 핵무기 개발 및 정전협정 파괴 행동을 강행함으로써 한반도 위기상황을 조성하였다. 따라서 한반도의 긴장상태를 완화하고 남북한 간의 신뢰와 협력을 증진시키는 것은 통일보다 더 시급한 과제이었다. 김영삼 정부는 대북정책을 명확히 제시하지 못했지만 대신에 한반도 평화 정착을 지향하는 4자회담 구상을 제안하였다. 4자회담은 한반도 문제가 남북한만의 문제가 아닌 국제적인 문제라는 현실적인 인식의 바탕 위에서 남북한 당

---

20) 1993년 5월 24일, 제26차 태평양 경제협의회(PBEC) 정상포럼 연설에서 김영삼 대통령은 신한국의 세계관, 미래관, 통일관과 외교의 방향을 밝혔다. 이에 따라 외무부는 한승주 외무부 장관의 5월 31일 외교협회에서 「한국 신외교의 기조」 연설을 통해 신한국외교의 5대기조를 발표함으로써 새 정부의 외교 정책방향을 구체화하였다. 외무부, 1994, 『외교백서 1994』, 서울: 외무부, 15쪽. 이후부터 이 외교백서는 명칭과 연도만으로 인용함.

사자 외에 중국, 미국을 포함하여 한반도 평화 문제를 논의하자는 다자안보협력 구상으로 이해될 수 있다.

1) 4자회담의 배경과 제안 경과

다자간 대화와 협력을 통해 동북아 지역의 정세를 완화시키고 평화적 외부환경을 창출하고자 하는 새로운 안보 사고는 노태우 정부시기에 이미 대두하였다.[21] 그러나 대립적인 냉전구조가 여전히 존재되고 있었고 주변 주요 국가로서의 소련과 중국과 수교하지 않았던 상태에서 다자안보협력은 실천에 진입하기 어려워 보였다.

탈냉전 이후 세계화에 따른 다자안보협력의 분위기가 점차 조성되며 유럽안보협력회의(CSCE), 아세안지역 포럼(ARF) 같은 지역 안보협력체가 결성되어 큰 주목을 받았다. 이러한 상황에서 한국 김영삼 정부는 ARF 등 다자협력체에 적극적으로 참여하면서 동북아안보대화(NEASD)를 제안하여 추진해 왔다. 한국은 동북아 다자안보협력을 추진함으로써 다자안보협력의 경험을 쌓았다. 뿐만 아니라 다자안보협력의 효용성에 대하여 더욱 깊이 인식하게 되었다. 이러한 경험과 인식을 바탕으로 하여 김영삼 정부는 한반도 문제를 해결하는 데 다자안보협력의 방법을 원용하기 시작하였다.

한편 한반도의 정세 변화로 인하여 북한은 새로운 접근방식으로 한반도 안보상황을 관리할 필요가 있었다. 1991년 9월 17일 남북한이 유엔에 동시가입한 후 북한은 이를 계기로 유엔과 북한간의 비정상적 관계가 더 이상 지속되어서는 안 된다고 강조하였다. 그리고 이러한 비정상적 관계 청산의 일환으로 정전체제의 평화체제로의 전환 및 유엔군사령부 해체, 대미 평화협정 체결, 주한미군 철수 등을 포괄적으로 주장하기 시작하였다.

21) 1988년 10월 18일 노태우 대통령은 유엔 총회연설에서 남북한과 미·일·중·소가 참여하는 '동북아6개국 평화협의회'의 창설을 건의한 바 있다.

김영삼 정부 출범 이후 북한은 일련의 외교성명이나 연설을 통해서 정전협정의 평화협정으로의 대체 및 유엔군사령부 해체 등을 요구하였다. 이와 동시에 북·미 직접대화의 기회를 만들고 나아가 북미평화협정 체결을 의제화시키기 위해서 북한은 핵확산금지조약(NPT) 탈퇴, 정전협정 무효화 등 일련 행동을 강행하였다. 북한의 이러한 행동으로 인해 남북관계가 긴장되었다. 이러한 난국을 타개하기 위해서 김영삼 정부는 국제적으로 추진해 온 다자안보협력의 의식과 경험에 입각한 새로운 안보구상을 추구하게 되었다.

이론적 차원에서 통일의 핵심 문제인 한반도 평화체제 구축 문제와 관련해 한국학계에서 남북한 당사자 차원을 넘어 다자주의적 접근에 입각하여 여러 보장 방안을 검토해 온 바 있다. 남북한과 미국 보장방안(2+1), 남북한과 중·미 보장방안(2+2), 남북한과 중·미·일·러 보장방안(2+4), 동북아 안보협의체에 의한 보장방안 및 한국전쟁 참전국들에 의한 보장방안(2+16+2) 등을 예로 들 수 있다. 한국 정부의 입장에서 이들 방안 중 가장 실효성 있는 보장방안으로는 남북한 간 실체 인정을 전제로 평화협정을 체결하고 이를 미국과 중국이 참여하는 4자간 조약(남북한·중·미)이나 별도의 중·미 간의 조약으로 보장하는 것이다.[22] 이러한 인식에서 김영삼 정부는 한반도의 긴장 국면을 완화하기 위하여 4자회담을 구상한 것으로 보인다.

남북한의 조속한 통일을 위하여 김영삼 정부는 민족공동체통일방안 및 이를 추진하기 위한 3단계 통일론을 제안하였다. 3단계 통일론은 화해·협력단계와 남북연합의 단계를 거쳐 1민족 1국가의 통일조국을 이룩한다는 것이다. 그 중에 첫 단계는 화해·협력을 통한 남북한의 평화공존이 이루어진다는 상태를 의미한다. 남북한 평화공존 상태의 조성은 한반도 정전상태의 종결과 평화체제의 확립을 선결조건으로 해

22) 강원식 외, 1995, 『한반도 평화체제 구축방안』, 연구보고서 95-04, 서울: 민족통일연구원, 186쪽.

야 한다. 평화체제 전환에 있어서 한국은 남북기본합의서의 틀 내에서 '선 화해·협력 이행, 후 평화체제 전환'의 기본구도를 견지하면서 점진적·단계적 전략을 일관적으로 실행해 왔다. 그러나 현실적으로는 한반도 문제에 대한 남북한 간의 극심한 입장 차이와 북한의 일련의 극단적인 행동으로 인해 한반도 긴장 정세가 거듭되고 있었다. 김영삼 정부는 남북대화를 재개함으로써 남북화해를 실현하기 위하여 그 동안 고수해 온 한반도 문제 해결의 '남북당사자원칙'에서 한 걸음을 물러서 다자주의적 접근을 시도하게 되었다.

광복50주년 기념사에서 김영삼 대통령은 한민족의 안전을 확보하고 한반도에서 평화를 이룩하기 위하여 한반도 평화 정착 구상 및 이를 추진하기 위한 '남북당사자해결원칙', '남북한 간 기존 합의사항 존중', '주변국의 협조와 지지' 등 3가지 기본원칙을 공식적으로 천명하였다.[23] 그 중 '주변국의 협조와 지지' 원칙은 남북평화협상에 북한을 유도하고 남북평화협정 체결에 이르는 과정에서 주변국의 대북 영향력과 평화체제 구축에 대한 입장을 적극 활용한다는 것으로 이해될 수 있다. 이것은 한반도 문제의 국제성을 보여주었으며 한반도 평화체제 구축을 위한 다자협력의 의도를 노정시켰다.

1996년 4월 16일 김영삼 대통령과 클린턴 대통령은 제주도 정상회담에서 '제주선언'을 발표하면서 다자주의적 안보협력 구상 즉 4자회담을 제기하였다. 양국 대통령은 새로운 항구적 평화체제를 추구하기 위하여 미국과 중국의 협력이 필요하다는 점에 의견을 같이 하였고, 한국, 북한, 중국 및 미국 대표간의 4자회담을 아무런 전제조건 없이 조속히 개최할 것을 제의하였다. 또 4자회담에서는 광범위한 긴장 완화 조치도 토의될 수 있다고 밝혔다. 이러한 4자회담 구상은 한반도 평화 문제의 직접 당사자인 남북한과 주요 이해 관계국인 미국과 중국

---

23) 대통령비서실 편, 1996, 『김영삼대통령 연설문집』 제3권, 서울: 대통령비서실, 218쪽.

4자가 다자간의 평화회담을 개최하여 한반도에 항구적인 평화를 정착시키고자 하는 것이다.

김영삼 정부는 4자회담을 통해서 몇 가지 전략목표를 이루고자 하였다. 첫째, 남북 당국 간의 대화를 재개하고 지속하면서 긴장관계를 완화함으로써 한반도에서 공고한 평화체제를 수립하는 것을 장기적인 목표로 하였을 것이다. 1990년대 초부터 남북 당국 간의 대화가 단절되었고 정전협정 체제도 무력화되었다. 이러한 상황에서 남북대화를 재개하고 긴장국면을 완화하는 것은 매우 중요하다. 이를 위해서 김영삼 정부는 남북 또는 북·미 양자대화가 아닌 4자대화의 구상을 제기하였다. 김영삼 정부는 이러한 4자회담의 틀 속에서 단기적으로 남북대화를 전개함으로써 한반도의 긴장국면을 완화하며, 장기적으로 4자회담을 통해서 중·미의 지지와 보장을 받고 평화체제를 구축하고자 하였다.

둘째, 4자회담의 제안은 한반도 문제를 국제화시키면서도 회담 참가국을 남북한과 중·미 4자로 한정해 최대한 남북당사자해결원칙을 유지하려 했던 것 같다. 당시 김영삼 정부는 6자회담이 아닌 4자회담을 제안하는 것은 다자안보협력을 통한 한반도 문제의 해결을 모색하고 그 과정에서 외부세력의 개입을 최소화시켰다. 4자회담이 제안될 당시 한국은 4국이 회담의 의제와 운영방법 등에 대해서 개괄적으로 논의한 뒤 실질적인 회담은 남북한이 주도한다는 '4-2'방식을 목적으로 하고 있었다.[24)]

셋째, 김영삼 정부는 제네바 핵합의 이후의 북·미관계 신속적 개선의 상황에서 4자회담을 진행함으로써 북·미간의 평화체제 체결을 저지하는 데 목적을 갖고 있었다고 생각한다. 제네바 핵합의 전에 북핵

24) 박영호, 2001, 「한반도 평화체제 구축을 위한 4자회담 활성화 방안」, 통일연구원 편, 『제2차 정상회담과 평화체제 구축』, 학술회의 총서 2001-02, 서울: 통일연구원, 14~15쪽 참조.

문제를 둘러싸고 북·미간에 심각한 알력이 있었다. 그러나 북·미 제네바합의 이후 북·미관계가 급속히 개선되면서 한국은 북·미 간 평화협정이 체결될 것을 우려하였다. 김영삼 정부는 한반도 평화협정 체결의 논의과정에서 한국이 배제당하지 않고 미국과의 공조를 지속하면서 북한을 4자간의 대화구도 속으로 끌어들임으로써 한반도의 긴장을 완화하고자 한 것이었다.

한반도의 평화체제를 구축하기 위하여 김영삼 정부는 남북대화를 통한 화해·협력의 모색과 4자회담을 통한 평화체제 전환을 병행적으로 추진한다는 이원화 전략을 설정하였다. 즉 남북대화에서는 남북한간 화해와 교류협력 문제를 중심으로 협의하고, 4자회담에서는 정전체제의 평화체제 전환 문제 및 이와 관련된 군사적 신뢰구축 문제를 중심으로 검토한다는 것이다.

4자회담의 추진과정에서 김영삼 정부는 '남북당사자해결원칙', '남북한 간 기존합의사항 존중', '주변국의 협조와 지지'라는 한반도 평화체제 구축의 기본 원칙을 계속 견지해 왔다. 그 중에 무엇보다도 한반도 평화체제 구축 과정에서 남북당사자해결원칙은 가장 핵심적인 원칙이라 할 수 있었다. 이는 남북한이 회담운영과 실질 문제 협의를 주도해야 한다는 것이다. 그리고 기존합의사항 존중의 원칙은 기존의 남북기본합의서와 같은 합의문들을 존중하고 이를 여실히 실천하는 방향으로 남북관계의 실질적 개선을 도모하는 것이다. 특히 평화체제 구축 시까지 현 정전협정 체제를 준수한다는 점은 이 원칙의 가장 중요한 내용이었다. '주변국의 협조와 지지'원칙은 4자회담 틀 내에서 평화체제를 구축하는 데, 중·미뿐만 아니라 일본과 러시아의 협력과 지지를 확보해야 한다는 것이다. 4자회담에 의해 평화체제가 확립된 후에도 평화체제의 유지 및 북한의 개혁개방을 위해서는 일본과 러시아의 협력과 지지가 필요하기 때문이다.

2) 4자회담의 추진

4자회담 구상에 대한 북한의 입장은 4자회담의 성사여부의 관건이다. 한반도의 평화 정착에 관련해 한국 측에서 제시한 방안과 구상이 아무리 좋다고 해도 북한이 이를 받아들이지 않는다면 이들 제안과 구상은 효용성이 없다. 4자회담 제의 이후 북한은 이에 대해 즉각 거부하지는 않았지만 구체적인 내용을 더 파악해 보겠다는 반응을 드러내고 거의 1년 동안 부정적인 태도를 보였다.

1996년 4월 18일 북한은 외교부 대변인의 기자회견을 통하여 4자회담의 현실성 여부를 신중히 검토 중이라고 말하였고, 그 후 북한은 미국에 대하여 4자회담 제의에 관한 설명회를 요구하기도 하였다. 그러나 미국은 남북한과 미국이 함께 참여하는 공동설명회를 제시하자 북한은 한국의 참여를 반대하며 거부하였다. 이는 북한이 한반도 평화체제 구축 과정에서 남한배제의 기본 전략을 여전히 견지하고 있다는 것을 의미하였다.

김영삼 정부는 북한의 회담 참여를 유도하는 데 많은 준비 작업을 추진해왔다. 4자회담 성사를 위한 분위기를 조성하기 위하여 1996년 4월 27일 김영삼 정부는 3대 기업의 대북 투자사업을 전격적으로 승인하였다.[25] 5월 13일부터 14일까지 제주에서 열린 한·미·일 고위 정책협의회에서는 북한이 4자회담에 호응해 오는 경우 북한의 식량지원 문제도 협의할 수 있다는 데 의견을 같이하였다. 그러나 한국은 북한이 4자회담을 수용하기 전에는 대북 쌀 지원이 불가하다는 신중전략을 구사하였다.

또한 권오기 부총리는 1996년 5월 17일 민족통일연구원 국제학술회의 기조연설을 통해 “4자회담은 한반도 문제의 직접 당사자인 남북

---

25) 승인된 투자사업 내용은 700만달러 규모의 삼성전자의 통신센터사업, 580만달러 규모의 태창의 금강산 샘물사업, 640만 달러 규모의 대우전자의 전기전자사업 등이었다. 『한국일보』, 1996년 4월 27일자.

한과 정전협정 관련 당사자인 미·중의 참여가 중요하다는 사실을 바탕으로 하고 북한의 입장을 최대한 고려한 열린 방안"이라는 입장을 피력하였다. 그리고 동 연설에서 권 부 총리는 "4자회담이 어려움을 겪고 있는 북한에 대한 경제적 지원 문제와 연관되어 있다"[26]고 공표함으로써 북한의 참여를 유도하였다.

1996년 8월 15일 김영삼 대통령은 광복 51주년 경축사에서 한국이 북한의 안정을 원하고 북한의 고립을 원하지 않으며 일방적 통일을 추구하지 않는다고 선언하였다. 또 김영삼 대통령은 4자회담에서 한반도의 긴장 완화와 평화 정착에 관한 광범한 문제가 논의될 수 있고 무엇보다 평화체제의 구축 문제가 논의되고 군사적 신뢰 문제도 협의될 것이라고 밝혔다.

그러나 북한은 주한미군의 철수 등 현안 문제를 4자회담의 개최와 연관시켰다. 1996년 9월 2일 북한은 외교부 대변인을 통해 4자회담에서 주한미군 철수 문제를 우선적으로 논의할 용의가 없다면 그런 형식적 회담은 쓸모가 없다는 부정적인 태도를 보였다. 물론 이러한 북한의 요구는 한·미 양국이 받아들이기 어려운 것이었다. 1996년 9월 18일 발생한 북한의 잠수함 침투 사건[27]으로 남북관계가 재차 악화되었다. 이 사건으로 인해 북한은 유엔 안보리 의장성명 등 국제사회의 비난을 받았기 때문에 한국에 대해 보복하겠다는 위협적인 태도를 보였다. 이로 인하여 북한은 4자회담에 대해 부정적 입장을 계속 취하게 되었다.

---

26) 민족통일연구원 편, 1996, 『북한 정세변화와 주변 4국의 대한반도 정책』, 민족통일연구원 제5회학술회의 발표논문집, 서울: 민족통일연구원, 기조연설 부분, 8쪽,

27) 1996년 9월 18일 새벽 좌초된 북한의 잠수함이 강릉 해안에서 발견되고 도주 중인 무장간첩 검거를 위하여 동해안 일대에 군사작전이 펼쳐짐에 따라 남북한 관계는 갑자기 긴장국면에 돌입하게 되었다. 특히 무장간첩들은 도피 도중 민간인 4명을 무참히 학살하는 만행을 저질러 한국 국민의 분노를 자아내게 하였다. 『외교백서 1997』, 140~141쪽 참조.

북한의 잠수함 사건에 대해 김영삼 정부는 군사·안보적으로 위기사태에 강경한 대비조치를 취하면서 국제적으로 미국과의 공조를 더욱 강화하였다. 그러나 이와 동시에 한반도의 긴장관계를 완화하기 위하여 김영삼 정부는 4자회담을 지속적으로 추진하였다. 9월 25일 한·미 외무장관 회담, 11월 24일의 한·미 정상회담에서 4자회담 개최의 입장을 거듭 확인하였다.

1996년 말에 들어 북한은 4자회담에 대해 전향적인 태도를 보이기 시작하였다. 대표적인 사례로 지난 잠수함 사건에 대해 깊은 유감을 표시한다는 내용을 담은 외교부 답변인 명의의 사과성명[28] 발표를 들 수 있다. 이 사과성명의 발표는 남북관계의 완화에 어느 정도의 기여를 하였다고 볼 수 있다. 이 사과성명 발표 이후부터 북한의 4자회담 참여 의사가 분명해졌다. 동년 12월 30일 북한은 중앙통신을 통해 남북한 미국, 중국이 참여하는 4자회담에 참여할 의사가 있음을 공식적으로 표명하였다. 이에 따라 북한은 한·미와 1997년 1월 29일 미국 뉴욕에서 공동설명회를 개최하기로 합의하였다.

1997년 3월 5일 북한은 한·미 양국이 주최한 4자회담 설명회에 참가하였고, 그 이후에 4자회담 예비회담에 3차례 참여하여 본회담 개최와 관련된 문제 특히 회담의 의제선정 문제 등에 대해서 한·미·중과 함께 세밀히 검토하였다. 이와 같이 북한의 적극적 참여 하에 4자회담 본회담은 1997년 말에 개최되었다.

한·미 공조 관계는 한국의 통일·외교·안보 정책의 기본 축 역할을

---

28) 1996년 12월 29일 북한은 평화방송과 중앙통신을 통해 외교부 대변인 성명을 발표하였다. 북한은 성명에서 "조선민주주의인민공화국 외교부 대변인은 위임에 의하여 막심한 인명피해를 초해한 1996년 9월 남조선 강릉해상에서의 잠수함 사건에 대하여 깊은 유감을 표시한다"고 밝혔다. 이 성명은 또 "조선민주주의인민공화국은 그러한 사건이 다시 일어나지 않도록 노력하며 조선반도에서의 공고한 평화와 안정을 위하여 함께 힘쓸 것"이라 표명하였다. 『동아일보』, 1996년 12월 30일자.

하고 있다. 기본축이 무너지면 다른 축도 무너지는 것이 불가피하듯이 통일과정에서 미국과의 조정과 협의, 공동 대처는 여타의 국제관계에 커다란 영향을 미치는 초석이라 할 수 있다.[29] 1990년대 초 북핵 문제가 대두되어 한반도의 정세가 악화되었다. 이러한 상황에서 한·미 양국 정상은 1993년에만 두 차례의 정상회담을 개최하여 핵 문제 해결의 시급성을 확인하였다. 그리고 한·미 양국은 일단 대화를 통한 문제해결을 계속 노력하기로 한다는 의견을 모았으며 한반도의 평화와 안전을 확보하는 것이 긴요하다는 인식을 갖게 되었다. 이것은 한·미 관계가 더 한층 밀접해 졌음을 시사해 주었다.

북한이 핵사찰을 거부한 후 미국이 대북 강경 정책을 취하자 김영삼 정부도 이에 호응하여 대북 강경노선을 더욱 확고한 대북정책기조로 삼게 되었다.[30] 김영삼 대통령은 1994년 3월 18일 일본 방송협회(NHK)와의 인터뷰에서 "북한이 국제원자력기구(IAEA)의 핵사찰을 거부한 상태로서 국제적 제재가 가해질 수밖에 없는 상황으로 가고 있다"[31]고 발언하였다. 이 발언은 김영삼 정부의 대북정책기조 변화를 분명히 확인시켜 주었다. 그러나 북한 핵시설 처리 문제에 대해서는 한·미 양국이 입장 차이[32]를 보이기도 하였다. 그럼에도 불구하고 김

29) 홍관희, 1997, 「4자회담과 한반도 통일환경 : 변화와 전망」, 『국제문화연구』 제14권, 청주대학교 국제문제연구원, 53쪽.

30) 이러한 김영삼 정부의 대북정책 기조변화는 1993년 12월 통일안보팀의 수장이었던 한완상 통일부총리를 보수진영을 대표하는 이북출신의 이영덕으로 교체하면서 시사되어 왔다. 권영진, 1998, 「북한 핵 문제에 대한 한국의 정책결정과정 연구」, 고려대학교 정치외교학과 박사학위논문, 192쪽 참조.

31) 『조선일보』, 1994년 3월 18일자.

32) 북한이 국제원자력기구의 핵사찰을 거부한 후 미국 강경파들이 '영변폭격론'까지 제기하였다. 이러한 강경한 입장과 이에 따른 미국의 움직임은 한국에서 커다란 반발을 불러일으켰다. 만약 미국이 북한 영변핵시설에 대해 폭격한다면 제2의 한국전쟁이 발발하게 될 것으로 판단되었다. 따라서 김영삼 정부는 북핵 문제에 있어 미국과 동조하여 대북강경자세를 보였으나 핵시설에 대한 폭격으로 조성될 한반도 전쟁국면을 결코 원하지 않고 있었다. 이와 관련 구

영삼 정부는 한·미 공조를 통해 미국의 대북 무력행동을 저지하여 한반도의 전쟁위기를 면하였다.

1996년 4월 16일 김영삼 대통령과 클린턴 대통령은 제주도에서 정상회담을 진행하여 한반도의 평화체제 구축 문제에 대해 깊이 있게 검토하고 4자회담을 제안하였다. 회담에서 클린턴 대통령은 한국에 대한 미국의 확고한 안보 공약을 다짐하고 한·미 안보동맹관계가 굳건함을 재확인하였다. 양국 정상은 긴장상황이 거듭 일어나는 한반도에서 항구적인 평화를 정착시켜야 한다는 희망을 피력하면서 한반도에서의 화해와 평화를 위해 적극적으로 협력할 필요가 있다는 입장을 특별히 강조하였다. 1996년 9월 18일 북한의 잠수함 및 무장간첩 침투사건 발생 후 한·미 양국이 두 차례의 외무장관 회담을 개최하였고 문제의 해결을 위한 양국 간의 공조와 대응방안을 협의하였다.

이러한 한·미 안보 공조는 양국 간의 국방장관 연례안보회의를 통해 거듭 재확인되었다. 제 28차 한·미 연례안보회의에서 양국은 한반도 안보와 주한미군의 중요성, 남북한 주도에 의한 한반도에서의 항구적 평화체제 구축 필요성 및 평화체제 구축 시까지의 정전협정 유지 필요성 등에 대해 인식을 같이하였다.

북한의 잠수함 사건 후 한·미 양국이 긴장태세를 대비하면서도 4자회담의 성사를 위하여 계속 외교노력을 진행해 왔다. 1996년 9월 25일 한·미 외무장관은 뉴욕에서 회담을 갖고 4자회담을 계속 추진할 것을 확인하였고, 동년 11월 24일 한·미 정상이 마닐라에서 회동하여 4자회담을 계속 추진한다는 입장을 재확인하였다.

1997년 3월 5일 한·미 양국이 4자회담 공동설명회를 성사시켰다. 이로써 한반도 분단 이래 남북한과 미국의 당국자들이 처음으로 한 자리에서 만나게 되었다. 이로부터 한국과 미국은 정전협정을 평화협정

체적인 논의는 정문헌, 2004, 『탈냉전기 남북한과 미국: 남북관계의 부침』, 서울: 도산출판사, 158~166쪽 참조.

으로 대체하기 위한 대북 협상의 길에 들어서게 되었다. 공동설명회에서 미국은 한반도의 평화 정착 문제는 미·북이 별도로 협상할 문제가 아니며, 어디까지나 직접 당사자인 남북 간에 논의되어야 하며 바로 4자회담은 이러한 틀을 제공하기 위한 것임을 강조하였다. 이러한 미국측의 입장은 북한의 '남한배제'를 방지하고 한국의 '남북당사자해결원칙'을 충분히 존중하는 것으로 보였다.

4자회담의 예비회담 개최 논의 과정에서 북한이 식량지원을 요구하자 한·미 양국은 이에 대해 긴밀한 공조의 자세를 보였다. 즉 한·미 양국은 4자회담 참석을 조건으로 하는 식량제공의 사전보장은 불가하며, 다만 북한의 식량사정이 어렵다는 사실을 감안하여 인도적 긴급구조 성격의 식량지원은 계속 긍정적으로 검토해 나가되, 정부 차원의 대북 식량 지원은 4자회담 테두리 내에서 신뢰구축과 긴장 완화 조치의 일환으로 논의할 수 있다고 북한 측에 설명하였다.[33)]

한·미양국은 공조를 통해 4자회담의 설명회를 개최함으로써 북한을 4자회담에 참여시킬 수 있었다. 그 후에 한·미는 북한 및 중국과 3차례의 예비회담을 개최하여 본회담의 의제 등에 대한 합의를 도출함으로써 1997년 12월 9일 4자회담 본회담이 열릴 수 있었다.

위와 같이 4자회담에 대해 미국은 긍정적인 입장을 보였다. 미국은 한국과 함께 4자회담을 제안함으로써 한반도 평화체제 구축에 있어 '한국배제'라는 상황도 막고 북한과의 군사채널도 확보할 수 있는 두 가지 목적을 동시에 달성하고자 하였다.[34)] 특히 미국은 북한을 4자회담의 체제에 묶어 둠으로써 핵동결을 유지하고, 궁극적으로 북한의 '연착륙(soft-landing)'을 유도하는 것이 가장 효과적인 기제라고 보고 있었던 것이다.[35)]

33) 『외교백서 1998』, 87쪽.

34) 이종선, 1996, 「한미정상회담: '제주선언'의 의의 및 전망」, 『Info-Brief』 제67호, 서울: 국회도서관 입법조사분석실, 6쪽.

35) 김동성, 1999, 「4자회담 전개과정과 향후 전망」, 『한반도 군비통제』 제25집,

비록 미국은 4자회담에 대한 한국의 입장에 동조하고 있었으나 구체적인 문제에 들어가서는 다소 미묘한 입장 차이를 노정하였다. 평화체제의 형식과 관련하여 미국은 남과 북이 직접적 당사자로 등장하되, 미·중은 중요한 역할을 수행하도록 하자고 주장하고 있었지만 평화협정의 당사자 문제와 관련, 때로 미국이 단순한 보장자가 아니라 당사자로서의 역할을 내비치는 등 애매모호한 태도를 취하기도 하였다.[36)]

한편 한·중수교 초기단계에서 출범한 김영삼 정부는 급부상되고 있는 중국과 우호관계를 수립할 필요가 있음을 인식하고 있었기 때문에 경제 분야에서 중국과의 긴밀한 교류를 추진하는 동시에 정치·외교·안보 등의 분야에서도 대중협력을 강화하였다.

1993년 5월 27일 김영삼 대통령은 청와대에서 중국의 고위인사로서 한국을 최초로 방문한 치안치첸 국무부총리 겸 외교부장관과 회담을 진행하여 한·중 우호관계 증진의 중요성을 강조하였다. 회담에서 치안치첸 장관은 대화를 통해 북핵 문제를 해결해야 하며 북한에 대한 제재와 압박을 반대한다는 중국 측의 일관적 입장을 피력하였다. 김영삼 대통령은 한반도 평화와 안정을 위한 중국의 노력을 긍정적으로 평가하였다. 이러한 중국의 입장을 감안하면 그 당시까지 중국의 대한반도 정책의 중심은 여전히 북한에 기울어져 있었다는 것을 알 수 있다.

그러나 1994년부터 중국의 한반도 정책은 대남북한 등거리 외교 기미를 보다 명확히 보이기 시작하였다.[37)] 이러한 변화는 그동안 사회주의 동맹관계를 바탕으로 북한에 치중된 외교 정책을 전개하였던 중국이 이제 실질적 경제협력의 기반 강화를 위해 한국을 중요한 대상으로

국방부, 39쪽.

36) 제성호, 앞의 책, 291쪽 참조.

37) 이 점은 동년 11월 초 한국을 방문한 리펑(李鵬) 총리가 당시 제주도에서 진행한 기자브리핑에서 한국과 북한에 대한 중국의 등거리 외교노선을 언급한 바 있다. 이러한 중국의 한반도 정책 변화는 1995년 쟝쩌미(江澤民) 주석의 한국 방문 시 이루어진 김영삼 대통령과의 회담에서 재확인되었다.

인식하기 시작하였다는 것을 의미한다.

중국의 대한반도 정책 변화에 따라 한·중양국은 양국우호관계의 향상에 많은 노력을 기울여 왔다. 1995년 3월 일부 서구 국가들이 중국의 인권 문제에 관한 제안을 유엔에 회부하였는데, 결의안을 표결할 때 김영삼 정부는 기권을 하여 중국을 지지하였다. 이외에도 중국의 WTO 가입 문제에 대해 김영삼 정부는 적극적 지지 자세를 보였다. 이러한 한국의 적극적 협력 노력에 상응하여 중국도 대한국 관계 강화의 행보를 보였다. 1997년 2월 중국은 국제법 및 국제관례에 따라 황장엽 탈북 사건을 공정·합리적으로 처리함으로써 한·중 양국의 신뢰관계를 진일보 증진하였다.

한반도 평화체제 구축 문제에 있어서 김영삼 정부는 중국의 협력과 지지를 꾸준히 요청해 왔다. 김영삼 대통령은 재임 기간 동안 중국의 고위 지도자들과의 회담에서 한반도 문제의 남북당사자해결원칙을 거듭 강조하였고 이에 대해 중국 측은 한반도 문제의 대화를 통한 평화적 해결의 원칙을 수차례로 표명하였다.

1996년 4월 16일 한·미 양국이 4자회담을 제안하였다. 한국의 입장에서 중국의 4자회담 참여는 매우 바람직한 일이었다. 이는 바로 한국이 추구하는 '2+2' 통일외교 전략에 중국이 동참하고 지지함을 의미하며, 그러한 방향으로의 북한에 대한 영향력 행사가 기대되었기 때문이다.[38)]

4자회담의 제안에 대해 처음에 중국은 겉으로는 지지한다는 자세를 보였지만 여러 요소를 염려하였기 때문에 신중하게 행동하였다.[39)] 그

38) 홍관희, 앞의 논문, 54쪽.

39) 4월 18일 선궈팡(沈國放) 중국 외교부 대변인은 정례 기자브리핑을 통해 4자회담에 대해 환영의 뜻을 밝히면서도 북한의 입장을 배려하는 듯 한 유보적인 입장을 밝혔다. 필자가 보기에는 중국은 주로 자국 내부 문제의 국제화에 대한 우려, 북한 태도의 미확인, 대만 문제로 인한 중·미 관계의 긴장 등 몇 가지 이유에서 이러한 유보적 태도를 취하였던 것으로 생각된다.

러나 그 후에 중국이 4자회담 제의에 기본적으로 긍정적 입장을 가지고 있음이 여러 경로를 통해 확인되었다. 1996년 4월 24일 제3차 한·중 고위 정책협의회와, 7월 25일 인도네시아 자카르타에서 개최된 아세안포럼(ARF)과 확대외무장관회담(PMC)에 참석한 중국 측은 한반도의 평화와 안정을 위하여 조속한 남북대화를 희망했으며, 4자회담 성사를 위하여 건설적인 역할을 담당할 것임을 표명하였다.

특히 중국의 '신안보관(新安全觀)'[40]의 확립과 북한의 태도 변화에 따라 1997년 4월 중국은 그간의 유보적 입장에서 벗어나, 4자회담 본회담 및 예비회담까지 참석한다는 적극적 입장에 나섰다. 1997년 8월 뉴욕에서 개최된 4자회담 예비회담 및 12월 제네바에서 개최된 본회담에 참여하였고, 한국전쟁 정전협정 서명국의 일방으로서 한반도의 평화체제 수립을 위하여 건설적인 역할을 수행하였다.

1997년 6월 개최된 차관보급 3자 협의에서 남북한과 미국은 중국을 포함한 4자회담 예비회담을 1997년 8월 5일에 뉴욕에서 개최하기로 합의하였다. 4자회담의 예비회담은 1997년 8월 5일부터 11월 21일까지 3차례 진행되었다. 결국 4자는 3차 예비회담에서 한국이 제시한 '한반도 평화체제 구축과 긴장 완화에 관한 문제'를 의제로 결정하였고, 1997년 12월 9일 제1차 본회담을 제네바에서 개최하기로 합의하였다.[41]

1997년 12월 9일 1차 본회담이 개최되었고 회담에서 한·미는 '선 평화체제, 긴장 완화 및 신뢰구축' 등 분과위원회 구성을 주장하였다. 북한은 이와는 반대로 '선 주한미군 철수와 북미 평화협정 체결' 등의 세부의제 확정을 주장하였다. 이러한 팽팽한 입장 대립으로 인하여 협상은 별 다른 진전을 보이지 못하였다.

---

40) 1997년 3월 중국이 아세안 포럼에서 '新안보관'을 공식적으로 제시하였다. '互信'·'互利'·'平等'·'協作'은 그 핵심 내용으로 이루어진다.

41) 4자회담의 자세한 개최과정은 통일원 편, 1997, 『4자회담 개최 관련 자료』, 서울: 통일원, 2~4쪽 참조.

2. 김대중 정부의 햇볕정책

냉전구조의 상존으로 인하여 남북한 사이에 실질적인 화해·협력의 관계가 여태까지 형성되지 못하였다. 김대중 정부는 한반도의 현실상황을 고려하여 단기간 내에 남북한 통일보다는 평화 정착에 의한 남북 간의 평화공존을 실현하는 것이 더욱 시급하다고 인식하였다. 이에 평화 정착의 실현을 위하여 남북 간의 화해와 협력을 추진하는 포용적 대북정책, 즉 햇볕정책[42]을 제기하였다.

햇볕정책은 한편으로 튼튼한 안보를 이용하여 평화를 유지하고 다른 한편으로는 화해와 협력을 추구함으로써 북한이 스스로 변화의 길로 나올 수 있는 적합한 환경을 조성하고, 한반도 평화와 안정을 도모함으로써 남북 간 평화공존을 실현시키자는 것이다.[43] 김대중 정부는 햇볕정책의 목표를 달성하기 위하여 북한과의 화해·협력을 적극적으로 추진할 뿐만 아니라 동시에 한반도 주변 4강과 안보협력을 긴밀히 전개해야 한다고 인식하였다. 이러한 인식에서 김대중 정부는 햇볕정책을 포괄적으로 실시함으로써 한반도의 냉전구조를 해체하고 평화구조를 조성하는 데 노력해 왔다.

---

42) 김대중 정부시기의 대북정책에 있어 '포용정책', '화해·협력 정책', '햇볕정책' 등 용어가 혼재되어 사용되고 있다. '포용정책'은 대북정책의 성격을 지칭하는 것이고, '화해·협력 정책'은 대북정책의 목표를 나타내는 것으로 생각된다. 김대중 정부시기의 대북정책 명칭 선정에는 '햇볕정책'이란 용어는 보다 더 적당한 듯하다. '햇볕정책'이란 말은 김대중 대통령이 1998년 4월 3일 영국을 방문했을 때 런던대학교에서 행한 연설에서 처음 사용하였고 그때부터 정착된 용어이다. 본 연구에서 김대중 정부의 대북정책을 분석하는 데 '햇볕정책'의 용어를 사용하기로 하였다.

43) 통일부 편, 2003, 『통일백서 2003』, 서울: 통일부, 13쪽. 이후부터 이 통일백서는 명칭과 연도만으로 인용함.

1) 햇볕정책의 배경과 내용

김대중 정부 시기에 들어서면서 흡수통일을 비롯한 기존의 강경정책은 대북 포용적 '햇볕정책'으로 전환되었다. 이러한 정책 기조의 전환은 다음 몇 가지 측면에 기인한 것으로 보인다.

첫째, 금융위기의 충격으로 인하여 김대중 정부가 한국의 국력을 재인식하게 되었다. 김대중 정부는 한반도가 북한의 갑작스런 붕괴로 통일이 실현되더라도 그에 따른 충격을 감당할 수 있는 경제적 능력이 있는지 우려하였다. 특히 그 당시에 한국 정부는 금융위기의 타격으로 인해 경제적·정서적으로 흡수통일의 능력과 기반을 갖추고 있지 못하고 있었다.

둘째, 김대중 정부는 단기간 내에 북한 체제가 붕괴되기 어려울 것으로 인식하였다. 지난 정부는 북한과 대결하면서 여러 가지 강경정책을 실시하였다. 북한은 심각한 경제 위기에도 불구하고 과도한 군사비 지출을 감당하면서 폐쇄적인 대외 정책과 대남 적대정책을 실행해 왔다. 이 어려운 상황에서도 북한의 체제가 붕괴되지 않았다. 이 점을 감안하여 김대중 정부는 북한의 체제붕괴를 추구하기보다 화해와 협력을 통해 남북 간의 평화공존을 실현하는 것이 더 시급하다고 판단을 하였다.

셋째, 북·미 관계의 개선이 김대중 정부의 대북정책 기조 전환에 중요한 영향을 미쳤다. 제네바협정 이후 미국은 경수로원자력발전소의 건설을 지원하는 등 북한에 유화 정책을 추진해 왔다. 이 상황에서 대북 강경정책을 계속하기가 어려워지게 되었다. 그러므로 김대중 정부는 북한을 개혁과 개방의 길로 나올 수 있도록 화해와 협력을 적극적으로 추진하는 것을 대북정책으로 설정하게 되었다.

이러한 배경에서 김대중 정부가 '통일정책'이라는 용어 자체를 회피하고 '대북정책'이라는 표현을 사용하고 있었다. 김대중 정부는 남북화해·협력을 추진함으로써 남북관계의 개선과 평화적 공존을 실현하는 데 대북정책의 근본 목표를 두었다. 1998년 2월 25일 취임사에서 김대중 대통령은 햇볕정책의 3대원칙을 밝혔다.

첫째, '무력도발 불용납' 원칙이다. 한반도에서 가장 시급하고 중요한 과제는 무엇보다도 위기를 완화하고 평화를 유지하는 것이다. 위기상태에서 통일은 고사하고 남북관계의 개선조차도 어려울 것이기 때문이다. 그리고 햇볕정책을 효과적이고 적극적으로 추진하기 위해서도 한반도의 평화가 전제되어야 한다. 그러나 북한의 도발에 감정적으로 대응하는 것은 긴장을 확대 재생산하게 되어 남북관계 개선에 도움이 되지 않을 것이다. 그런 점에서 북한의 도발을 사전에 억지시키는 것이 중요하다.[44] 따라서 김대중 정부는 이 원칙을 분명히 제시함으로써 북한으로 하여금 무력에 의존하는 대남전략을 포기하도록 하겠다는 의지를 표명하였다고 할 수 있다.

둘째, '흡수 통일 불추구' 원칙이다. 이 원칙은 남한이 북한을 해치거나 흡수할 의사가 없고 북한의 붕괴를 촉진하지도 않겠다는 남북한의 평화공존을 의미하는 것이다. 물론 대등적으로 북한도 남한에 대해 적화통일이라는 전략을 지양해야 한다고 시사한다. 한반도의 통일은 과거로 회귀하거나 단순히 체제나 영토를 통합하는 데 그치는 것이 아니고 자유와 인권 등 인류의 보편가치가 구현되는 하나의 민족공동체를 이루어 가는 것이다.[45] 따라서 통일은 어느 한 순간에 이루어지는 것이 아니라 필요한 여건을 꾸준히 만들어 가는 긴 과정으로 이해되어야 한다.

지난 김영삼 정부시기에 대북 관계 개선에 노력하면서도 북한의 붕괴 사태에 대비하는 흡수통일 전략을 동시 추진해 왔다. 양자는 서로 모순된 것으로 보인다. 이로 인해 김영삼 정부시기에 남북관계의 개선에는 실질적인 진전을 보이지 못하였다. 김대중 정부는 지난 정부의

44) 『통일백서 1998』, 36쪽.
45) 『통일백서 1998』, 36~37쪽.

이러한 정책의 한계를 의식하였고 대북 관계 개선을 추구하는 데 북한을 흡수통일의 대상이 아닌 화해·협력의 대상으로 간주하였다. 즉 김대중 정부는 통일을 서두르기보다는 우선 남북한 평화공존의 관계를 정착시키고 교류와 협력을 통해 민족의 동질성을 회복하는 데 주력해 나가려는 것이다. 따라서 김대중 정부는 이러한 원칙을 밝힘으로써 남북관계 개선을 위한 남한의 성의있는 자세를 북한에 보여 주고 북한으로 하여금 남북대화의 장으로 들어오도록 하는 데 근본적 의도가 있었다.

셋째, '교류협력의 적극추진' 원칙은 남북한 간의 불신과 적대감을 해소하고 민족의 동질성을 회복하기 위하여 남북한 간에 보다 많은 대화와 접촉, 그리고 협력이 이루어져야 한다는 것이다. 남북한 간에 화해·협력은 상호이익과 민족의 복리를 도모할 수 있음은 물론 남북한 간에 호혜적인 의존관계를 형성함으로써 북한의 무력도발 위협도 근원적으로 해소시킬 수 있다는 점에서 안보에도 도움이 될 것이다.[46]

대화와 교류가 단절되고 남북한 간의 적대의식이 지속되고 상호간의 신뢰가 없는 상태에서 남북관계의 개선은 결코 이루어질 수 없다. 이러한 인식에서 김대중 정부는 김영삼 정부의 3단계적 '민족공동체통일방안'의 기조를 발전적으로 계승하고 '선 교류 후 통일'의 입장을 견지하였다. 이에 따라 김대중 정부는 정경분리의 원칙에 입각하여 금강산관광 개발사업을 비롯한 파급효과가 큰 분야부터 대북 경제협력과 교류를 전개하였다.

김대중 정부 햇볕정책의 추진목표는 '화해를 통한 평화공존 실현, 즉 분단의 평화적 관리', '남북협력을 통한 평화교류 실현', '평화통일의 기반조성'에 있다고 볼 수 있다.[47] 다시 말하면, 튼튼한 안보태세를 유지하는 가운데 북한의 국제적 고립상태 타파 및 경제난 극복에 지원하고, 대북 교류와 화해·협력을 추구하면서 남북한 상호 이해의

46) 『통일백서 1998』, 37쪽.

47) 통일부 편, 1998, 『국민의 정부 대북정책』, 서울: 통일부, 76쪽.

폭을 넓혀 민족동질성을 회복함으로써 한반도의 사실상의 통일의 기반을 조성하는 데 목표를 둔 것이다.

이와 같은 대북정책의 목표는 기본적으로 몇 가지 의미를 지닌다. 첫째는 남북분단의 현실을 평화적으로 관리하려는 것이다. 탈냉전 이후에도 한반도는 여전히 냉전 구도에서 벗어나지 못하고 있다. 남북한간에 대립적 의식과 적대적 행동이 자주 나타났다. 이에 대해 남북 양측이 모두 감성적으로 강경한 대응을 취할 경우, 한반도의 정세는 긴장고조에서 전쟁으로 비화될 가능성이 없지 않다. 따라서 무엇보다도 남북한의 분단·대립상황을 효과적으로 관리하고 한반도에서 전쟁의 재발을 방지하는 것은 가장 시급한 안보과제라 할 수 있다. 이를 위하여 김대중 정부는 튼튼한 안보의 역량을 확보하는 가운데 남북한 체제에 대한 상호인정의 의지를 표명하면서 교류와 화해·협력을 지향하는 햇볕정책을 추진하였다.

둘째, 북한이 두려움이 없이 스스로 변화의 길로 나올 수 있는 적합한 환경을 조성하고자 하는 것이다. 장기적인 경제난으로 인해 북한 내부에서 불안정 요인이 일어났다. 그리고 북한은 경제난에 시달리는 가운데 남한과의 국력격차가 현저히 확대되어 왔다. 내부 불안요인 제거와 대남한 안보열세의 만회를 위하여 북한은 핵무기 개발 같은 비대칭적인 위협전략을 추진하게 되었다. 그 결과 한반도의 안보불안 상황이 초래되었다. 대북 경협사업 추진과 대북 지원을 위주로 하는 햇볕정책은 북한의 경제난 극복 내지 북한 체제 불안요인의 제거에 도움이 된 것으로 파악될 수 있다. 이 정책은 한국이 북한을 인정한다는 메시지를 북한에 전달해 주는 것으로 본다. 이렇게 하면 북한은 남한과 교류와 협력을 안심하게 진행하게 되고 또한 점차 스스로 개방하고 시장경제의 요소들을 도입하여 본격적인 경제개혁과 개방의 길로 나오게 될 것이다.

셋째, 평화공존의 바탕 위에서 남북한이 평화체제를 본격적으로 확립함으로써 한반도 사실상의 평화통일의 기반을 조성하려는 것이다. 햇볕정책은 남북한 간의 긴장 관계를 완화하고 남북 교류와 협력을 통해 남북 평화공존 국면을 조성하고자 하는 것이다. 이러한 평화공존이 정착된 상태에서 남북한은 관련국과 함께 평화체제를 구축하고 한반도 평화를 위하여 법적 제도적으로 장치를 마련할 수 있다. 이럴 경우, 한반도 사실상의 평화통일의 기반이 조성된다고 말할 수 있다.

이와 같은 목표들을 추구하기 위하여 김대중 정부는 위에서 제시한 3대원칙에 입각하여 대북정책을 추진하는 데 몇 가지 기조를 설정하였다. 즉 '안보와 화해·협력의 병행추진', '평화공존과 평화 교류의 우선 실현', '화해·협력으로 북한의 변화여건 조성', '남북한 간 상호이익의 도모', '남북 당사자해결 원칙하에 국제적 지지 확보', '국민적 합의에 의한 대북정책의 추진'[48] 등이 그 것들이다.

이와 같은 6가지 기조에 따라 김대중 정부는 햇볕정책을 포괄적으로 추진함으로써 한반도의 냉전구조를 해체하고자 하는 '한반도 냉전구조해체 구상'을 제기하였다.[49] 이를 추진하기 위하여 김대중 정부는 다음과 같은 다섯 가지 과제를 제시하였다.

첫째는 남북한 간의 불신과 대결을 화해·협력 관계로 전환시켜 나

48) 자세한 내용은 『통일백서 1998』, 38~41쪽 참조.

49) 이러한 구상은 1999년 5월 5일 김대중 대통령의 CNN 기조연설과 2000년 3월 9일 「베를린 선언」에서 거듭 부각된 바 있다. 1999년 5월 5일 김대중 대통령이 CNN 인터뷰에서 "한반도의 냉전구조를 그대로 두고서는 한반도는 물론이고 동북아의 평화와 안정은 이룩되기 어렵다. 한반도에서 항구적인 평화와 안정을 이루기 위해서는 모든 당사자들은 안보는 물론 정치, 외교, 경제, 통상 등 관련 사업을 포괄적으로 주고 받는 협상을 추진하는 것이 필요하다"고 역설하였다. 대통령비서실 편, 2000, 『김대중대통령 연설문집』 제2권, 서울: 대통령비서실, 260~261쪽 참조. 이후부터 이 자료집은 『김대중대통령 연설문집』으로 인용함; 또 2000년 3월 9일 김대중 대통령이 베를린 자유대학에서 행한 연설에서 "'무력도발 불용납, 흡수통일 불추구, 남북화해·협력' 3원칙은 햇볕정책의 핵심이며 냉전종식을 위한 주장"이라고 밝혔다. 『김대중대통령 연설문집』 제3권, 155쪽.

가는 것이다.

둘째는 미국과 일본이 북한과의 관계를 개선하고 정상화하는 것이다.

셋째는 한반도에서 대량살상무기를 제거하고 군비통제를 실현하는 문제이며, 이것은 냉전구조 해체에 있어서 가장 중요한 요소 중 하나이다.

넷째는 북한이 개방과 시장경제로 전환하고 책임 있는 성원으로 국제사회에 참여해야 한다는 것이다.

다섯째는 정전협정 체제를 평화체제로 전환하고 한반도에서의 '법적 통일'에 앞서 '사실상의 통일' 상황을 실현하는 것이다.[50]

이러한 다섯 가지 요건은 남북한 각자의 냉전적 사고의 포기, 남북한 화해·협력 관계의 실현, 및 북·미, 북·일 관계의 개선 등 세 차원에서 냉전구조 해체를 완성하기 위한 필요조건으로 파악할 수 있다. '한반도 냉전구조해체 구상'의 목표는 남북 평화공존 체제를 구축하고 서로 왕래하며 협력할 수 있는 사실상의 통일 상황을 실현하는 데 있다. 김대중 정부의 대북정책 기조이나 목표를 살펴보면 '한반도 냉전구조해체 구상'은 햇볕정책과 일맥상통된 것을 재확인할 수 있다.

위의 내용을 보면 '한반도 냉전구조해체 구상'은 한반도 문제의 한반도화와 한반도 문제의 국제화라는 이중적 인식의 바탕 위에 제기된 것을 알 수 있다. 따라서 한반도 냉전구조해체를 추진할 때 크게 한반도의 평화 실현과 동북아 다자안보협력체 구축의 이중적 노력을 병행해야 한다. 즉 한반도 차원에는 남북한 간의 냉전구조를 해체하기 위하여 햇볕정책을 적극적으로 추진하고 동북아의 차원에는 포괄적 접근방식으로 미국, 일본, 중국, 러시아 등 주변 4국을 비롯한 국제사회의 협력 관계를 증진한다는 것이다.

---

50) 『김대중대통령 연설문집』 제2권, 261~262쪽 참조.

2) 햇볕정책의 추진

김대중 정부의 햇볕정책 추진은 주로 경제, 사회 등 비정치·비군사 분야에서의 화해·협력 실현에 초점을 두었다. 그리고 햇볕정책 추진과정에서 주변국의 지지와 협조를 얻기 위하여 김대중 정부는 주변 강대국들과 안보협력을 적극적으로 전개해 왔다. 이것은 한반도의 긴장상태를 완화하여 남북관계의 개선을 가져오고 남북 간의 냉전 구조해체에 어느 정도 기여를 하였다.

김대중 정부는 『남북기본합의서』의 기본원칙에 따라 남북한 간의 문제를 남북 당사자가 직접 대화를 통해 해결한다는 입장을 거듭 강조하였으며, 북한이 대화의 장에 나오도록 꾸준히 설득하면서 남북대화를 적극적으로 전개해 왔다.

햇볕정책이 제안된 초기에 북한의 비난과 반발이 야기되었다. 1998년 4월 11일부터 17일까지 남북한이 베이징에서 남북당국 대표회담이 열렸으나, 남한 측이 비료지원을 남북관계 개선 문제와 연계하여 상호주의원칙을 견지하자 북한 측이 '선 비료지원 후 이산가족 문제 협의'라는 입장을 고수하면서 남한 측의 주장에 강하게 반발하여 이번 남북회담이 결렬되었다.

1998년 4월 개최된 남북당국대표회담 이후 남북 간에는 공식대화가 단절되었다. 이러한 상황에서 북한이 햇볕정책에 대해 비판적인 입장을 표명하기 시작하였다. 햇볕정책에 대한 북한의 비난은 1998년 하반기에 들어서면서 본격화되었다.[51)]

51) 북한은 『로동신문』의 논평을 통해서 햇볕정책을 공식적으로 비난하였다. "대북정책에서의 정경분리원칙은 빛 좋은 개살구, 기만적인 말장난에 지나지 않는다"고 비난한 바 있다. 또 북한은 외무성 대변인 성명을 통해 "햇볕정책은 '미국의 평화적 이행전략'의 변종으로서 화해와 협력의 미명하에 우리를 개혁개방으로 유도하여 자유민주주의 체제에 흡수통일하려는 모략책동으로써 북남대결과 전쟁밖에 가져올 것이 없다"고 햇볕정책을 공식적으로 비난하였다. 『로동신문』, 1998년 7월 22일자, 1999년 8월 19일자.

그럼에도 불구하고 김대중 정부는 남북관계의 실질적 개선을 위해서는 당국 간의 대화가 필수적이라는 입장에서 북한 측의 대화호응을 촉구해 왔다. 1999년 4월 23일부터 6월 3일에 베이징에서 개최된 남북한 당국 간의 차관급 비공개 접촉을 통해 비료지원과 이산가족상봉 문제 및 남북당국간의 차관급 회담 개최 문제 등이 합의되었다.[52]

그러나 동년 6월 7일 서해 연평도 해역에서 남북 간의 군사충돌 사건이 발생하였다. 연평해전 및 그 후에 일어난 금강산 관광객 억류사건 등으로 인해 모처럼 조성되었던 남북대화 및 화해의 분위기가 다시 냉각되었다. 한국 국내에서 북한의 도발적 태도와 관련하여 정부의 대북정책에 대한 비판적 여론이 조성되기도 하였다. 그럼에도 불구하고 김대중 정부는 '남북경제공동체' 건설구상[53]을 제시하면서 일관성 있게 남북대화 및 대북 경협사업을 계속 추진해 나갔다.

김대중 정부의 햇볕정책 적극적 추진 하에 2000년 3월 북한은 비공개적 특사접촉을 제의하였다. 그 후에 남북 당국간에 3차례의 특사접촉을 진행하였으며 접촉에서 「남북정상회담 개최 합의서」를 채택하였다. 2000년 6월 13일부터 15일까지 역사적인 의의를 지니는 남북정상회담이 평양에서 공식적으로 개최되었다. 회담에서 남북정상은 '통일문제의 자주적 해결', '1국가 2 체제의 통일방안 협의', '남북간 교류의 활성화 이산가족 문제의 조속한 해결', '합의사항의 실천을 위한 실무회담 개최' 등을 주요 내용으로 한 「6·15 남북공동선언」을 발표하였다. 특히 이 선언에서 통일 문제의 자주적 해결의 통일원칙과 연합제안과 낮은 단계의 연방제안의 통일방법을 규정하고 경제협력 및 사

52) 자세한 내용은 『남북대화』 제66호, 32쪽 참조.

53) 2000년 초 김대중 대통령은 국가안전보장회의에서 남북한의 중장기적 평화공존과 공동발전을 제도적으로 만들어 가기 위한 일환으로 '남북경제공동체' 건설구상을 밝혔다. 경제 분야에 있어서 남북한 간의 교류와 협력을 더욱 발전시킴으로써 신뢰의 구축과 공동의 이익을 넓혀 나가는 것이다. 최성, 2002, 「한반도 평화 정착의 길」, 『통일경제』 제62호, 현대경제연구원, 13쪽.

〈표 2〉 남북장관급회담 개최 현황

구분	기간(장소)	공동보도문	주요 합의 내용
第1차	2000.7.29 ~31(서울)	6개항 합의	·판문점 남북연락사무소 업무재개 ·8·15에 즈음 남과 북 해외에서 남북공동선언 지지, 실천결의 행사 개최 ·경의선 철도의 끊어진 구간 연결
第2차	2000.8.29 ~9.1(평양)	7개항 합의	·연내 이산가족 방문단교환사업 2차례 추가실시 ·군사당국자회담 개최 문제 협의 ·임진강 수해방지사업의 공동 추진
第3차	2000.9.27 ~30(제주도)	6개항 합의	·남북경제협력추진위원회 협의 설치 ·이산가족 생사 교환, 서신 교환, 면회소 설치 등에 관한 조속한 조치 ·경제협력을 위한 제도적 장치 마련 문제의 조속한 타결
第4차	2000.12.12 ~16(평양)	6개항 합의	·남북경제협력추진위원회 구성 운영 ·제3차 이산가족 교환(2001.2월말, 100명) ·이중과세 투자보장 등 4개 합의서를 각기발효절차를 거쳐 상대방에 통보
第5차	2001.9.15 ~18(서울)	13개항 합의	·당국간 대화, 협력과 함께 민간 차원의 접촉과 왕래, 협력사업을 적극 지원 ·금강산 관광 활성화를 위한 당국간 회담 ·제4차 이산가족 방문단 교환
第6차	2001.11.9 ~14(금강산)	공동보도문 없음	
第7차	2002.8.12 ~14(서울)	10개항 합의	·남북경제협력추진위원회 제2차 회의 8. 26~29, 서울 개최 ·임남댐 공동조사 실시, 관계 실무자 접촉 9월중 금강산 개최 ·제4차 적십자회담 9. 4~6. 금강산 개최
第8차	2002.10.19 ~23(평양)	8개항 합의	·핵 문제를 비롯한 모든 문제를 대화의 방법으로 적극 해결 ·개성공단 건설 후 우리 측 사무소 설치 ·해운합의서 채택 실무접촉 11월 중 개최
第9차	2003.1.21 ~24(서울)	공동보도문 채택	·핵 문제의 평화적 해결 위해 남북이 적극 협력 ·경제협력 추진위원회 제4차 회의 2. 11~14. 서울 개최 ·제10차 장관급회담 4. 7~10. 평양 개최

※출처 : 통일부 편, 2003, 『국민의 정부 5년 평화와 협력의 실천』, 서울: 통일부, 31쪽.

회·문화 등 제반분야의 교류 활성화를 약속함으로써 남북대화에 돌파구를 마련하였다.

6·15남북정상회담은 한반도 분단 이후 이루어진 첫 정상회담이라는 점에서 양측 정상의 만남 그 자체만으로 중대한 의의를 갖는 것이었다. 그리고 남북정상회담의 개최는 남북한이 서로 상대방의 국가실체를 인정하였다는 것을 의미하며, 남북대화의 기틀도 만들어낸 것이다. 이는 남북한 간의 신뢰 증진과 적대의식 해소에 크게 기여하였다고 할 수 있다.

<표 2>에 정리된 것처럼 정상회담 이후 남북공동선언의 후속 조치 실천을 위하여 2003년 1월까지 남북 당국은 9차례의 장관급회담을 가졌다. 남북장관급 회담에서 이산가족 방문단 교환, 경의선 철도 도로 연결, 남북경제협력추진위원회 구성, 개성공단 건설 착공 등의 내용에 대해 합의하였다.

특히 2002년 10월과 2003년 1월 개최된 제8차, 제9차 장관급회담에서 남북한이 한반도의 평화와 안정을 확보하기 위하여 공동으로 노력하며, 날로 부각된 북핵 문제를 비롯한 모든 문제를 대화의 방법으로 해결한다고 약속하였다.

한편, 6·15 정상회담 이후 남북한이 장관급회담을 추진하면서 군사분야 화해·협력의 중요성을 인식하고 군인사의 대화를 적극적으로 전개하였다. 2000년 9월 25일 남북 국방장관 회담을 비롯해 총 16차례의 남북 군사 실무회담과 접촉이 진행되었다.

경제 분야의 교류와 협력을 위하여 김대중 정부는 정경분리의 원칙[54]에 따라 대북 경제지원 사업을 전개하기 시작하였다. 먼저 남북

54) 정경 분리의 원칙은 기존의 정치, 군사적으로 남북관계가 경색되어 당국 간 대화가 중단될 경우 기업, 종교, 학술 등의 모든 교류가 중단되던 것을 방지하여 민간의 대북 교류는 당국 간 관계와 분리하는 것이었다. 즉 민간 기업의 대북접촉과 투자는 경제, 경영논리 아래 자율적으로 할 수 있도록 정부 규제로부터 풀어주고 정부는 예산이 들어가는 대북지원에 대해서만 상호주의 원

경제교류와 협력에 유리한 제도를 마련하였다. 1998년 4월 30일 김대중 정부에서 대북 투자규모의 제한을 완전히 폐지하고 투자제한 업종의 최소화를 골자로 하는 '남북경협활성화조치'를 발표하였다. 이 조치의 주요 내용은 방북요건을 구비한 기업인의 수시 방북제도 확대 시행이며, 1회 100만 달러까지의 생산설비의 반출제한, 투자규모 제한을 완전히 폐지하는 것이다.[55] 이것은 대북 투자, 무역과 통상 왕래를 편리하게 하였다.

특히 남북정상회담 후 남북경협사업이 본격적으로 전개되어 왔다. 2000년 9월 25일 남북경제협력 실무회담이 개최되었다. 이 회담에서 남북한이 투자 보장, 이중 과세 방지, 상무 분쟁 해결 절차, 청산결제 등을 집중적으로 검토하고 합의를 달성하였다. 이러한 합의들은 대북 투자 및 남북 통상 교류의 제도화를 촉진하였다고 볼 수 있다.

김대중 정부의 대북 경제 교류협력은 민간교류를 위주로 진행되어 금강산 관광사업, 개성공단 건설, 남북철도 연결사업 등 핵심사업의 교류 성과가 주목을 받고 있다. 그 중 금강산 관광 사업은 민간차원의 경제협력사업으로서 한국 국민들의 금강산 관광을 실현시켰다.[56] 이 사업은 남한 국민들로 하여금 북한을 더 구체적으로 이해하게 할 수 있으며 남북간 긴장 완화와 화해·협력에 어느 정도 기여할 수 있었다.

또 김대중 정부의 적극적 노력 하에 한국 기업이 주로 입주하게 되는 공업단지 조성을 위한 개성공단 개발 사업이 본격 추진되어 그 실현이 가시화 되었다. 특히 개성공단 건설을 위하여 북한이 관련 법규

칙을 지키겠다는 것이었다. 1999년 5월 17일 김대중 대통령은 청와대 기자회견에서 '정경분리 원칙'을 명확히 언급하였다. 『김대중대통령 연설문집』 제2권, 275쪽.

55) 김창희, 2002, 「김대중 정부 대북정책의 현황과 과제」, 『통일전략』 제2권 제1호, 한국통일전략학회, 102쪽.

56) 금강산 관광에 관련된 자세한 내용은 통일부 편, 2003, 『국민의 정부 5년 평화와 협력의 실천』, 서울: 통일부, 101쪽 참조.

제정에 협조한 것은 남북한 간의 화해·협력 양상을 분명히 보여 준 것이다.

금강산관광 개발과 개성공단 건설 등 중대한 교류와 협력 사업을 추진하기 위하여 철도와 도로 같은 물적 인프라 구축도 병행되었다. 민족의 동맥을 잇는다는 상징적 의미에서 김대중 정부는 경의선과 동해선의 철도 및 육로 연결 사업을 꾸준히 추진해 왔다. 6·15 남북정상회담 이후 남북한이 제1, 2차 장관급회담을 통해 경의선 철도 및 도로를 연결하기로 합의함으로써 남북 철도, 도로 연결 사업이 본격적으로 추진되기 시작하였다.

2002년 4월 김대중 대통령 특사 방북 시에는 동해선 철도, 도로 연결에 관한 합의가 이루어졌다. 동년 9월 비무장 지대 내 경의선, 동해선 철도, 도로 연결공사 착공식을 남북한이 동시에 개최하였다. 착공식 이후 남북한은 공사에 필요한 실무적 사항 등에 대한 협의를 거쳐 공사를 예정대로 진행하였으며, 동년 말에 경의선 및 동해선 임시도로 연결공사가 완공되었다. 이와 동시에 남북 양측은 군사 실무회담을 통해서 각자 관리구역 임시도로 통행의 군사적 보장을 위한 잠정합의를 달성하였다. 이와 같이 남북한 간 철도와 도로의 연결은 남북 직접 교역 통로가 확보됨으로써 남북 교역이 '간접교역'에서 '직접교역'으로 전환하는 계기를 마련하였다.

김대중 정부가 출범한 후 남북당국의 대표들이 회담에서 인도주의적 이산가족상봉, 생사확인, 서신거래, 면회소설치 등에 대해 협상한 바 있다. 6·15 남북정상회담 이후 남북정상회담의 합의에 따라 2000년 8월 15일부터 18일까지 제1차 이산가족 상봉이 이루어졌다. 김대중 정부 말기까지 정부차원에서는 이산가족상봉이 모두 5차례로 진행되었다.

정부차원에서는 이산가족 상봉을 진행함과 동시에 이산가족 생사확인 및 서신교환도 적극적으로 추진해 나갔다. 2002년 말까지 3,356

건의 이산가족 생사 및 주소 확인이 마무리되었고 총 4,190건의 이산가족 서신교환이 이루어졌다.[57] 또 김대중 정부는 민간차원의 이산가족 교류를 촉진하기 위하여 2000년 3월 '이산가족 교류 촉진 지원계획'을 발표하는 등 행정적, 재정적 지원을 지속적으로 추진하였다. 그리고 2002년 9월 남북한이 4차례의 남북적십자회담을 거쳐 이산가족 면회소 설치에 합의하였다.

또한 남북간 화해·협력 관계의 증진 및 북한경제의 회생을 위하여 김대중 정부는 긴급 구호성의 식량지원, 비료지원 등 분야에서 대북 인도주의 지원을 전개해 왔다. 2002년 말까지 정부와 민간 차원에서 총 4억 6,280만 달러의 인도적 대북 지원이 이루어졌다.[58] 이것은 북한의 경제난의 완화에 큰 기여를 하였다고 할 수 있다. 그리고 남북관계 개선이라는 측면을 고려하여 대북 인도주의 지원을 추진하는 데 직접 지원의 방식을 채택하였다.

9.11 테러사태의 여파와 2002년 북한의 고농축 우라늄 핵 개발 공표로 인해 북·미관계가 경색되었다. 그러나 김대중 정부는 남북한 간 교류협력을 착실하게 추진하고 대북정책에 대한 국제사회의 지지를 확산시켜 나감으로써, 북한 핵 문제의 평화적 해결과 한반도의 평화와 안정유지를 위하여 노력해 왔다.

김대중 정부는 대북 교류와 화해·협력을 중심으로 남북관계를 완화하는 한편, 4자회담을 통하여 정전체제를 평화체제로 전환하고 이와 관련한 군사적 신뢰구축 및 평화체제 구축 문제를 중점적으로 추진하였다. 4자회담은 김영삼 정부 시기의 탐색과 예비접촉을 거쳐 1997년 12월 제1차 본회담이 시작되었다. 그러나 4자회담을 통해 한반도 평화체제 구축의 실질적인 내용에 대한 협의는 김대중 정부 출범 이후의 일이었다. 4자회담은 김대중 정부가 출범 후 초기에 제2차 본회담이

57) 통일부 편, 2003, 앞의 책, 130쪽.
58) 위의 책, 134쪽.

진행되고 1999년 8월까지 총 6차례로 개최되었으나 그 이후에 개최되지 못하여 실패하고 말았다.

주지한 바와 같이 1, 2차 본회담에서 한·미 공조 하에 한국은 '평화체제'와 '긴장 완화' 2개 분과위의 구성이 필요하다는 입장을 제시하였다. 그러나 북한은 이를 거부하면서 주한 미군 철수 및 미·북 평화협정 체결 문제를 우선적으로 의제화해야 한다는 입장을 고수하였다. 이러한 심각한 입장대립으로 인하여 2차 본회담 후 약 8개월 동안 4자회담은 개최되지 못하였다.

1998년 10월에 들어와서야 제3차 본회담이 개최되었다. 이 번 회담에서 분과위 구성 문제에 대해서 한국은 미국과 함께 '선 분과위 구성, 후 의제선정'의 입장을 표명하였는데 이에 대해 중국과 북한도 동의하였다.

1999년 1월 개최된 제4차 본회담에서는 2개 분과위가 처음으로 개최되어 분과위 구성과 운영절차에 대한 합의를 도출해 내고 향후 실질 문제 논의를 위한 기틀을 마련하였다. 그러나 의제와 관련해서 합의는 여전히 이루어지지 못하였다.

1999년 4월 개최된 5차 본회담부터는 2개 분과위별로 긴장 완화 및 평화체제에 관한 실질 문제 논의를 진행하게 되었다. 4자는 차기 회담에서 한반도의 특수한 상황에 적합한 긴장 완화를 위한 조치들을 검토·마련하고 한반도 평화체제의 윤곽을 보다 깊이 있게 모색할 조치들을 취해 나가기로 합의하였다. 그러나 이 회담에서 남북한의 근본적인 입장 대립은 여전히 지속되고 있었다.

1999년 8월 6차 본회담에서 5차 회담 시 합의된 바에 따라 한반도에 적합한 긴장 완화 조치들과 평화체제의 윤곽 문제를 논의하였다. 특히 평화체제 구축과 관련하여 한국은 남북한이 주당사자로 되고 미·중은 증인자격으로 서명하는 「남북평화합의서」와 미·중이 합의서의 효력을 보장하는 내용의 「추가의정서」를 채택할 것을 제안하였다.[59] 이에 반해 북한은 계속 미군 철수를 주장하면서 기존의 북·미간 평화협정 체결 주장을 반복하고 각 측이 제시한 의제를 종합하여 검토하자고 제의하였다. 이와 같이 6차 본회담도 의제 문제에 대한 남북한의 입장 대립으로 진전을 보이지 못했고 차기 회담의 개최 일자도 정하지 못한 채 종료되었다.

김대중 정부는 북한이 남한의 대북 햇볕정책에 긍정적으로 응할 수 있도록 중국이 북한을 적극 설득하기를 권유하였다. 김대중 정부는 중국과는 전면적 협력 관계를 한층 더 긴밀히 하여 장기적으로 견고한 호혜협력 관계를 구축해 나가기 위하여 노력하였다. 이를 기초로 북한 핵 문제의 평화적 해결 등 한반도에서의 평화와 안정을 위한 중국의 건설적 역할을 확보하기 위하여 중국과의 안보협력을 활발하게 추진하였다.

1998년 11월 11일부터 김대중 대통령이 중국을 방문하여 쟝쩌민 주석과의 정상회담에서 한·중 관계를 21세기를 향한 전면협력의 동반자 관계로 발전시키기로 합의하였다. 회담에서 쟝쩌민 주석은 남북교류와 화해·협력을 지향하는 햇볕정책을 높이 평가하면서 한반도의 자주적 평화통일에 대한 적극적인 지지 입장을 표명하였다.[60] 이러한 지지입장은 2000년 10월 주룽지 중국 총리의 한국방문 시 김대중 대통령과의 회담, 11월 APEC 정상회의 시 개최된 한·중 정상회담에서 거듭 재확인되었다.

한편, 1998년 8월 슝꽝카이(熊光楷) 중국군 부총참모장이 방한하여 한국과의 안보분야 협력의 계기를 마련하였다. 1999년 8월 조성태 국방장관이 방중하고 츠하오티엔(遲浩田) 중국 국방부장이 2000년 1월 방한함으로써, 한·중 간의 안보분야 협력이 강화되어 한반도의 평화를

59) 유진규, 2000, 『4자회담 경과와 북한의 협상전략』, 2000국방정책 연구보고서, 서울: 한국전략문제연구소, 45쪽.

60) 『人民日報』, 1998年 11月 13日.

달성하는 데 기여하였다. 그리고 중국은 한반도 평화체제 수립을 위한 4자회담에도 적극적으로 참여하며 한국과의 협력을 지속적으로 증진하면서 건설적인 역할을 발휘해 왔다.

한국의 대북정책에 대한 중국의 지지 입장은 기본적으로 한반도의 평화와 안정을 바라는 중국의 기본 입장과 김대중 정부의 대북 햇볕정책의 공통인식에 기인한 것으로 보인다.

3. 노무현 정부의 평화번영정책

노무현 정부의 국가안보 기본목표는 한반도의 평화와 안정, 남북한과 동북아의 공동번영 및 국민생활의 안전 확보 등 세 가지로 설정되었다. 이러한 국가안보전략 목표를 달성하기 위하여 국가안보 전략기조라는 명분으로 4가지 정책을 제시하였는데 평화번영정책 추진, 균형적 실용외교 추구, 협력적 자주국방 추진, 포괄안보 지향 등이다. 동시에 전략과제로서 북한 핵 문제의 평화적 해결과 한반도 평화체제 구축, 한·미동맹과 자주국방의 병행발전, 남북한 공동번영과 동북아 협력 주도 등 과제도 함께 제시하였다. 이 세 가지 전략과제는 노무현 정부가 당면한 핵심 안보현안이자 국가안보 목표 달성에 관건이 되는 과제로서 정책적 우선순위를 두고 추진하는 과제라고 설명된다.[61] 이들 과제를 해결하기 위하여 노무현 정부가 평화번영정책을 추진해 왔다.

평화번영정책은 김대중 정부의 햇볕정책을 기반으로, 남북한 관계의 화해·협력의 수준을 넘어 동북아의 평화번영도 포함한 보다 큰 틀에서 대북정책을 추진하고자 하였다. 그러나 평화번영정책의 추진은 제2차 북핵 위기 상황에 봉착하게 되었다. 북핵 위기는 한반도 및 동북아

---

61) 국가안전보장회의 편, 2004, 『평화번영과 국가안보: 참여정부의 안보정책 구상』, 서울: 국가안전보장회의, 23~29쪽 참조.

의 안보 정세를 극도로 악화시켜 평화번영정책 추진의 여건을 파괴하였다. 따라서 악화된 안보 정세를 개선하기 위하여 노무현 정부는 대북 화해·협력을 지속하면서 다자안보협력을 통한 북핵 위기의 평화적 해결을 취지로 한 6자회담에 주력하였다. 이러한 정책 추진과정은 한반도 다자안보협력 구상을 구현하려는 과정이었다.

또 노무현 정부는 한반도의 평화를 튼튼히 확보하기 위하여 동북아 공동번영의 환경을 조성하려고 하였다. 이 목표를 실현하기 위하여 노무현 정부는 한국이 경제 중심국으로 성장하고 지역 평화·안정을 유지하는 데 균형자의 역할을 해야 한다고 인식하였다.

아래에서 주로 노무현 정부의 평화번영정책의 제안배경, 내용 및 추진과정 등에 대해 집중적으로 살펴보고자 한다.

1) 평화번영정책의 배경과 내용

2003년 2월 25일 제2차 북핵 위기 속에 출범한 노무현 정부는 한반도 평화체제 구축을 지향하는 '평화번영정책'을 제시하였다. 이 정책은 남북관계 실제 상황, 국제적 환경 등의 몇 가지 배경을 바탕으로 제시된 것이다.

첫째, 국제구조 다극화의 흐름 속에서 심각한 안보현안으로 대두된 북핵 문제가 한반도 문제를 진일보 국제 문제로 변화시켰다. 그 결과 한국정부의 한반도 평화를 위한 정책추진 역시 남북관계에서 동북아 국가관계로 확대될 수밖에 없었다.

둘째, 김대중 정부의 햇볕정책으로 한반도 긴장상태가 어느 정도 완화되어 남북관계를 한 차원 더 높은 단계로 발전시킬 필요가 있다.

셋째, 대북 화해·협력의 추진과정에서 발생한 북·미 긴장 관계와 한·미공조의 문제를 보완할 필요가 있었다.

넷째, IMF금융위기의 극복과 경제발전에 따라 한국의 국가위상이 높아지고 국민적 자신감도 증강되었다. 이러한 자신감을 바탕으로 한국 정부는 한반도 평화체제, 나아가 동북아의 다자안보협력체를 구축하는 과정에서 주도적인 역할을 도모하였던 것으로 보인다.

'남북 공동번영 실현 및 동북아 공동번영'의 추구는 남북 모두의 이익을 창출·확대할 수 있도록 경제협력을 활성화시켜 나감으로써 중장기적으로 남북경제공동체를 건설하고, 이를 통해 동북아 이웃국가들의 번영에도 기여하고자 하는 것이다. 한반도가 지니는 지경학적 특성을 고려할 때 남북경제공동체가 건설되면 한반도가 대륙경제와 해양경제를 연결하고 결속시켜 나갈 수 있는 교량 역할을 수행하게 될 것이다.[62)]

평화체제 구축을 지향하는 평화번영정책의 추진원칙은 다음과 같다. 첫째로는 대화를 통한 문제 해결이다. 긴장과 갈등이 지속되고 있는 한반도에서 핵위기 같은 돌발사건으로 인해 전쟁 발발의 가능성이 상존되고 있기 때문에 모든 현안 문제는 반드시 대화를 통해 평화적으로 해결해야 한다는 것이다.

둘째는 상호신뢰 우선과 호혜주의 원칙이다. 이는 남북한 및 주변국들이 상호 이해를 바탕으로 신뢰 우선의 원칙에 입각하여 지역의 평화와 협력을 지향해 나간다는 것을 의미한다.

셋째는 남북당사자 원칙에 기초한 국제협력 추진이다. 즉 평화체제 구축 과정에서 남북당사자해결원칙을 견지하면서 주변국과의 협력을 적극 전개하는 것이다.

넷째는 국민과 함께 정책을 추진하는 원칙이다. 평화번영정책에 대한 국민적 합의를 토대로 법과 제도에 따라 정책결정, 집행을 투명하게 진행해야 한다는 것이다.[63)]

위에서 제시한 내용과 원칙에 따라 노무현 정부는 북한 핵 문제 해결과 남북관계의 지속적 발전 그리고 한·미동맹의 발전적 관계정립을

---

62) 『통일백서 2004』, 27쪽.
63) 『통일백서 2008』, 20~21쪽.

한반도 평화체제 구축의 중요 현안 문제로 간주하였다. 따라서 평화체제 구축을 지향하는 평화번영정책을 추진하는 데 3단계 추진전략을 제시하였다.

우선 제1단계의 전략 핵심은 북한 핵 문제의 평화적 해결에 있었다. 이 단계에서 북핵 문제의 평화적 해결을 핵심과제로 하고 남북 화해·협력을 통해 남북군사회담의 정례화와 제도화를 추진함으로써 한반도 평화 정착의 토대를 마련한다. 그리고 다자안보협력을 적극적으로 전개하여 동북아 평화협력 분위기를 조성함으로써 북한의 핵, 미사일 문제의 해결에 합의를 도달한다.[64)]

다음으로 제2단계는 한반도 평화체제 구축이다. 노무현 정부는 한반도 평화체제 구축의 추진방향으로 남북 당사자 해결원칙과 국제사회의 협력 확보, 남북한 간 포괄적 협력과 실용주의의 외교 병행, 북·미, 북·일관계 정상화 지원 등 새로운 국제환경 조성, 평화체제에 대한 실질적 보장과 제도적 보장 병행 추진, 확고한 평화보장을 위한 국방태세 확립, 한·미관계의 미래지향적 발전 추구 등을 제시하였다.[65)] 이를 위하여 1단계에서 달성된 합의사항을 구체적으로 이행하고 군사적 신뢰구축 조치를 추진하며 동북아 안보협력체 구상을 제안하고 추진한다.

마지막에 제3단계는 동북아 경제중심 국가의 추진단계이다. 노무현 정부는 남북 평화협정 체결 및 평화체제의 구축과 아울러 동북아 경제중심국가 건설을 추구한다. 즉 이 단계에서 남북평화협정 체결 및 국제적 보장을 확보하고 제반 조치상항을 추진함과 동시에 동북아 평화협력체 구축을 실현한다는 것이다.[66)]

이상에서 검토한 노무현 정부의 평화번영정책은 김대중 정부의 대

64) 통일부 편, 2003, 『참여정부의 평화번영정책』, 서울: 통일부 통일 정책실, 14쪽.
65) 위의 책, 15쪽.
66) 위의 책, 19~20쪽 참조.

〈표 3〉 분야별 남북회담 개최 현황 (단위 : 회)

구분	'71-99	'00	'01	'02	'03	'04	'05	'06	'07	'08
정치	189	18	2	4	5	2	10	5	13	-
군사	0	4	2	9	6	5	3	4	11	2
경제	5	3	3	14	17	13	11	8	22	3
인도	119	2	1	3	7	2	4	3	3	-
사회문화	34	-	-	2	1	1	6	3	6	1
합계	347	27	8	32	36	23	34	23	55	6

※출처 : 「분야별 남북회담 개최 현황」, 통일부 웹사이트: http://www.unikorea.go.kr/kr/CMSF/CMSFBsub.jsp?topmenu=2&menu=2&sub=2#stat_table(검색일: 2009년 12월 19일).

북 화해·협력 정책의 기조와 성과를 바탕으로 발전한 것이며, 악화된 북한 핵 문제의 대화를 통한 평화적 해결에 적극적 역할을 수행하고 한반도 평화를 증진시켰다. 그리고 평화번영정책은 남북한 공동번영을 이루어 한반도가 동북아의 경제중심축이 되도록 토대를 마련함으로써 동북아의 공동번영을 추구하는 것으로 파악될 수 있다.

2) 평화번영정책의 추진

노무현 정부는 김대중 정부의 대북 화해·협력 정책을 계속 추진해 왔으며 남북관계의 개선을 통해 북한이 핵을 포기하게 하는 데 목표를 두었다. 이러한 목표를 달성하기 위해 노무현 정부는 대북 지원과 경제협력 확대를 추진함과 동시에 정치적으로 고위급 대화를 적극적으로 전개해 왔다.(<표 3> 참조)

2003년 4월 27-29일 남북 장관급 회담이 평양에서 개최되었고, 2003년 말까지 또 3차례의 장관급 회담이 진행되어 철도·도로 연결 사업, 개성공단 건설 사업, 금강산 관광 추진사업, 남북 이산가족상봉 문제 등이 논의되었다.

2004년에 들어가 남북한이 장관급 회담과 장성급 군사회담을 통해 남북한 간 군사적 신뢰구축 추진의 초보적 토대를 마련하였다. 경제협력 분야에서도 진전을 보였고 남북 양측이 「개성공업지구와 금강산 관광지구 출입 및 체류에 관한 합의서」와 「남북사이의 열차운행에 관한 기본 합의서」를 체결하여 남북간 원활한 왕래를 위한 제도적 기반을 마련하였다. 2004년 후반에 탈북자 문제로 남북 고위급회담은 소강상태에 접어들었으나 경제분야 교류협력은 원활히 진행되었는데 경의선·동해선 도로 연결공사는 완공되었고 개성공단 15개 시범단지 입주기업에서 제품을 생산함으로써 남북협력 새로운 장을 열게 되었다.[67)]

2005년 2월 15일 북한이 핵 보유를 주장함으로써 남북관계는 냉각기에 접어들었으나 남북경제협력추진위원회를 비롯한 총 34회의 회담이 진행되었다. 특히 남북경제협력협의사무소를 열어 한국 기업들이 개성에서 북한과 경협문제를 직접적으로 협의할 수 있게 되었다.

2005년 노무현 대통령의 남북정상회담 제의는 남북관계 개선의 중요한 계기가 되었고 「남북관계발전에 관한 법률」(2006.6.30)이 제정되는 등 발전적 모습을 보여 주었다. 하지만 북핵 문제로 인하여 남북회담의 진전이 그다지 순조롭지 않았다. 특히 2006년 10월 북한의 핵실험 강행으로 인해 노무현 정부 3년 동안의 대북 포용적 평화번영정책은 위기 상황에 직면하였다. 그러나 부시 행정부의 제2임기가 시작된 후 미국이 대북 관계 완화 정책을 추진함에 따라 노무현 정부의 대북정책 역시 유리한 국면을 맞이하게 되었다. 특히 6자회담에서 「2·13 합의」를 달성한 후에 남북대화가 더욱 활발하게 전개되었고, 마침내 2007년 10월 2-4일 제2차 남북정상회담은 성공적으로 이루어졌다.

제2차 남북정상회담은 노무현 정부의 평화번영정책의 하나의 결실이라고 할 수 있다. 이 회담에서 「남북관계 발전과 평화번영을 위한

67) 『통일백서 2005』, 77쪽.

선언」, 즉 「10·4 남북정상선언」[68]이 도출되었다. 「10·4 남북정상선언」은 노무현 정부의 남북대화 추진의 대표적인 결과로서 핵 문제, 정전체제 종식 문제, 서해평화협력특별지대 등의 정치적 문제를 담고 있어 더 큰 의미를 지닌다.

남북한 간의 대화·협력 추진은 김대중 정부시기부터 이루어진 화해·협력 성과를 유지·발전시키고 북한 핵 문제의 평화적 해결을 위한 6자회담의 지속 개최에 큰 기여를 하였다. 특히 남북대화의 중요 성과로서의 제2차 남북정상회담의 성공은 더욱 의미가 있다. 1, 2차 정상회담의 성공개최는 남북정상회담 정례화의 가능성을 높였다. 이러한 최고위급의 대화에서 남북한은 서로의 의견을 직접적으로 교환하여 오해를 즉시 화해하고 상대방의 이해 관심을 파악함으로써 신뢰관계를 점차 증진할 수 있다. 이것은 한반도 평화의 정착 내지 남북통일에 도움을 줄 것이다.

노무현 정부는 남북대화와 교류협력을 통해 한반도 내지 동북아 공동 번영을 실현하기 위하여 우선적으로 북한 핵 문제를 평화적으로 해결해야 한다. 따라서 노무현 정부는 평화번영정책의 추진전략의 1단계는 북핵 문제 해결 단계로 설정하였다. 이를 위하여 노무현 정부는 '북한의 핵 불용', '대화를 통한 평화적 해결', '대한민국의 적극적 역할' 3대원칙을 제시하였다. 이러한 3원칙에 입각하여 노무현 정부는 한·미·일 3국간의 긴밀한 공조를 한층 강화하는 한편, 중국과 러시아

68) 「10·4남북정상선언」의 주요 내용은 다음과 같다. 첫째, 남북이 사상과 제도의 차이를 초월하여 상호 존중과 신뢰, 내정불간섭, 통일 지향을 위한 법률적 제도적 장치 정비, 의회 등의 대화 접촉을 촉진하여 「6·15 남북공동선언」을 적극 구현해 나간다. 둘째, 한반도에서 군사적 적대관계를 종식시키고 항구적인 평화체제를 구축하기 위하여 종전선언을 추진하는 데 협력한다. 셋째, 한반도 평화 정착을 위하여 남북한간에 경제공동체 기반을 조성해가는 것이 필요하고 민족경제의 균형적 발전과 공동번영을 위한 경제협력사업을 발전시킨다. 넷째, 사회문화 교류와 인도주의적 협력 사업을 계속 추진한다. 『통일백서 2008』, 322~326쪽 참조.

의 건설적 역할을 확보하여 이를 구체화해 나가는 데 주력하였다.

2003년 개최된 3차례의 남북장관급회담에서 노무현 정부는 주로 북핵 문제 해결을 위한 다자회담의 필요성을 강조하였고, 북한이 대화의 장에 나설 것을 촉구하였다. 2003년 4월 23~25일간 미·중·북간의 3자회담이 개최되었으며, 이어 8월 27~29일간 남·북한과 미·중·일·러가 참가하는 제1차 6자회담이 개최되었다. 이를 통해 북한의 상황 악화 조치에 효과적으로 대응하는 한편, 북한 핵 문제를 다자적 대화 속에서 평화적으로 해결하기 위한 한국의 외교적 노력이 본격화되었다.

그러나 2004년 6월 제3차 이후 6자회담은 북·미간의 강경대립으로 열리지 못하고 있었다. 특히 미 부시 대통령의 재선 성공 후 북한은 2005년 2월 외무부 성명을 통해 자신들의 핵무기 보유를 주장함으로써 좀 더 강한 협상의 핵카드를 내놓는 동시에 6자회담의 무기한 참가 거부를 선언하였다. 이로 인하여 한반도가 전쟁의 위기에 빠지게 되었다. 한국정부는 6자회담 재개를 위하여 주변국들과 협력을 적극 모색하여 한·중 정상회담과 한·미 정상회담을 개최하며 북핵 문제 평화적 해결의 입장을 피력하면서 회담 재개의 돌파구를 찾고자 하였다. 이와 함께 노무현 정부는 평화번영정책을 계속 추진하고 6·15 남북정상회담 5주년 공동행사를 계기로 정동영 통일부장관을 방북시켜 한국의 핵 문제 평화적 해결과 6자회담 조속 재개의 입장을 북한 당국에 전달하였다. 김정일 위원장은 동 회담에서 한반도 비핵화 선언이 김일성 주석의 유훈이라 강조하였고, 7월 중 6자회담의 복귀 가능성을 밝혔다.[69)]

관련국들의 노력과 특히 한·중의 적극적 외교노력을 거쳐 제4차 6자회담이 재개되었다. 회담에서 비록 북한의 '평화적 핵 이용'에 대해 합의를 달성하지 못했지만 한반도 비핵화를 위한 중요 합의인 「9·19 공동성명」을 발표하였다.[70)]

---

69) 『한겨레신문』, 2005년 6월 17일자.

70) 그 중에는 한반도 평화체제와 관련된 논의 즉 정전협정 체제의 평화체제로의

「9·19 공동성명」으로 한반도 비핵화를 위한 전기가 마련되었으나 미국이 북한의 달러화 위조혐의를 근거로 북한에 경제 제재를 가함으로써 9·19합의는 그 의미가 퇴색하였다. 그리고 북한은 재차 6자회담을 거부한 채 2006년 10월 9일 핵무기 실험을 강행하였다. 핵실험 이후 UN안보리에서는 국제사회의 대북 제재 1718호 결의안을 만장일치로 통과시켰다. 이 결의는 군사적 행동이 아닌 경제봉쇄 정책으로 북한을 압박하는 것으로 6자회담의 재개를 위한 여지를 남겨 둔 셈이었다.

북한의 핵실험에도 불구하고 노무현 정부의 대북 평화 정책 기조는 변하지 않았다. 북한이 핵실험을 강행하자 남한이 크게 놀랐지만 일단은 미국의 경제봉쇄 정책에 동참할 의지를 표명하였으나 금강산 관광사업과 개성공단 사업 등 대북 지원과 교류 사업은 중단하지 않고 계속 추진하였다. 이것은 한편으로는 대북 제재 행동에 동참하여 동맹국이자 세계패권국으로서 미국의 체면을 세워 주었고, 다른 한편으로는 대북 지원과 교류 사업을 계속 추진함으로써 곤경에 빠지게 된 북한이 극단적 도발 행동을 취하지 않도록 유도하였다.

북·미양국은 각자의 국내 상황의 변화에 따라 서로 간에 한 걸음 물러서지 않을 수 없었다. 2006년 11월 한·미 정상회담에서 부시 대통령은 북한이 핵무기 개발을 포기하면 다자안전보장, 에너지 포함 실질적 지원, 북·미 간 정상관계가 가능하다는 사실을 확인하였다.71) 이는 김정일 위원장을 사실상 협상 대상으로 인정했다는 것을 의미한다. 결국 중국의 중재로 북·미 양국이 6자회담 복귀에 합의하였다. 우여곡절 끝에 2007년 2월 제5차 3단계 6자회담을 개최하였고 회담에서 '행동 對 행동'의 원칙에 따라 「9·19공동성명」 이행을 위한 초기 행동조치로서 「2·13합의」를 도출하였다.

전환 문제도 개진되었다. 이것은 4자회담을 이어 한반도 문제를 진일보 국제화시켰다는 발판이라고 본다.

71) 『연합뉴스』, 2006년 11월 18일자.

「2·13합의」를 통해 6자회담 참가국들은 비핵화의 단계별 조치를 최초로 구체화하고 이에 상응하는 대북 경제·에너지 지원, 북·미, 북·일 간의 관계정상화, 한반도 평화체제 및 동북아 다자안보 대화 논의 개시 등에 합의하였다.[72)]

2007년 10월 3일 제6차 2단계 6자회담에서 「9·19공동성명」 이행을 위한 제2단계조치인 「10·3합의」를 도출하였다. 「10·3합의」의 핵심 내용은 한반도 비핵화 문제, 관련국간 관계 정상화 문제, 북한에 경제·에너지 지원 문제, 6자회담 관련국 외교장관 회담 등 4가지를 담고 있다.

이처럼 노무현 정부는 북한 핵위기의 평화적 해결을 위하여 대북 포용의 기조를 계속 추진하고 중·미·일·러와 함께 긴밀한 협력을 통해 6차례의 6자회담을 성사시켰다. 이것은 노무현 정부의 평화번영정책의 주요 결실이라고 할 수 있다. 6자회담의 개최는 북·미 간의 무력충돌을 교묘하게 방지하였고 한반도의 안정상태를 유지하는 중요한 역할을 하였다.

평화번영정책의 마지막 단계는 동북아 경제중심 국가의 추진단계이다. 노무현 정부는 남북 평화협정 체결 및 평화체제의 구축과 아울러 동북아 경제중심국가 건설을 추진함으로써 평화와 번영의 동북아 시대를 추구한다. 즉 이 단계에서 남북평화협정 체결 및 국제적 보장을 확보하고 제반 조치사항을 추진함과 동시에 동북아 안보협력체의 구

72) 구체적으로 보면 초기 단계로 60일 이내에 핵시설을 폐쇄, 봉인하고 국제원자력기구(IAEA)요원 복귀 시 중유 5만톤 지원하고, 핵시설 불능화 때는 중유 95만톤 상당을 지원하기로 하였다. 또한 한반도 비핵화, 미·북관계 정상화, 북·일관계 정상화, 경제 및 에너지 협력, 동북아 평화·안보 체제의 5개 실무그룹 설치하기로 하였다. 또 초기 조치가 이행 되는 대로 동북아 안보협력증진 방안을 모색하기 위한 장관급 회담을 개최하고, 동북아에서의 지속적인 평화와 안정을 위한 공동 노력과 한반도의 항구적 평화체제에 관한 협상을 위한 별도 포럼을 갖기로 하였다. 『외교백서 2008』, 25~26쪽 참조.

축을 실현한다는 것이다. 노무현 정부에게 북핵 문제가 가장 첨예한 안보 현안 문제였다면 동북아 공동번영은 노무현 정부가 이 지역의 안보를 위하여 한국의 적극적인 역할을 설정한 나름대로의 장기적인 미래구상이며, 이러한 평화번영 동북아 시대 구상의 연장선상에서 '동북아 균형자 역할론'을 제기하였다.[73)]

우선 노무현 정부가 제창한 균형자는 강대국이 아닌 중견역량 이상의 중위국가(middle power)로서 이 개념은 현상유지를 중시하는 전통적 세력 균형론과는 다르다. 분쟁의 예방과 '평화의 촉진자', 내지 '협력의 매개자'로 이해될 수 있다.

균형자 역할론의 목표는 패권억제와 현상유지, 기득권 확대를 지향하는 것이 아니라 잠재적 갈등과 분쟁 상황을 예방하며 지역의 평화와 협력 질서를 구축하고 지역의 공동이익을 추구하는 것이다.

또 균형자 역할론의 추진 수단은 경성국력 및 동맹협약이 아니라 자위적 국방력, 경제력, 외교력, 문화역량을 포함한 경성국력과 연성국력의 혼합 행사이다. 이에 더하여 기존의 한·미동맹을 유지하되 역내 안보협력을 확대하는 것도 병행 수단으로 간주된다.[74)]

균형자 역할론의 지향점은 동북아 국가들과의 다자안보협력으로 상정될 수 있다. 이러한 맥락에서 한·미동맹을 보다 포괄적인 동맹으로 발전시키면서 이를 기반으로 동북아에서도 유럽과 같은 집단방위 체제와 다자안보체제를 동시에 구축하고자 한다. 즉 기존의 한·미동맹에 대해 균형적 조정을 진행하여 발전시키고 이를 안전판으로 동북아의 협력질서, 공생공영을 창출할 것이다.[75)]

---

73) 신상진, 2006, 「21세기 중국의 對동북아 외교안보전략: 한국의 '균형자 역할론'과 관련」, 『한일군사문화연구』 제4권, 한일군사문화학회, 145쪽.

74) 국가안전보장회의 편, 2005, 『동북아 균형자: 설명자료』, 서울: 국가안전보장회의, 1쪽.

75) 문정인, 「노무현 '신외교' 어떻게 볼 것인가? 동북아 균형자 역할론」, 『조선일보』, 2005년 4월 11일자.

3) 주변 4강과의 안보협력

노무현 정부는 협력적 자주국방 정책을 성공적으로 추진하기 위한 방안으로 한·미동맹의 미래지향적 발전과 자주적 정예 군사력 건설, 군구조 개편과 국방개혁 등 실천과제를 제시하였다.[76] 자주국방 정책은 한반도의 현실적 안보 정세와 미국의 전략조정[77] 하에 대두되어 주로 향후 자체 군사력을 기반으로 국가 방위의 주도적인 역할을 수행하는 것이다. 그러나 자주국방 정책의 실천은 한·미동맹을 배제하는 것이 아니라 한·미동맹의 조정·강화와 함께 동시 병행추진된 것이다. 광복 58주년 경축사에서 노무현 대통령은 "우리가 자주국방을 하더라도 한·미동맹 관계는 더욱 단단하게 다져 나가야 하며, 자주국방과 한·미동맹은 결코 모순되는 것이 아니고 상호 보완관계에 있다"[78]고 강조한 바 있다.

한·미동맹 조정의 중요한 계기는 노무현 정부 출범 직전인 2002년 12월 제 34차 한·미연례안보협의회(SCM)에서 이미 드러났다. 이 연례안보협의회에서 양국 국방장관은 '미래 한·미동맹 정책구상(FOTA)'을 공동협의하기로 함으로써, 향후 한반도 안보를 위한 한국군의 역할 증대 등 한·미동맹의 발전방향을 모색해 나가기로 하였다. 2003년 2월 출범한 노무현 정부는 이것을 한·미동맹 조정의 계기로 판단하고 전

---

76) 이러한 자주국방의 구체적 계획은 노무현 정부 시기에 제정된 『국방개혁: 2020』에서 구체적으로 규정되어 있다.

77) 2001년 9.11테러 이후 미국은 힘의 우위에 의한 미국 주도의 세계질서 구축과 이를 위한 군사력 유지를 강조하면서도 본토방위와 해외주둔 미군의 융통성 있는 활용에 중점을 둔 새로운 국가안보전략을 추진해 왔다. 이에 따라 미국은 군사협력 관계에서 동맹 및 동반자의 역할 확대를 보다 강조하기 시작하였다. 즉 미국의 동맹 및 우방국의 입장에서는 자국 방위에 대한 책임을 보다 늘리는 한편, 세계 및 지역 차원에서 군사적 기여를 확장해야 하는 필요에 직면하게 된 것이다.

78) 대통령비서실 편, 2006, 『노무현대통령 연설문집』 제1권, 서울: 대통령비서실, 350쪽.

반적 미래 동맹의 밑그림을 그려 나가는 작업을 추진하였다.

한·미동맹 조정의 실질적인 움직임이 2003년 5월 14일 한·미 정상회담에서 이루어졌다. 그 후에 여러 차례의 FOTA협의를 통해 한·미 양국은 2004년 10월 6일 주한미군 규모 감축을 중심으로 한·미동맹을 조정하는 데 합의하였다.[79)]

2005년에 들어 한·미양국은 FOTA를 확대 발전시켜 '안보 정책구상(SPI)'을 출범시켰다. 동년에 제4차 SPI 회의에서 북핵 문제 해결을 위한 6자회담의 「9·19공동성명」 등과 관련, 한국 정부는 한반도 평화체제 논의가 진전될 것에 대비하여 전시작전통제권의 환수 문제가 논의되어야 한다는 입장을 공식적으로 제기하였다. 10월 제 37차 SCM에서 한·미양국은 지휘관계와 전시작전통제권에 대한 협의를 적절히 가속화하기로 합의하였다. 이러한 전시작전권 이전을 요구하면서 노무현 정부의 협력적 자주국방은 커다란 국내외의 논란을 야기하였다.

이러한 합의를 바탕으로 한·미양국은 2006년 2월 제6차 SPI 회의에서 전작권 전환의 최종 목표인 한국군의 전·평시작전통제권 단독행사에 대해 토의하였고, 한·미상호방위조약 유지, 주한미군 지속 주둔과 미 증원군 전개 보장, 정보자산 등 한국군 부족전력은 지속적으로 지원한다는 등 3개 추진원칙에 합의하였다.[80)] 결과 한·미양국은 2009년 10월 15일 이후 그러나 2012년 3월 15일보다 늦지 않은 시기에 신속하게 한국으로의 전시작전통제권 전환을 완료하기로 합의하였다. 이를 바탕으로 2007년 2월 23일 워싱턴에서 개최된 한·미 국방장관 회

---

79) 합의에 따라 한·미양국은 주한미군 12,500명을 2004년부터 2008년까지 3단계에 걸쳐 감축한다. 그리고 미국측은 감축 이후 주한미군의 전투력을 유지하기 위하여 전력증강계획에 따라 현대화함으로써 병력규모는 축소되나 실질적인 전투능력을 증강한다. 박종철 외, 2007, 『2020 선진 한국의 국가전략(Ⅰ): 안보전략』, 협동연구총서 06-04, 서울: 통일연구원, 258쪽.

80) 국방부 국정홍보처 편, 2008, 『참여정부 국정운영백서 제5권: 통일·외교·안보』, 서울: 국방부 국정홍보처, 239쪽.

담에서 한·미양국은 오랫동안 논의해 왔던 전시작전통제권 전환일자를 2012년 4월 17일로 합의하였다. 또한 한·미양국은 2007년 6월 원만한 전작권 전환을 위한 한·미 이행계획에 합의하여 한반도 방위는 한국이 주도하고 미국은 지원하는 한국형 공동방위 체제를 구축할 수 있는 발판을 마련하였다.

한편 중국은 김대중 정부시기부터 남북화해와 평화공존을 지향하는 햇볕정책에 대해 적극적인 지지해 왔다. 새로 출범한 후진타오 신정부도 대북 포용적 햇볕정책을 발전적으로 계승해 온 노무현 정부의 평화번영정책에 대해서도 긍정적인 지지의사를 표명하였다.

2003년 4월 12일 윤영관 장관 방중 및 동년 7월 8일 노무현 대통령 국빈방중 등의 계기를 통해 중국 정부는 평화번영정책에 대한 확고한 지지입장을 표명하고, 한국 측이 한반도 문제의 당사자로서 남북관계 개선과 긴장 완화를 위하여 적극적인 역할을 하는 것을 지지한다고 밝혔다. 특히 정상회담에서 양국정상은 '전면적 협력 동반자 관계'를 심화·발전시켜 나가기로 합의하였다. 이를 위하여 정치, 외교, 경제, 문화 등 각 분야에서의 양국간 교류를 지속 증진해 왔다.

2004년 11월 APEC 정상회담을 계기로 한·중 양국정상은 회담을 진행하면서 북핵 문제를 깊이 논의하였다. 회담에서 후진타오 주석이 한반도의 평화와 안정을 위해서는 북핵 문제의 평화적 해결이 긴요함을 강조하고, 양국이 상호 노력하자는 입장을 표명하였다. 이와 동시에 후진타오 주석이 한중우호관계라는 큰 틀에서 양국 간의 쟁점 문제를 원만히 해결함으로써 양국관계를 보다 건강하고 안정되게 발전시켜 나가자고 하였다.[81)]

양국관계의 우호발전 및 북핵 문제를 비롯한 한반도 안보 문제에 대해서 수시로 의견교환을 위하여 양국은 외교장관 핫라인을 개설하고 외교·국방당국간 안보대화를 활성화시켰다. 이와 같이 한·중양국

81) 『人民日報』, 2004年 11月 19日.

의 긴밀한 협력 하에서 한반도의 평화를 위협하는 북핵 문제가 해결되는 데 가시적인 진전을 보였다. 2005년 9월 19일 북핵 6자회담에서 북한 비핵화를 이끄는 「9·19공동성명」을 발표하였던 것이다.

2006년 10월 9일 북한 핵실험 4일 이후 노무현 대통령은 중국을 방문하여 북핵 위기 사태를 대비하기 위하여 중국과 협상을 전개하였다. 거의 한 달 내에 한·중 양국 정상은 두 차례로 정상회담을 개최하여 북핵 문제를 논의하였다. 유엔 안보리의 대북 제재 결의안에 대해서 양국 정상은 유엔 안보리가 정하는 적절한 대응 조치를 지지한다고 밝혔고, 양국의 고위 실무급 협상을 통해 북핵 문제 해결을 위한 대북특사 파견 등 외교적 방안을 마련하기도 하였다. 이처럼 북핵 문제에 있어서 관련 국가들 중에 한·중 양국 간에 공통인식이 가장 많아 6자회담의 추진 과정에서 한·미 또는 중·북 간의 협력보다 더 적극적인 협력 양상을 보였다.[82)]

이외에도 2007년 4월 원자바오 총리 방한 계기 정상회담, 9월 APEC 정상회의 계기 후진타오 주석과의 정상회담, 11월 ASEAN+3 정상회의 계기 원자바오 총리와의 회담 등을 통해 양국은 주요 현안에 대해 협의하였다.

노무현 정부 출범 후 한·일양국은 여러 차례 진행된 정상회담이나 외교장관의 접촉에서 평화번영정책에 관한 긴밀한 협력 체제 강화에 합의하였다. 특히 북핵 문제를 비롯한 한반도 안보 문제에 대해서 한·일양국은 계속 긴밀한 국제공조를 유지해 나가고 있었다. 대북정책조정그룹(TCOG) 회의 및 6자회담 등 다자회담을 통해 양국은 평화번영정책의 일관성 있는 추진이 한반도 및 동북아 지역의 평화와 안정에 중요하다는 데 인식을 같이 하였다. 또 남북관계 진전과 병행하여 북·일관계 개선을 통해 북한을 대화의 장으로 유도하기 위하여 한·일간

82) 崔立如, 2006, 「朝鮮半島安全問題: 中國的作用」, 『現代國際關係』 2006年 第9期, 北京: 中國現代國際關系研究院, 45面.

긴밀한 공조 체제를 계속 유지해 나간다는 기존의 입장을 재확인하기도 하였다. 2003년 6월 7일 노무현 대통령은 방일시 발표된 공동성명에서 북한 핵 문제의 평화적 해결을 위한 한·일 공조와 한국의 평화번영정책에 대한 일본의 적극적인 지지 및 북·일 관계 개선 지지에 합의하였다.[83)]

2004년 7월 한·일 정상회담에서 양국 정상은 한·일관계의 미래지향적 발전 방안을 검토하면서 일·북관계의 개선 및 북한의 핵포기 유도를 위한 한·미·일간 긴밀한 공조와 협력의 입장을 재확인하였다.

그러나 독도 영유권 문제, 야스쿠니 신사 참배 및 역사교과서 등의 문제로 인해 한·일 양국관계가 한 동안 긴장상태에 빠졌으나 한·일양국은 북핵 문제 해결을 위한 6자회담 같은 안보협력에서 여전히 긴밀한 협력과 공조의 입장을 유지하고 있다.

러시아와의 협력 관계를 강화하는 데 노무현 정부는 많은 노력을 경주해 왔다. 한반도의 평화 정착을 위한 노력의 일환으로 한·러 양국 정상은 2003년 10월 방콕에서 APEC 정상회의 계기 정상회담을 개최하여 북한 핵 문제 등 한반도 상황과 양국간 실질협력 증진 방안에 대해 협의하였다. 추후에 여러 차례로 진행된 한·러 양국 외무장관 회담에서 한반도 평화체제 구축을 위한 러시아의 지지 확보를 위한 외교적 노력을 계속하였다. 2004년 9월 노무현 대통령이 러시아 방문 시 푸틴 대통령과의 정상회담에서 양국관계를 '상호 신뢰하는 포괄적 동반자 관계'로 격상시킴으로써 양국관계는 정치, 경제, 에너지, 우주기술 등 각 분야에서 협력을 강화해 나가게 되었다. 이러한 양국관계 발전의 기조에 따라 2005년의 부산 한·러 양국의 정상회담에서 북핵 문제의 평화적 해결을 위하여 6자회담 진전과정에서 긴밀히 협력하기로 약속하였다. 또한 6자회담의 목표와 원칙을 담은 「9·19공동성명」을 상호 협력하여 이행하기로 하였다.

---

83) 『외교백서 2003』, 174쪽.

한반도의 평화와 안정이라는 공통의 이해를 위하여 한·러 양국은 긴밀히 협력해 왔다. 비핵화를 지도하는 「9·19 공동성명」이 발표 된 후 북한 BDA 자금 문제로 실천의 단계로 진입하지는 못하였다. 2007년 한·러 양국은 여러 차례의 외교협의를 통해 BDA 자금 문제 및 대북 에너지 제공 등 북핵 문제의 해결방안에 대해 협의하였으며, 앞으로도 동북아 핵 비확산 등 안보 위협에 대해 서로 협력해 나가기로 하였다.

6자회담 「2·13합의」에 따라 '동북아 평화·안보 체제 실무그룹'이 설치되었다. 러시아를 의장국으로 하는 이 실무 그룹을 통해 동북아 지역 차원에서는 최초로 다자안보협의체를 만들어 나가는 문제에 대한 논의를 위한 정부간 대화가 시작되었다. 2007년 러시아에서 실무그룹이 2차례로 회의를 개최하였다. 회의에서 참가자들은 상호 신뢰 구축의 필요성에 대해 공감을 표하고 동북아 평화·안보 체제 구축을 위한 공통기반 마련 방안에 대해서 의견을 교환하였다.

4. 이명박 정부의 '비핵·개방·3000 구상'

이명박 정부의 한반도 외교·안보 전략은 한·미동맹의 강화를 핵심으로 하고 있다. 특히 현재 이명박 정부는 한·미동맹을 '21세기 전략동맹'으로 격상시키면서 일본과의 우호관계 및 한·미·일 공조를 강화하는 데 노력을 경주하고 있다. 이러한 점을 감안할 때 이명박 정부의 안보 구상은 다자안보협력보다 동맹 강화를 더욱 중요시한다는 것으로 파악될 수 있다. 그러나 이것은 이명박 정부가 다자안보협력을 간과함을 의미하는 것은 아니다. 비록 다자안보협력에 관련된 안보구상이 명시적으로 드러나지 않았지만 정책추진 상황을 분석해 보면 이명박 정부의 다자안보협력 구상의 단서를 찾을 수 있다. 즉 이명박 정부의 다자안보구상은 안보와 통일 내용을 포함하고 평화통일의 실질적 토대 구축을 목표로 하는 '비핵·개방·3000 구상'(후에 이를 '상생·공영 정책'으로 개칭하였음)[84]의 추진 과정에서 그 윤곽이 나타난다. '비핵·개방·3000 구상'의 핵심 내용은 핵무기 확산 반대, 비핵화 추진에 따른 남북관계의 개선, 북한과 미·일 관계의 개선, 북한의 개혁개방 유도, 한반도 새로운 평화구조의 형성 등 몇 가지 전략적 고려가 내포되어 있다. 이들 전략적 고려는 앞에서 언급한 김대중 정부의 '한반도 냉전구조해체 구상'의 핵심 내용과 흡사한 것으로 보인다. 이러한 맥락에서 이명박 정부의 '비핵·개방·3000 구상'은 구조적으로 한반도의 냉전구조를 해체하고 상생·공영의 남북관계를 발전시킴으로써 새로운 한반도 평화구조[85]를 조성하는 데 전략적 목표를 둔 것으로 이해한다.

---

84) '비핵·개방·3000 구상'은 북한의 핵폐기와 남북경제협력의 진전과 함께 북한경제를 1인당 국민소득이 3,000달러 수준으로 만들도록 돕겠다는 정책이다. 이 정책이 정립된 후 북한의 강렬한 반발과 비난을 받아 왔다. 2008년 7월 11일 이명박 대통령이 국회개원연설에서 대북정책을 관련하여 "우리의 대북정책은 북한의 비핵화를 최우선으로 하면서 남과 북 모두에게 이익이 되는 상생과 공영의 길을 개척해 나가는 것"이라고 밝혔다. 이로 인해 이명박 정부의 대북정책은 '상생과 공영의 대북정책'이라 불리기도 한다. 필자는 '상생과 공영'은 이명박 정부 대북정책의 목표이자 상징이며, 그 핵심이 '비핵·개방·3000 구상'이라 생각한다. 이와 관련 전 통일부 장관 이종석 수석연구위원은 이명박 정부의 대북정책은 '비핵·개방·3000 구상'으로 상징된다고 밝힌 바 있다. 이종석, 2008b, 「남북관계 경색 타개의 길」, 『정세와 정책』 통권 제147호, 세종연구소, 3쪽 참조. 따라서 본문에서 이명박 정부 대북정책의 명칭표현은 계속 '비핵·개방·3000 구상'으로 사용된다.

85) 새로운 평화구조란 남북한이 진정성 있는 대화, 생산성 있는 교류협력 관계를 통해 만들어 가는 상생과 공영의 한반도 질서를 의미한다. 상생과 공영의 남북관계 발전과 국제협력을 토대로 한반도의 냉전구조를 종식하고 항구적인 평화를 정착시키는 것이다. 통일연구원, 2008, 『이명박 정부 대북정책은 이렇습니다』, 대북정책설명자료, 서울: 통일연구원, 23쪽. 이후로부터 이 대북정책 설명자료는 『이명박 정부 대북정책은 이렇습니다』로 인용함.

1) '비핵·개방·3000구상'의 제시

이명박 정부의 대북정책은 김대중 정부의 햇볕정책과 노무현 정부의 평화번영정책에 대한 비판적 검토에서 출발한 것이다. 우선 북한의 핵개발 문제에 있어서 이명박 정부는 북한의 핵 보유라는 심각한 사태는 김대중-노무현 정부가 물려준 잘못된 유산이라고 규정하였다. 지난 10년간에 화해·협력 및 북한의 변화를 위하여 추진해 온 대북 포용정책이 북한사회의 실질적인 변화를 가져오지 못하였다고 인식하였다. 즉 김대중, 노무현 정부시기에 북한이 변화한 것은 사실이지만 그것은 포용정책 때문이라기보다는 경제난에 기인한 측면이 더 많으며 대북지원과 경협사업이 오히려 북한의 폐쇄 체제 유지를 위한 정치자금 획득의 통로가 되었다고 판단한다. 그리고 그 동안에는 남북한 간 각종 대화통로가 있었지만 이는 구체적 협력 사업을 기능적으로 수행하기 위한 것으로 상호간의 관계나 역할이 불명확하여 제도화되기 어려웠다. 특히 남북대화를 최우선 전략으로 간주하였기 때문에 미국 및 일본과의 관계에 불협화음을 초래하였다.[86] 이러한 인식 하에 이명박 정부는 북한의 정상국가화, 국제사회로의 본격적 편입 및 남북관계의 제도화 등을 유도하는 것을 중대한 정책 과제로 설정하였다.

위와 같은 배경 인식 하에 대선기간 동안 이명박 후보는 '비핵·개방·3000 구상'이란 대북정책을 제기하였다. '비핵·개방·3000 구상'은 원래 6자회담 「10·3 합의」에 따라 2007년 말까지 비핵화 2단계 조치인 신고·불능화가 완료되면 2008년 2월 이명박 대통령 취임과 함께 이 구상을 본격적으로 가동한다는 계획이었다. 즉 핵폐기의 진전과정에서 북한의 개방을 지원하고 국제사회와 협조를 통하여 경제·교육·인프라·재정·생활향상 등 5대 프로젝트를 추진함으로써 10년 내 북한

86) 이명박 정부 대북포용정책에 대한 인식과 관련된 자세한 내용은 여인곤 외, 2009, 『비핵·개방·3000 구상: 추진전략과 실행계획』, 협동연구총서 2009-12-01, 서울: 통일연구원, 20~21쪽 참조.

주민 1인당 소득이 3,000달러 수준에 이르도록 지원하고자 하는 것이다.[87] 이명박 정부 출범 이후 대북정책은 포괄적인 형태로 다듬어져서 상생·공영의 정책으로 불리게 되었다. 그러나 실제로는 그 핵심은 여전히 '비핵·개방·3000 구상'의 내용이다.

'비핵·개방·3000 구상' 중의 개방화란 '정상국가화, 시장화, 경제생활 자율화' 등 세 가지 목표를 지닌다. 북한의 정상국가화란 북한이 더 이상 불법적인 무역활동에 의존하지 않고 국제사회의 정상적인 일원으로 보편화된 경제 질서에 편입되는 것을 의미한다. 경제체계의 측면에서 북한의 개방은 세계 자본주의 시장과의 소통을 확대해 나가는 '시장화'를 의미한다. 또 경제생활의 자율화라는 측면에서 북한의 개방은 생산자로서의 신체적 조건을 유지하면서, 소비자로서의 주민들이 자유로운 선택권을 확대해 나가는 자율화 또는 민주화를 의미한다.[88]

'비핵·개방·3000 구상'의 목표는 북한의 비핵화·개방화 및 이를 통해 북한 국민소득이 3,000달러에 이르는 데 그치는 것이 아니다. 현재 이명박 정부는 대북정책의 추진을 통해 한반도에서 '평화공동체', '경제공동체', '민족공동체' 형성을 전망하고 있다.[89] 이명박 정부의 이러한 비전을 감안하면 그 최종목표는 한반도에서 새로운 평화구조를 창출하고 상생·공영의 남북관계를 발전함으로써 한반도 평화통일의 실질적 토대를 구축하는 데에 있다고 볼 수 있다.

'비핵·개방·3000 구상'의 특징으로는 다음과 같은 세 가지를 들 수 있다. 첫째, 이명박 정부의 '비핵·개방·3000 구상'은 실용주의적 특징을 지닌다. 실용주의는 모든 정책은 당면 문제를 해결함에 있어서 실질적 성과를 거두어야 하며, 현실적 적합성을 지녀야 한다는 것이다.

---

87) 『통일백서 2009』, 40쪽.

88) 임강택, 2008, 「북한의 대외개방을 촉진하기 위한 경제협력 추진방안」, 통일연구원 편, 『이명박 정부 대북정책 비전 및 추진방향』, 학술회의총서 08-01, 서울: 통일연구원, 149쪽.

89) 『통일백서 2009』, 21쪽.

특히 대북정책은 도입의 초기에 북한의 비핵화·개방화와 남한의 대북 경제지원과의 연계주의, '선 비핵화-후 남북관계발전'의 조건부 상호주의를 강조하였다. 즉 군사안보 문제가 우선적으로 해결이 되어야 경제 및 사회분야 협력이 가능하다는 것이다.[90]

'비핵·개방·3000 구상'이 제기되자 북한의 격렬한 반발과 비난을 초래하였다. 이로 인하여 남북관계가 경색되었다. 이명박 정부가 공식 출범한 후 남북관계의 경색 국면을 타개하기 위하여 남북한의 상생과 공영을 대북정책의 기조로 공식으로 천명하였고 '비핵·개방·3000 구상'보다는 '상생·공영 정책'이란 명칭을 흔히 쓴다. 이것은 북한을 과도하게 자극하지 않기 위한 대북정책 추진전략의 조정으로 간주될 수 있다. 특히 이명박 정부는 대북정책의 3대 목표 즉, 비핵화와 개방화, 3,000달러 수준의 경제성장 간의 관계 설정에 대해서 다시 해석하였다. 즉 '비핵·개방·3000 구상'은 비핵·개방을 '전제'로 하는 정책이 아니라 비핵·개방을 추진하기 위한 정책이라는 것이다.[91] 그러나 3대 목표 동시추진은 이명박 정부의 대북정책이 정해진 실용주의 원칙에서 이탈함을 의미하지 않고 추진전략의 조정을 보여 주었을 뿐이다. 이명박 정부의 대북정책은 비핵화의 진전에 따라 대북 지원을 진행한다는 실용주의적 특정이 여전히 굳건하다.

---

90) 윤황, 2009, 「이명박 정부의 대북정책에 대한 북한의 반응: 실태와 배경」, 『평화학연구』 제10권 제1호, 세계평화통일학회, 56쪽 참조; 조윤영, 2009, 「북핵위기와 비핵·개방·3000의 대북정책」, 『정치·정보연구』 제12권 1호, 한국정치정보학회, 266쪽 참조. 이러한 입장은 2008년 1월 17일 이명박 대통령 당선인이 신년 외신기자회견에서 행한 연설에 노정되었다.

91) 이러한 비핵·개방·3000 병행추진론은 최근 통일연구원에서 간행한 연구보고서에 빈번히 나타나고 있다. 서재진, 2008, 『남북 상생·공영을 위한 비핵·개방·3000 정책의 이론적 체계 연구』, 정책연구시리즈 2008-01, 서울: 통일연구원, 15쪽; 박종철·전현준·최진욱·홍우택 공편, 2009, 『이명박 정부의 대북정책 및 추진환경과 전략』, 경제·인문사회연구회 협동연구총서 09-17-02, 서울: 통일연구원, 33쪽.

둘째, '비핵·개방·3000 구상'은 이전 정부의 대북정책과 큰 차별성을 보인다. 노무현 정부의 대북정책 목표인 '평화와 번영'과 이명박 정부의 대북정책목표인 '상생과 공영'은 유사하게 보인다. 그러나 노무현 정부는 포용이라는 정책수단, 특히 경제적 지원이라는 정책수단의 효과를 강조하였다. 이에 반해 이명박 정부는 북한의 변화를 이끌어내기 위하여 유화수단보다 압박수단을 통해 북한의 변화를 조성하고자 하였다. 그리고 이전 정부의 대북정책이 정치·안보 문제와 경제 문제를 분리하는 정경분리 원칙을 견지하였다면 이명박 정부의 대북정책은 정경연계의 원칙에 입각하고 있다고 할 수 있다.

셋째, '비핵·개방·3000 구상'은 한·미공조를 더욱 중시한다. 이명박 정부의 대북정책의 성공적 수행여부는 북핵 문제에 대한 한·미 양 정부 간 인식의 공유 문제와 원활한 공조여부가 관건이다.[92] 사실상 북한 핵무기에 대해서 한국과 미국의 관심이 서로 다르기 때문이다. 한국은 북한의 핵무기 보유에 큰 관심을 경주하고 있으며, 미국은 북한의 핵무기 보유 문제보다는 북한의 핵기술 확산 문제에 더 큰 관심을 갖고 있다. 따라서 북핵 문제에 관해서 가장 중요한 것은 북한 비핵화에 관한 한·미간 공동의 목표를 분명히 하는 것이다. 이러한 인식에서 이명박 정부는 한·미 공조를 더욱 중요시하여 한·미동맹을 전략적 동맹관계로 격상시켰다.

2) '비핵·개방·3000 구상'의 추진

이명박 정부가 출범한 후 '비핵·개방·3000 구상'을 추진하기 위하여 북한 핵시설 불능화 완료, 핵폐기 이행, 핵폐기 완료 등 3 단계의 이행계획을 수립하였다. 첫 단계에는 북한이 핵시설 불능화와 핵 프로그램 신고를 완료한 경우 남북한이 경제공동체 실현 협의체를 구성하여 '비핵·개방·3000' 구상 실현을 협의하고, 남북경제협력협정을 체결

92) 조윤영, 앞의 논문, 268쪽 참조.

하여 남북경협을 위한 법적·제도적 장치를 마련한다. 제2단계는 북한의 핵 폐기 이행 단계이다. 즉 북핵 폐기의 가시적 성과와 연계하여 5대 분야의 대북 일괄(package) 지원 프로젝트 중 교육·의료·생활향상 분야의 일부 프로젝트의 가동에 착수한다는 것이다. 제3단계는 북핵 폐기가 완료되는 단계이다. 이 단계에는 북핵 폐기가 완료되면 400억 달러 규모의 국제협력자금을 조성하여 경제·교육·재정·인프라·생활향상 등 5대 분야의 프로젝트를 본격 가동하는 것이다.93)

이러한 추진 전략을 살펴보면 이명박 정부는 안보 문제인 북핵폐기를 최우선 과제로 간주하고 이 과제의 해결 진전에 따라 대북 경협 및 지원 사업을 전개하겠다는 입장을 재확인할 수 있다. 이러한 실용주의와 연계주의적 입장에서 이명박 정부의 대북정책 추진은 초기 단계에 북한의 비핵화에 초점을 두고 있는 것으로 보인다.

2008년 새로 출범한 이명박 정부는 6자회담에서 달성된 「2·13합의」와 「10·3합의」이행에 어느 정도 노력을 경주하였다. 2008년 6월 26일 6자회담의 당사국들이 북한이 제출한 핵 신고서를 받고 심사하였다. 그 다음 날에 북한이 영변 원자로의 냉각탑을 폭파하였다. 그 후에 이명박 정부는 「9·19공동성명」 이행을 위한 비핵화 2단계 조치인 신고, 불능화의 마무리 및 3단계 핵폐기 단계 협상의 조속한 개시를 위하여 적극적으로 노력했으며 관련국들과도 긴밀히 협력해 왔다. 2008년 7월 6자회담 수석대표 회의에 적극적으로 참가하였으며, 동 회의에서 당사국들이 6자회담 틀 내에서 검증 체제를 수립하고, 감시 체제는 6자회담 수석대표들로 구성한다는 등의 합의를 이루었다. 동년 10월 11일 미국이 북한에 대한 테러지원국 지정을 해제하였다.

---

93) 『이명박 정부 대북정책은 이렇습니다』, 27쪽; 또 핵폐기 합의단계, 핵폐기 이행단계, 핵폐기 완료단계 등에 맞추어서 '비핵·개방·3000 구상'의 추진 전략을 '이행준비, 선별적 추진, 완전 가동' 3단계의 명칭으로 하기도 한다. 박종철·전현준·최진욱·홍우택 공편, 앞의 책, 131~133쪽 참조.

이명박 정부는 경제와 에너지협력 실무그룹 의장국으로서 6자회담 경제·에너지협력 실무그룹 관련 회의를 6차례로 주도했다. 2008년 12월까지 이명박 정부는 「2·13합의」 및 「10·3합의」 이행 차원에서 초기 단계 중유 5만톤 지원 및 그 다음 단계 중유 9.5만톤 상당의 에너지 관련 설비, 자재를 제공하였다. 그러나 2008년 12월 열린 6자 수석대표회의에서는 검증의정서 채택 문제에 대해 합의를 달성하지 못해 6자회담이 표류하게 되었고, 2009년 상반기 들어 북한의 장거리 로켓 시험발사와 2차 핵실험으로 전면 중단 위기에 빠졌다. 한편 북한의 2차 핵실험 이후 유엔안보리는 대북 제재 1784호 결의안을 통과하였다. 이에 대해 이명박 정부는 적극적으로 지지하고 동참하였으며, 북한의 기존합의 이행을 촉진하기 위하여 일정 비핵화 수준에 이를 때까지 대북 제재를 유지해야 한다는 실용주의 원칙을 밝혔다. 그리고 미국과 공조를 긴밀히 진행하고 핵 문제뿐만 아니라 북한 인권 문제까지 거론하여 대북 압박을 한층 더 강화하였다.

2009년 6월 13일 이명박 대통령은 미국 방문 전의 기자회견에서 6자회담의 시행착오를 방지하고 북한 비핵화를 위한 5개국 공동의 목소리를 내기 위하여 '5자회담' 개최의 의사를 표하였다. 6월 16일 진행된 한·미 정상회담에서 이명박 대통령은 '5자회담' 개최의 건의를 공식적으로 제기하였다. 이 제안은 기존 비핵화 합의 중의 대북 지원 조항의 이행 문제에 대해 5개 당사국들이 양자, 삼자 또는 다자협의를 진행하여 대북정책의 공감대를 형성함으로써 북한을 협상에 복귀시키는 데 목표를 둔 것으로 밝혀졌다.[94] 후에 '5자회담'은 '5자협의'로 개칭되었지만 관련국들이 북한을 의식하기 때문에 국제사회의 지지를 얻지 못하였다.

다른 한편으로는 북한 핵폐기의 유도 방안을 적극적으로 모색해 왔

94) 전봉근, 2009, 「6자회담의 위기와 그랜드 바겐 구상」, 『외교안보연구』 제5권, 외교안보연구원, 163~166쪽 참조.

다. 2009년 8월 15일 이명박 정부는 북한이 핵을 포기하는 결심을 보여준다면 '새로운 평화구상'을 추진할 것을 밝혔다. 그 내용은 남북 간 재래식 무기 감축 논의, 휴전선 일대의 남북 군사적 배비 전환 협상, 절약될 국방비의 남북경제 발전에의 사용, 남북대화를 통한 군사력 감축 논의 등으로 이루어진다.[95] 이러한 유도 방안은 남북관계가 극히 긴장된 상황 하에 북한의 긍정적인 반응을 이끌어 내지 못하였다.

또 2009년 9월 21일 이명박 대통령은 미 외교협회 연설에서 북핵문제 해결을 위한 방안으로 '그랜드 바겐(Grand Bargain)'구상을 제안하였다. 이 구상은 북한이 불가역적인 비핵화 조치들을 취하고 기타 6자회담 당사국들이 북한이 원하는 상응 조치를 취한다는 내용으로 북한에 대한 안전보장, 북한과 미국, 일본과의 관계 정상화, 경제지원 등을 포함한다. 그랜드 바겐 구상은 이 모든 것을 동시에 단일합의로 타결하겠다는 것으로 과거의 단계적 해결 방안과 다르다.[96] 이 구상은 이명박 정부가 공식으로 제안한 북한 비핵화 구상이기 때문에 향후에 관련국들과 함께 북한 핵문제를 해결하는 데 정책의 골자가 될 것이다.

그러나 이명박 정부의 대북정책 구상은 순조롭게 진행되지 못하였다. 그 주요 원인은 북한의 반발에 있었다고 할 수 있다. 이명박 정부의 출범 초기 6개월 동안 '비핵·개방·3000 구상'이 통일선언, 친미사대의 반민족적 흉계라고 하는 등 이명박 정부의 '비핵·개방·3000 구상'을 직접 언급한 비난은 14회에 달하였다.[97] 이명박 정부가 북한의 비난에 대해 강경대응을 취하자 2008년 4월 1일부터 북한은 이명박

95) 백승주, 2010, 「북한 핵 문제 해결을 위한 대북정책 추진방향」, 통일연구원 편, 『이명박 정부 2년 대북정책 성과 및 향후 추진방향』, 학술회의총서 10-01, 서울: 통일연구원, 119~120쪽 참조.

96) 위의 논문, 120쪽 참조.

97) 이는 한국 국회 외교통상통일위원회 한나라당 진영 의원이 2008년 2월 25일부터 6개월 기간 동안 『조선중앙통신』이나 『로동신문』 등 북한의 관영매체 보도내용을 통일부로부터 제출받아 분석한 결과이다. 『연합뉴스』, 2008년 10월 15일자.

대통령의 실명을 거론하면서 '비핵·개방·3000 구상'을 전면적으로 비난·비판하기 시작하였다. 이명박 정부의 북한 인권 문제, 김정일 건강 문제 등과 관련된 언론 보도가 속출됨에 따라 북한은 보다 더 격렬한 대남 비난을 전개하였다. 이와 같이 남북한 간의 비난과 비방으로 인하여 남북관계는 극도로 경색되었다.

남북관계 극심한 대립에도 불구하고 2009년 8월부터 유엔안보리의 대북 제재와 관련국들의 6자회담 재개를 위한 외교노력 하에 북한이 다소 전향적인 태도를 보이기 시작하였다. 클린턴 전 미국 대통령의 북한 방문, 북한의 김대중 전 대통령 특사조문단 방한 등이 북한의 태도 변화를 시사해 주었다. 특히 동년 9월 중순 중국의 다이빙궈(戴秉國) 국무위원과 10월 초순 원자바오(溫家寶) 총리가 북한을 방북한 후 북한의 입장 변화는 더욱 분명해졌다. 10월 6일 북한 조선중앙통신은 김정일 위원장과 원자바오 총리의 면담 결과를 보도하면서 "조미 회담 결과를 보고 다자회담을 진행할 용의"가 있으며, 이때 "다자회담에는 6자회담도 포함된다"[98]고 밝혔다. 12월 8일 미국의 보즈워스(Stephen Warren Bosworth) 특사가 북한을 방문한 후부터 6자회담이 다시 열릴 것이라는 전망이 등장하였다.[99]

그러나 6자회담 재개의 가능성이 보여 진 상황에서 천안함 사건과 연평도 포격사건의 발생으로 인해 남북관계는 극도로 악화되었다. 2011년 후반부터 남북한, 북미 6자회담 수석대표 간의 회담이 잇따라 성사되어 한반도의 정세가 어느 정도로 완화되었고 6자회담 재개의 기운이 재차 높아졌다. 그러나 한국 이명박 정부와 미국 오바마 정부의 임기가 거의 종료될 상황에서 국내정치가 큰 변동이 일어난 북한이

98) 『세계일보』, 2009년 10월 6일자.

99) 2009년 12월 12일 중국 베이징 방문 중의 스티븐 보즈워스 미국 대북정책 특별대표가 기자회견에서 방북 성과에 대해 "북한과 가진 대화가 건설적이고 긍정적"이었다고 밝혔으며 6자 회담이 재개되려면 인내심이 필요하다고 말하였다. 『매일경제』, 2009년 12월 12일자.

대한·미 압박 전략을 선회하게 되었다. 그 대표적인 행동은 2012년 2차례의 로켓발사였다. 이로 인해 한반도 정세는 또 다시 긴장상태로 되돌아가게 되었다.

3) 주변 4강과의 안보협력 강화

이명박 정부는 '비핵·개방·3000 구상'을 추진하는 데 주변국의 지지와 협력이 필요하다. 대미관계는 한·미동맹을 강화·승격함으로써 국가안보 기반을 확보하고 북한의 비핵화를 위하여 미국과의 공조를 긴밀히 촉진하는 것이다. 이명박 정부는 출범과 동시에 지난 두 정부 시기에 느슨해진 한·미동맹을 강화시키는 방향으로 안보 정책을 추진하기 시작하였다. 이와 더불어 한·미동맹을 냉전기의 혈맹차원을 뛰어넘어 새로운 환경변화에 적합한 '21세기 전략동맹'으로 변화시키는 데 노력을 경주하고 있다. 정부 출범의 첫 해에는 이명박 대통령은 4차례의 정상회담을 진행하였고 어느 때보다 공고한 신뢰와 협력 관계를 발전시켜 나갔다. 2008년 4월 19일 한·미 정상회담에서 이명박 대통령과 부시 대통령은 한·미동맹관계를 공동의 가치와 신뢰에 기반한 21세기 전략동맹으로 발전시켜 나가기로 합의하여 양국의 미래 지향적 협력 관계 발전을 위한 초석을 마련하였다.

오바마 정부 출범 후 몇 차례의 한·미 정상회담에서 이러한 전략동맹 발전의 원칙과 방향이 재확인되었다. 천안함 사건이 일어난 후 사건 발생의 원인 조사부터 한·미간 긴밀한 공조 양상이 선명히 부각되었다. 2010년 6월 26일 G20 정상회의 당시 이명박 대통령을 만난 오바마 대통령은 북한은 한국의 천안함 사건에 대해 책임을 져야 한다고 강조하였으며 미국이 한국의 입장을 지지할 것임을 약속하였다. 동 회담에서 양국 대통령은 한·미 전략동맹의 중요성을 재차 강조하였으며, 전시작전통제권 전환 시기를 2015년으로 합의하였다. 또 동년 7월 하순부터 한·미 양국은 동해와 서해에서 북한 내지 중국을 겨냥한 대규모 군사훈련을 실시하였다. 이것은 한·미 전략동맹이 한층 더 강화되었음을 의미한다. 11월 23일 연평도 포격사건이 일어난 후 한·미 양국이 군사안보 협력을 더욱 강화하고 중국의 반대에도 불구하고 서해에서 워싱턴호 핵동력 항공모함이 가세한 대규모 군사협동훈련을 진행하였다. 2012년 6월 한미외교·안보 장관 회의(2+2) 제2차 회의에서 양국은 '한국형 미사일방어체계'(KAMD)의 구축에 합의를 달성하였다. 동년 10월 북한의 위협을 대응하기 위해서 한미 양국이 미사일 협정을 수정함으로써 한국의 미사일 능력을 대폭적으로 높였다. 이처럼 한·미동맹은 부단히 강화되고 포괄적인 전략동맹으로 발전해 나가고 있다.

이명박 정부는 한·미동맹을 강화·격상시킴으로써 한국안보의 튼튼한 기저를 마련함과 동시에 동북아 지역의 우방국인 일본과의 관계를 강화하는 데 노력을 경주하고 있다. 이명박 정부가 지난 정부시기 독도영유권 문제로 소원해진 한·일관계를 개선하기 위하여 일본과 셔틀외교를 활발히 전개하였다. 2008년 9월 후쿠다(福田康夫) 총리의 사퇴 이후 아소 타로(麻生太郎) 총리가 취임하였고 한국과의 관계 개선을 지속 진행해 왔다. 2009년 9월 아소 총리 사임 시까지의 1년 동안에 한·중·일 정상회의, G20 및 ASEAN+3 등 이명박 대통령과 아소 총리 사이의 회담이 7차례나 이루어졌다.

2009년 10월 9일 새로 부상한 하토야마(鳩山由紀夫) 일본총리가 한국을 방문하여 이명박 대통령과 회담을 가졌다. 회담에서 양국 정상은 한·일관계를 한 단계 더 도약시켜 나가겠다는 확고한 의지를 표명하고, 북핵 문제 해결, 세계적 경제·금융위기, 기후변화 등 국제 문제 대응에 있어서 긴밀히 공조해 나가기로 하였다. 중요한 점은 이번 회담 후의 양국정상 공동기자회견에서 하토야마 총리는 일본이 역사를 직시하면서 여러 문제를 진전시켜 나갈 것이라고 언급한 것이다.[100]

---

100) 『매일경제』, 2009년 10월 9일자.

2010년 8월 10일 일본 신임 총리 간 나오토(菅直人)가 역사 문제에 대해 한국에 사과성명을 발표하였다. 비록 이 사과성명이 발표된 후 많은 불만이 있었지만 일본 총리에 의해서 처음으로 공식적으로 이루어졌기 때문에 중대한 의미를 지닌다.

'비핵·개방·3000 구상'에 대해서 일본의 후쿠다 총리는 적극적인 지지 입장을 밝힌 바 있다. 특히 일본은 북한의 핵으로부터 남한과 함께 가장 위협을 받고 있다고 생각하기 때문에 남한과 일본 간의 긴밀한 전략적인 연대의 필요성도 강조하고 있다. 그래서 일본은 이명박 대통령이 제안한 북핵 문제 일괄타결적 '그랜드 바겐 구상'에 대해 명확하고 적극적인 지지입장을 보인다. 2009년 10월 10일 베이징에서 개최한 제2차 한·중·일 정상회의에서 일본 하토야마 총리는 "그랜드 바겐, 일괄 타결 방안이 아주 정확하고 올바른 방안"[101]이라고 공식적으로 평가했다.

미국의 적극적 추진으로 한·일 간의 군사협력도 점차 강화해졌다. 2012년 7월 초에 공개되었던 「한·일 군사 정보보호협정」이 바로 그 대표적인 사례이다. 비록 이 협정은 한국 재야 세력의 비판을 많이 받고 있지만 한·일 양국이 군사협력 분야에서 돌파적인 진전을 취득하였다는 것을 시사해 준다.

중국의 정치·경제·군사 등 여러 측면의 영향력을 감안하여 이명박 정부는 한·중관계 격상을 결정하였다. 이러한 결정은 2008년 5월 28일 이명박 대통령 중국 방문 시에 양국 정상에 의하여 공식적으로 표명되었다. 즉 회담에서 한·중 양국 정상은 '전면적 협력 동반자 관계(全面合作伙伴關係)'에서 '전략적 협력 동반자 관계(戰略合作伙伴關係)'[102]로 격상시키기로 합의하였다는 것이다. '전략적 협력 동반자

101) 『연합뉴스』, 2009년 10월 10일자.

102) '전면적 협력 동반자 관계', '전략적 협력 동반자 관계'에 대한 해석은 이태환, 2010, 「한·중 전략적 협력 동반자 관계 평가와 전망」, 『세종 정책연구』 제6권 제2호, 세종연구소, 127~129쪽 참조.

관계'는 한·중 양국 간의 문제뿐만 아니라 지역 내지 범세계적 문제 관련 협력까지 포괄하는 것으로 이해될 수 있다.

이러한 한·중 '전략적 협력 동반자 관계'는 동년 8월 25일 즉 베이징 올림픽 폐막 다음날에 후진타오 주석의 방한을 계기로 구체화되었다. 한·중 정상회담 후 양국 정상이 발표한 「한·중 공동성명」은 경제통상, 사회, 문화 등 분야의 실천 방안뿐만 아니라 정치, 안보 분야의 실천 방안까지 담고 있다. 그 중에 외교안보 분야에서 양국은 정상회담을 정례화하며 양국 간 내지 국제 문제에 대한 의사소통과 협력증진을 위하여 외교부 차관급 회담을 정례화하기로 합의하였다. 이처럼 「한·중 공동성명」을 통해 한·중양국은 호혜적 협력을 심화하고, 새로운 협력 분야를 발굴하고 협력의 폭과 깊이를 확대하였다.

2009년 10월 10일 베이징에서 개최한 제2차 한·중·일 정상회의를 계기로 한·중 양국 정상은 한·중 전략적 협력 관계의 진전을 긍정적으로 평가하였고 6자회담의 재개를 위하여 함께 노력하겠다고 하였다. 또 이번 회의에서 중국은 이명박 대통령이 북핵 해결방안으로 제시한 일괄타결 방안, 즉 '그랜드 바겐 구상'에 대해서도 "개방적 태도로 적극 협의해 나가겠다"[103]고 공감하였다.

2010년 5월 29~30일 제주도에서 이명박 대통령을 사회자로 한 제3차 한·중·일 정상회의가 개최되었다. 이 회의에서 3국 정상은 한반도의 비핵화가 동북아 지역의 지구적 평화와 안정 및 경제 번영에 유리하므로 6자회담을 통해 「9·19 공동성명」의 비핵화 목표를 실현하는데 함께 노력하자고 입장을 같이하였다.

위에서 설펴본 바와 같이 한·중 고위급 전략 대화의 개최는 명실상부한 전략적 관계로의 격상을 의미하며 한반도와 동북아, 나아가 글로벌 이슈 등을 다루어 나갈 수 있는 대화 채널이 공식화됨을 의미하는 것이다.[104] 그러나 한·중 양국 관계가 '전략협력동반자관계'로 발전해

103) 『대전일보』, 2009년 10월 12일자.

나가는 것은 양국 간에 입장 차이가 존재하지 않음을 의미하지는 않는다. 2010년 3월 26일에 일어난 천안함 사건이 한·중 관계의 미세한 변화를 가져왔다. 천안함 사건 후 이명박 정부가 중국의 지지를 촉구해 왔지만 중국은 한국 측이 통보한 조사결과에 대해 신중한 자세를 취하며 유엔안보리 대북 제재의 제안에 대해서도 유보적인 입장을 견지하였다.

2010년 5월 30일 제주도에서 개최한 제3차 한·중·일 정상회의 2단계 회담에서 3국 정상은 천안함 사건과 관련해 동북아 지역의 평화와 안정을 위해 긴밀히 연대하기로 합의하였다. 그러나 천안함 사건의 책임 규명과 대북 제재 관련, 중국은 긴장 완화를 강조하는 반면 한국과 일본은 대북 문책과 제재를 강조하는 데 여전히 입장 차이가 존재한다. 그럼에도 불구하고 이번 사건에 대한 중국의 입장은 일방적으로 북한을 두둔하지 않은 것만으로도 상당히 입장을 바꾼 것으로 볼 수 있다. 뿐만 아니라 중국 정상이 천안함 사건 같은 안보적 사태를 한국과 일본 정상과 정기적으로 개최되는 공식회의에서 논의했다는 것 자체로 북한은 큰 압박을 받았을 것이다.[105)]

연평도 포격사건 이후 중국의 중요한 관영 매체인『環球時報』의 사설에서 "북한의 도발행동이 독이 든 술로 갈증을 해소하려는 것(飮鴆止渴)"라고 지적하면서 "북한이 계속 이렇게 나갈 경우 북한에게 미래가 없다"[106)]고 경고하였다. 이 사설은 한국이 피해자라는 점을 인증하였다고 볼 수 있다. 특히 중국의 중요한 매체에서 '북한의 도발'이란 단어를 사용하는 것은 이례적인 사례이다. 이점은 연평도 사건과 관련해 북한에 대한 중국의 불만을 드러낸 것으로 해석될 수 있을 것이다.

---

104) 이태환, 2008a, 「후진타오 주석 방한과 한중정상회담의 의미」, 『정세와 정책』 통권 제149호, 세종연구소, 2쪽.

105) 김호섭, 「한·중·일 정상회의가 남긴 것-'천안함 사건' 긴밀 연대 합의, 中 입장변화 北 압박 가할 듯」, 『세계일보』, 2010년 6월 2일자.

106) 社說: 「朝鮮半島政治忍耐的鍊條會終斷嗎?」『環球時報』, 2010年 11月 26日.

비록 천안함-연평도 사건으로 한중관계는 많은 불화음이 나타났지만 이명박 정부 임기 말까지 기본적으로 양호 상태를 유지해 왔다. 2012년 국제사회의 반대 하에 북한의 로켓 강행 발사에 대해서 중국은 외교성명을 통해 반대의 입장을 밝혔다. 이것은 이명박정부의 입장과 동조한 것으로 보인다.

2008년 9월 28-30일 이명박 대통령은 러시아를 공식적으로 방문하고 메드베데프 대통령과 회담하여 한·러 관계를 '전략적 협력 동반자 관계'로 격상시켜 나가기로 합의하였다. 이로써 한·러 협력 관계는 에너지, 자원, 교역 및 투자 등 분야에서 우주항공을 포함한 군사, 국방 등 분야로 확대되었다. 회담 직후 양국 정상은 다양한 분야의 양자협력 확대, 국제안보 문제에 대한 공동대처, 남북대화의 중요성 확인 등 10개 항에 달하는 「한·러 공동성명」을 발표하였다. 이 정상회담을 통해 이명박 정부는 미래지향적 대러 관계 확립, 북핵 문제 해결의 공감대 유지, 호혜적 실용외교 추진 등의 성과를 거두었다고 할 수 있다.

이명박 정부의 대북정책에 대해 러시아 정부는 지지의 입장을 표명하지 않았지만 한반도에서의 비핵화를 지지한다.[107] 북한의 핵개발은 국제사회에서 러시아의 우월한 전략적 지위를 약화시킬 뿐만 아니라

---

107) 2008년 9월 이명박 대통령은 방러 시 양국 정상회담에서 메드베데프 대통령에게 대북정책을 설명하였으나 메드베데프 대통령은 이에 대한 지지입장을 명확히 밝히지 않고, 단지 "남북대화 및 협력을 지지함을 확인하고, 이것이 한반도 평화와 안정에 중요한 요소임"을 강조하였다. 「한·러 정상회담 공동성명(전문)」, 『아시아경제』, 2008년 9월 29일자 참조; 또 2009년 1월 21일 글레브 알렉산드로비치 이바센초프 주한 러시아 대사가 Korean Global Foundation 조찬강연에서 "평양과 서울 간 접근을 추진하는데 주요 장애물은 상호 신뢰성의 부족"이라고 밝히고, "상호 신뢰성을 구축하는 데 공동 사업과 상호 유익한 장기적인 경제 프로젝트 보다 더 좋은 방법이 없다"고 강조하였다. 『한국일보』, 2009년 1월 21일자. 이들 내용을 분석해 보면 러시아는 실용주의와 상호주의에 입각한 이명박 정부의 대북정책보다 남북 경제교류와 협력을 통한 신뢰증진을 목표로 한 포용정책을 더 선호하는 듯하다.

북한 핵개발로 인한 동북아 정세의 불안정도 러시아의 극동개발전략의 추진을 저해할 것으로 판단하기 때문이다.

2008년 말 북한 핵시설 신고 문제로 인하여 핵 문제의 해결이 또 다시 난항을 겪어 한반도 정세 역시 긴장분위기로 변하였다. 2009년 1월 21일 주한 러시아 대사는 “북한을 핵보유국으로 인정하지 않고 6자회담 당사국들과 공동으로 북한이 군사 핵프로그램을 포기하도록 설득하기 위하여 노력하겠다”는 입장을 밝혔다. 그리고 “한반도 핵 문제 해결을 위한 활동은 북한과 대한민국, 일본 등 나라의 안전을 보장하는 쪽으로 이루어져야 한다”고 생각하며, “이러한 안전 보장은 모든 국가에서 우려가 생기지 않도록 튼튼하며 확실해야 한다”[108] 고 강조하였다.

제2차 북핵실험 이후인 5월 27일 이명박 대통령은 북한 핵실험과 관련하여 러시아 메드베데프 대통령과의 전화 통화에서 북한의 핵무기보유 반대와 유엔안보리 결의안 및 북핵 평화적 해결을 위한 한·러 협력 등에 대한 폭 넓은 의견을 교환하고 입장을 같이하였다. 그러나 한반도 핵 문제 해결의 난항의 원인에 대해 러시아는 한국정부와 다른 견해를 갖고 있다. 이는 주한 러시아대사의 조찬강연에서도 분명히 나타난다. 즉 러시아 대사는 “현재 국제 관계에서 강경책의 요소가 강해지면서 최후통첩과 제재의 언어가 자주 쓰임에 따라 일부 국가들이 차별을 당한다는 느낌이 들고 극단적인 수단을 포함한 여러 방법으로 자국 안전을 보장하도록 노력하기 마련”[109]이라고 강조하였다.

천안함 사건이 일어난 후 이명박 정부는 사건 원인조사를 위한 러시아의 협력을 요청하였으나 러시아는 천안함 사건과 관련하여 한반도 평화와 안전을 보장하면서 북한에 제대로 된 신호를 주도록 노력하겠다는 신중한 자세를 취하고 있다. 한국이 한·미·영 등의 연합조사결

---

108) 『한국일보』, 2009년 1월 21일자.
109) 『한국일보』, 2009년 1월 21일자.

과를 러시아에 통보한 후 메드베데프 러시아 대통령은 5월 25일에 이명박 대통령에게 전화를 걸어 천안함 사태와 관련한 공조방안을 논의하며, 유엔 안보리 제재 문제를 포함한 대북 대응책에 대해 잘 이해하고 있다며 한국 측과 긴밀하게 협의해 나갈 준비가 돼 있다고 하였다. 그러나 이 사건에 대해서 러시아는 한국과 협력의 의사를 표하면서도 어떤 무력 도발도 용납되어서는 안 된다고 강조하였다. 이것은 유엔의 대북 제재가 최선이 아니라는 입장을 시사하고 있는 듯하다. 그럼에도 불구하고 한·러 양국은 경제, 통상, 에너지 자원 등 많은 분야에서 중대한 전략적인 이해관계를 유지하고 있기 때문에 향후에 양국 관계는 전략적 협력 관계를 계속 추진할 것으로 기대된다.

이처럼 이명박 정부는 대북정책을 추진하는 데 주변국의 협력을 얻기 위하여 동북아 지역에서 한편으로 동맹관계를 강화함으로써 북한과 중·러로부터의 안보 위협을 방지하고, 다른 한편으로는 중·러와의 관계를 격상시킴으로써 그들의 의구심을 해소하여 보다 더 큰 실리를 확보하고자 한다고 본다. 이명박 정부는 주변 강대국들과 관계를 강화함으로써 안정적·평화적 한반도 주변 환경을 유지하면서 이러한 국제적 공조 강화를 통해 북한에 압박을 가하고자 하였다. 이것은 북한을 6자회담에 복귀시키고 다자안보협력을 통해 북핵 문제를 평화적으로 해결하는 데 목적이 있다. 그러나 북핵 협상 과정을 돌이켜 보면 대북 압박 정책은 사태를 오히려 악화시키는 경향을 보였다.[110)]

Ⅲ. 한국의 대북정책에 대한 평가

동북아 국가들 중에 한국은 다자안보협력에 대해 가장 많은 관심을 가지고 있다. 이는 아래 네 가지 측면에서 이해될 수 있다.

110) 전봉근, 앞의 논문, 171쪽.

첫째, 다자간 안보협력의 틀을 구축함으로써 동북아 지역 내의 군비경쟁 완화와 신뢰를 증진하고 평화적·안정적 외부환경을 조성하기 위해서이다.

둘째, 한반도의 냉전 구조를 해체하고 평화 정착을 도모한다.

셋째, 남북의 통일을 실현하기 위해 주변국의 협력을 필요로 한다.

넷째, 다자안보협력을 제도화함으로써 한국의 안보자율성을 제고할 수 있다.

과거 미·중·일·러 4대 강대국들이 형성한 동북아 역학구조에 의해 한반도의 운명이 결정되었던 것이 사실이다.[111] 이러한 동북아 지역의 역학구조가 복잡하게 전개된다는 것은 한국에게 선택을 강요하게 될 것이며 이는 한반도의 운명을 스스로가 선택하기 어려운 상황으로 몰고 갈 것이다.[112] 그러나 동북아 다자안보협력을 제도화하면 한국은 정식적인 구성원으로서 대미의존적인 비대칭적 안보관계에서 탈피하여 안보의 자주성을 보다 효과적으로 확보할 수 있을 것이다.

사실상 탈냉전 이후 한국 정부의 다자안보협력 의식은 대북정책을 제정할 때 적잖은 영향을 미쳤을 것이다. 이에 이 절에서는 다자안보협의 입장에 입각하여 탈냉전 이후 한국 정부의 대북정책 구상들에 대해 평가할 것이다.

1. 4자회담에 대한 평가

4자회담은 한반도 평화체제 구축을 지향하는 것이고 김영삼 정부의 '3단계통일방안'의 첫 단계인 신뢰와 협력을 통한 한반도 평화 정착을

111) Hans J. Morgenthau, Politics Among Nations: The Struggle for Power and Peace(New York: Alfred A. Knopf, 1973), p.177.

112) 김경일, 2006, 「동북아 지역안보협력 체제와 한반도-다자주의 시각을 중심으로」, 『한국동북아논총』 제39집, 한국동북아학회, 88쪽.

실현하기 위한 대북정책 구상으로 보인다. 4자회담의 개최는 북한을 안보대화의 장에 끌어들였고 한반도의 긴장상황을 직접 완화시켰다. 더욱 중요한 것은 4자회담이 한국전쟁의 주요 당사자들 간의 첫 안보대화이며 다자안보협력 실천 차원에서 큰 의미를 지닌다는 점이다.

다자안보협력 구상의 맥락에서 4자회담이 지니는 다자주의 특징들을 다음과 같이 정리한다.

첫째, 4자회담은 그 형식에 있어서 남북한과 중국, 미국 등 4국으로 구성되는 일종 다자주의적 안보협력 틀이라 할 수 있다. 다자주의 이론에 따르면 다자협력은 셋 이상의 국가가 집단적으로 정책을 상호 조정하여 좋은 결과를 얻도록 협력하는 것을 의미한다. 이러한 점에 비추어 볼 때 4자회담은 한반도 문제 관련 4국이 각자의 정책 조정을 통해서 한반도 평화 정착을 도모하는 것으로 보인다.

두 번째 특징은 4자회담의 제안배경에 나타났다. 주지하듯이 한반도 평화체제 구축에 대해 남북한은 서로 상이한 입장을 견지해 왔다. 그리고 1990년대 초반 북핵 문제 등 일련의 문제로 남북대화가 단절되었다. 이러한 상황에서 평화 정착을 실현하기 위해서는 남북대화를 재개해야 한다. 따라서 남북한의 대립적인 입장을 상호 절충하고 한국전쟁의 참전국가 중에 한반도 문제에 실질적인 이해관계를 갖고 있는 국가들을 한반도 평화회담에 참가시키는 것이 마땅하다.[113] 4자회담은 바로 이와 같은 다자안보협력의 시각에서 제안된 것이다.

세 번째 특징은 4자회담이 다루는 내용에서 드러난다. 4자회담이 한반도 평화체제 구축을 목표로 설정하였다는 것은 사실이다. 그러나 한반도 문제는 기본적으로 남북한 내부 문제로서의 성격과 국제적 문제로서의 성격을 동시 지니고 있다. 이점을 감안할 때 한반도 평화체제의 구축은 남북한 양자가 아닌 다자협상을 통해 이루어져야 하며 4자

113) 제성호, 1997, 「한반도 평화체제 구축에 관한 남북한의 입장과 문제점」, 『한국통일연구』 제3집, 충남대학교 통일 문제연구소, 65쪽 참조.

회담은 남북 문제의 근본적 특성에 부합되는 제안이었다.

네 번째 특징은 4자회담의 추진과정에서 분명히 보였다. 4자회담의 개최는 우여곡절의 과정을 겪었다고 할 수 있다. 회담의 당사국들이 최초의 북한 참여유도, 의제선정, 실무그룹의 설정 및 평화협정 체결 등 문제들을 둘러싸고 기나긴 입장조율을 전개해 온 것은 사실이다. 이러한 사실은 4자회담이 지니는 다자안보협력의 특징을 분명히 보여주었다.

한반도 냉전구조 해체의 중요 요소인 평화체제의 구축을 위해서는 당사국들이 높은 수준의 공감대를 형성해야만 한다. 그러나 4자회담은 의제 선정 문제조차 일치를 달성하지 못했고, 이것이 4자회담 실패의 주요 원인이 되었다.

또한 4자회담이 재개되지 못한 것은 남북정상회담의 개최 및 그 후에 활발히 개최된 남북대화 때문이다. 최초에 4자회담이 남북대화가 단절된 상황에서 긴장 완화를 위한 남북대화의 통로를 확보하려는데 제의된 것은 사실이었다. 1999년 8월까지 김대중 정부에서 한반도 평화체제를 구축하기 위한 4자회담을 6차례로 진행해 왔으나 심각한 입장 차이로 인해 실질적인 성과를 거두지 못하였다. 2000년 남북정상회담이 성사됨으로써 남북한 대화의 기제가 형성되었다. 「남북기본합의서」의 기본원칙을 줄곧 강조해 오던 김대중 정부가 남북대화 통로가 확보된 상황에서 한반도 문제를 국제화시키는 4자회담을 적극적으로 추진할 이유는 없었던 것으로 보인다.

비록 4자회담은 실질적 진전이 없이 종결되었지만 남북한과 중·미 4국으로 하여금 한반도 문제 및 북·미간의 현안 문제 등 안보 관심사항에 대한 각자의 입장을 교류하게 되었다. 특히 한국은 4자회담의 개최를 통해 북·미 평화협정 체결의 가능성을 대폭적으로 줄였고 한반도 평화 유지를 위한 중국의 건설적 참여를 유도하기도 하였다. 4자회담은 다자안보협력의 접근방식으로 한반도 평화체제 구축을 위한 첫 시도라고 할 수 있다. 이러한 시도는 무력에 의한 문제 해결 방식을 지양하고 다자간 대화를 통해 한반도 평화체제를 구축하는 데 필요한 경험과 교훈을 주었다. 뿐만 아니라 4자회담은 훗날의 6자회담의 개최 및 동북아 다자안보협력의 추진에 중요한 기여를 하였다.

2. 햇볕정책에 대한 평가

김대중 정부의 대북정책에 있어서 가장 두드러진 특징은 정치적 통일방안을 공식적으로 천명하거나 통일 정책이란 표현을 사용하는 데 유보적인 자세를 취하였던 것이다. 김대중 정부는 '통일 정책'이라는 단어를 사용하지 않고 '대북정책'이라는 한정적 용어만을 사용해 왔다. 이것은 김대중 대통령은 한반도의 실제 상황을 분석함으로써 남북한의 통일이 요원한 일이며, 통일보다 긴장관계 완화 및 교류와 협력에 의한 남북한 평화공존 국면의 조성이 더욱 시급하다는 판단 하에 이루어진 것으로 보인다.

또 햇볕정책은 흡수통일을 추구하지 않는 것이다. 과거 정부의 흡수통일론은 사실상 남북평화통일에 기여하지 못하고 오히려 북한의 반발과 적의를 초래하였다. 김영삼 정부시기에 남북관계가 교착상태에 빠진 원인은 어느 정도 북한 붕괴를 전제로 한 흡수통일론에 있다고 본다. 뿐만 아니라 이러한 북한을 압박하면 북한이 붕괴될 것이라는 흡수통일론은 장기적이고 전향전인 대북정책의 수립을 가로막는 장애요인이 되어 왔다. 이러한 인식하에 김대중 정부는 지난 정부시기의 대북 화해·협력과 흡수통일을 특징으로 한 이중적 통일 정책을 지양하여 흡수통일배제의 원칙을 분명하고 확고하게 정하였으며, 남북한의 평화공존과 사실상의 평화통일 기반 조성을 위한 햇볕정책을 전개하였던 것이다.

그리고 햇볕정책은 정경분리의 원칙에 따라 추진되었다. 간단히 말하자면 정경분리원칙은 김대중 정부가 대북 교류와 협력 사업을 전개하는 데 정치적 조건을 부가하지 않는다는 것으로 이해될 수 있다. 정치와 무관하게 경제협력을 추진해 나가고, 경제협력이 증진되면 파급효과가 발생되어, 그것이 정치 분야에도 영향을 주게 됨으로써 자연히 남북 관계의 개선이 올 것이라는 기대가 정경분리론에 깔려 있다.[114)]

김대중 정부의 햇볕정책은 '화해·협력을 통한 남북한의 평화공존 실현, 즉 분단의 평화적 관리', '남북협력을 통한 평화교류 실현', '평화통일의 기반조성'에 있다. 즉 김대중 정부는 햇볕정책을 포괄적으로 추진함으로써 한반도의 냉전구조를 해체하고자 하였던 것이다. 한반도 냉전구조를 해체하기 위하여 남북관계의 개선, 북한의 대량살상무기 개발 폐지, 북한과 미·일 관계 개선, 북한의 대외 개방, 한반도 평화체제 건립 등 5 가지 과제를 해결해야 한다. 이 5가지 과제는 독립적인 성격보다는 상호연관성을 지니고 있어 그 해결을 위해서는 남북한의 교류와 협력뿐만 아니라 관련 주변국들의 적극적 지지와 협력이 요구되었다. 따라서 이런 사실을 감안할 때 김대중 정부의 햇볕정책은 일종의 다자안보협력 구상으로 상정될 수 있다.

대북정책 추진의 측면에는 햇볕정책을 추진하기 위하여 김대중 정부는 대북 경제협력사업과 지원사업을 적극적으로 전개하였다. 뿐만 아니라 대북정책을 순조롭게 실시하기 위한 국제사회의 지지와 협력을 확보하기 위해 김대중 정부는 미·중·일·러 등 주변 강대국들과 안보협력을 긴밀히 추진하였다. 이 점을 감안할 때 햇볕정책의 추진은 한반도 문제와 관련된 다자간 안보협력 과정으로 풀이될 수 있다.

김대중 정부의 햇볕정책은 한반도 및 주변 국제 정세에 대한 현실적 인식에 기초하여 제기된 것이고 흡수통일론을 포기하여 남북한의 진정한 화해·협력의 조성에 역점을 둔 것이다. 이는 장기 공존을 추구

---

114) 김학준, 1998, 「남북한 교류와 정경분리원칙」, 『통일 문제와 국제관계』 제10권, 인천대학교 평화통일연구소, 2쪽.

하고 상호주의 원칙을 대폭 수정하여 적잖은 융통성을 부여하며, 미·북 및 일·북 관계개선이 궁극적으로 남북관계 개선에 도움이 된다는 기본인식에서 출발한 것이다.

햇볕정책의 실천은 남북한 간의 관계 개선에 큰 기여를 하였고 2000년 남북정상회담의 개최를 비롯한 결실을 거두었다. 그러나 외부 여건의 변화와 북한의 핵개발로 인하여 햇볕정책을 포괄적으로 추진함으로써 한반도 냉전구조를 해체시키려고 하는 구상은 좌절되었다. 이는 중대한 과제로 노무현 정부에 넘어가게 되었다.

3. 평화번영정책에 대한 평가

노무현 정부의 평화번영정책은 김대중 정부의 화해·협력, 평화공존, 점진적 통일 등의 대북정책 기조를 계승하고 발전시켰다. 즉 평화번영정책은 남북이 서로 체제를 인정하고 평화공존하면서 화해·협력을 통해 점진적, 단계적으로 사실상의 통일 상태를 실현해 나가는 것을 지향하였다. 평화번영정책은 북핵 문제의 해결과 한반도 평화체제의 구축을 핵심과제로 하여 추진하였을 뿐만 아니라 동북아 지역의 평화안보 및 번영에 기여하는 미래지향적인 가치를 동시에 추구하는 이중적 성격을 지니고 있었다. 이러한 특성들을 분석해 보면 노무현 정부의 평화번영정책은 한반도 내지 동북아 지역의 평화와 번영을 지향하고 통일, 외교, 안보 정책 전반을 포괄하고 있는 다자안보협력 구상으로 해석될 수 있다.

첫째, 한반도의 평화와 번영을 실현하기 위하여 노무현 정부는 핵심적 안보과제로서의 북핵 문제를 해결해야 하였다. 그러나 북핵 문제는 단순히 한반도 문제가 아니라 동북아 지역의 평화와 안정과 밀접히 관련된 현안이다. 특히 북한이 핵 문제를 한반도 평화체제 구축 문제와 연관시키기 때문에 핵 문제의 해결은 더욱 복잡해졌다. 따라서 관련국들 간의 안보대화와 정책조율 없이는 북핵 문제가 평화적으로 해결되기 어렵다.

둘째, 평화번영정책은 한반도 평화체제 구축을 제2 단계의 전략목표로 설정하였다. 이미 분석한 바와 같이 한반도 평화체제의 구축은 남북한 관계의 개선, 국제사회의 지지와 협력, 북·미, 북·일 관계 정상화 및 평화체제에 대한 실질적, 제도적 보장 등 여러 가지 중요 사항을 포섭하고 복잡한 정책조율 과정을 통해서야 이루어질 수 있다. 이러한 복잡다단한 문제의 해결에서 관련국들 간의 안보협력이 분명히 필요하다.

셋째, 노무현 정부는 평화번영정책을 추진함으로써 평화와 번영의 동북아 시대를 열고자 하였다. 평화적·안정적 동북아 환경은 진정한 의미의 한반도 평화 정착에 필수적인 조건이기 때문이다. 이러한 원대한 목표를 구현하기 위해서는 동북아 모든 국가들이 정치, 경제 분야는 물론 군사, 안보 등 여러 분야에서 다자간의 협력을 적극적으로 전개해야 된다.

넷째, 평화번영정책 추진과정에서는 다자협력의 양상이 곳곳에서 나타났다. 안보 분야에서는 한반도 평화 정착 특히 이와 밀접히 관련된 북핵 문제의 평화적 해결을 위하여 노무현 정부는 대북 화해·협력을 계속 추진하면서 미·중·일·러 등 관련국들과 안보협력을 전개해 왔다. 6자회담이 바로 평화번영정책의 추진과정에서 나타난 대표적인 다자안보협력의 사례이다. 주지한 바와 같이 6자회담의 지속개최를 위하여 노무현 정부는 중국과 함께 북한과 미국을 설득하는 데 많은 외교적 협력을 전개하였다.

또한 평화번영정책의 실시에 평화적·안정적 외부환경을 조성하기 위하여 노무현 정부는 동북아 강대국들 간의 갈등완화와 분쟁 조율을 지향하는 '동북아균형자역할론'을 제시하고 적극적으로 추진한 바 있다. 이것도 분명한 다자안보협력의 특징을 보여주었다.

요컨대 평화번영정책의 내용이나 추진과정에서 나타나는 다자안보협력의 특성들을 종합해 보면 평화번영정책은 노무현 정부시기에 한반도 평화 정착을 위한 다자안보협력의 구상이라 해도 과언이 아니다.

평화번영정책은 한반도에 평화를 정착시키고 남북한 공동번영을 추구함으로써 평화통일의 기반을 조성하고, 동북아의 공동번영을 추구함으로써 동북아 공존·공영의 토대를 마련하고자 하는 노무현 정부의 안보 정책구상이다.[115] 이 구상은 한반도에서 확고한 평화 정착을 최우선 목표로 설정하고, 경협의 심화·확대를 통해 남북경제공동체 구축 기반을 조성하여 남북공동번영을 실현한다는 남북협력의 목표와 비전을 제시하였다는데 의의가 있다. 또한 동북아 지역에서 갈등의 장이었던 한반도를 지역평화의 축으로 자리매김함으로써 평화와 번영의 동북아 시대를 주도해 나가겠다는 의지를 밝혔다는 점도 큰 의의라고 할 수 있다.

물론 노무현 정부의 평화번영정책이 북한의 실질적 변화를 유도해 내지 못하고 남한은 주고 북한은 실리만 얻는 것에 익숙한 타성만을 배태시킨 것이 아닌가 하는 비판이 있었다.[116] 그러나 노무현 정부는 대북 평화번영정책을 지속적으로 추진하고 남북대화의 정례화 및 각종 남북교류협력을 심화 발전시킴으로써 남북 화해·협력의 분위기를 조성하였다. 또한 노무현 정부는 미국의 강경 정책에 대한 일방적인 동조를 피하는 동시에, 6자 회담이 진행되는 과정에서는 미국과 북한의 어느 한쪽 일방적 편들기를 벗어나 비교적 객관적 중재자의 역할을 수행하였다. 그리고 이와 병행하여 창의적 노력들을 전개함으로써 결과적으로 2005년 9·19 공동성명과 2007년 2·13 합의를 도출하는 데 일익을 감당하였다.[117] 이러한 화해·협력의 분위기는 북핵 위기의 확

115) 국가안전보장회의 편, 앞의 책, 23쪽.

116) 이창헌, 2008, 「노무현 정부 대북정책의 성과와 평가」, 『정치·정보연구』 제11권 제1호, 한국정치정보학회, 73~95쪽 참조.

117) 허문영·오일환·정지웅, 2007, 『평화번영정책 추진성과와 향후과제』, 연구총

대 또는 악화를 저지하는 데 어느 정도 기여를 하였다.

4. '비핵·개방·3000 구상'에 대한 평가

이명박 정부의 '비핵·개방·3000' 대북정책은 한반도의 비핵화와 북한의 개방화를 통해 상생·공영의 남북관계를 창출하고자 한다는 것이다. 그 최종목표는 한반도에서 새로운 평화구조를 창출하고 발전시킴으로써 한반도 평화통일의 실질적 토대를 구축하는 데에 있다고 할 수 있다. 이러한 최종목표를 달성하기 위해서는 북한의 비핵화, 미·일과의 관계 개선을 통한 북한의 개방화, 그리고 한반도 새로운 평화구조의 창출 등 핵심 과제들을 완수해야 한다. 이들 과제는 김대중 정부의 냉전구조해체 구상의 핵심내용과 매우 유사하다. 단순히 이러한 측면에서 분석해도 '비핵·개방·3000 구상'은 다자안보협력 지향적 성격을 갖고 있다고 할 수 있다.

또 내용 구성의 측면에서 살펴볼 때 '비핵·개방·3000' 정책도 다자안보협력의 특징을 지니고 있다는 것을 알 수 있다.

우선 앞의 절에서 언급했듯이 '비핵화'는 관련국들 간의 안보협력을 통해 추진해야 되는 일이다.

다음으로 북한의 개방은 북·미, 북·일 관계의 개선을 전제로 할 뿐만 아니라 한국과 중국, 러시아의 지지를 받아야 되는 것이므로 다자안보협력의 범주에 속한다.

북한의 비핵화와 개방화가 실현된 상태에서 10년 내에 북한의 경제가 국민소득 3,000달러에 이를 정도로 발전하려면 한국은 물론 국제사회의 지원과 협력을 받아야 된다. 즉 이는 다자간의 협력을 통해서 이루어질 수 있을 것이다.

서07-10, 통일연구원, 116쪽.

한편 '비핵·개방·3000'의 실천 과정에서는 이명박 정부는 6자회담의 틀 속에서 북한의 핵폐기를 계속 촉진하자고 강조하고 관련국들과의 안보협력을 적극적으로 전개해 왔다. 특히 북한의 핵 폐기를 위해서 이명박 정부는 '5자협의', '그랜드 바겐 구상' 등 다자안보협력 방안들을 제의한 바 있다. 천안함 사건 후 6자회담의 재개 문제는 표류될 가능성이 노정되었지만 이는 한국정부가 6자회담을 포기하는 것을 의미하지 않는다고 본다. 비록 한국은 한 동안 천안함-연평도 사건에 대한 북한의 사과 및 성의있는 행동을 6자회담 재개의 조건으로 삼고 있었지만 2011년부터 '3단계 접근법'에 따라 6자회담의 재개를 추진한 바 있다.

따라서 목표지향과 내용의 측면이나 추진의 측면에서 살펴볼 때 '비핵·개방·3000' 대북정책은 일종 다자안보협력 구상으로 상정해도 무방할 것이다.

앞서 분석한 바와 같이 한반도의 평화 정착을 위하여 한국정부가 한반도 문제의 특성 및 현실 안보상황의 변화 등 여러 요인들을 고려하여 다자안보협력의 틀에서 현안 문제 해결을 시도해 왔다. 1990년대 중반 남북대화 단절상태에서 평화체제 전환 문제에 있어 김영삼 정부가 북한의 북·미 평화협정 체결 주장과 남한의 남북한 평화협정체결 주장을 절충시켜 남북한과 미·중이 공동 참여하는 4자회담을 제안하였다. 4자회담의 제안 및 개최는 한반도 평화체제 구축 문제를 남북한 당사자해결원칙에서 다자안보협력의 틀 내에 끌어들였다. 그러나 국내 여론의 압력 때문에 김영삼 정부는 4자회담을 추진하면서도 대북 흡수통일을 추구하였다. 이러한 상황에서 4자회담이 남북관계의 진정한 완화를 가져오기는 어려웠다. 더군다나 4자회담은 김영삼 정부 임기말에 제기되었기 때문에 실제로는 김대중 정부시기에 추진되었다.

김대중 정부가 출범한 후 튼튼한 안보태세를 확보하면서 흡수통일이 아닌 대북 화해·협력의 정신에 따라 보다 더 구체적이고 체계적이며, 한반도 냉전구조해체를 지향하는 다자안보협력 구상을 제기하였다. 이 구상은 김대중 정부가 햇볕정책을 포괄적으로 추진하는 과정에서 실천되었다. 이러한 대북 교류와 화해·협력에 초점을 두는 햇볕정책은 한반도 평화 정착을 추구하는 장기적인 전략이기 때문에 오랫동안의 실천과정을 거쳐서야 그 목표를 실현할 수 있다. 짧은 5년의 임기 동안 이러한 거창하고 장기적인 전략목표는 실현되기가 힘들다.

2003년 출범한 노무현 정부는 기존의 대북 포용적 정신을 계승하고 대북정책을 보다 더 발전적으로 구상하였다. 즉 노무현 정부가 남북한의 차원을 넘어 동북아 지역의 평화와 공동번영을 지향하고 외교·안보·통일 정책을 포섭하는 평화번영정책을 제안하였던 것이다. 마찬가지로 다자안보협력을 통한 평화번영정책 추진과정에서 북핵 문제 해결의 부진, 한·미동맹의 조정 등 문제로 인하여 노무현 정부도 많은 비판을 받게 되었다. 그럼에도 불구하고 김대중 정부의 햇볕정책과 노무현 정부의 평화번영정책은 남북관계의 긴장 완화, 신뢰구축 및 북한의 변화 등 측면에 큰 기여를 하였다.

이명박 정부는 출범한 후 과거 10년 동안 추진해 온 대북 포용적 화해·협력의 기조에서 이탈하여 실용주의와 상호주의에 입각하는 '비핵·개방·3000 구상'이란 강경·압박 정책을 추진해 왔다. 이러한 실용주의와 상호주의 기조에 따라 이명박 정부는 남북관계의 개선보다 한·미관계의 강화, 장기적인 포용을 통한 북한의 스스로 변화보다 전반적인 대북 우세환경 조성을 통한 북한의 가시적 변화를 더 중요시한다. 즉 김대중·노무현 정부의 대북정책은 북한의 스스로 변화를 유도하는 것이라면 이명박 정부의 대북정책은 압박을 통한 북한의 가시적 변화를 도모하는 것으로 보인다. 이러한 이명박 정부의 대북정책 기조의 급격한 전향은 북한의 반발과 비난을 야기하여 한반도 정세는 다시 원점으로 돌아가게 하였다.

제4장

중국의 한반도 정책과 다자안보협력 구상

중국은 오래 전부터 한반도와 밀접한 관계를 유지해 온 이웃나라다. 특히 탈냉전 이후 경제의 급성장에 따라 중국이 지역의 강대국뿐만 아니라 소위 'G2시대'의 하나로 부상하고 있다. 따라서 한국 정부는 한반도의 평화 정착을 추진하는 데 중국의 입장과 역할을 고려할 수밖에 없다.

본 장에서는 한국 김영삼 정부시기부터 이명박 정부시기까지의 한반도 평화 정착을 지향하는 다자안보협력 구상들에 대한 중국의 입장 변화를 중점적으로 검토하고자 한다. 이를 위하여 중국의 안보관 변화 과정, 다자안보협력에 대한 중국의 입장, 그리고 대한반도 정책 등을 살펴보기로 한다.

Ⅰ. 중국의 안보관 변화

냉전의 초기에 중국은 자국의 안보를 지키기 위하여 진영외교 노선을 선택하였다. 중·소관계의 악화에 따라 중국은 국내외 상황의 변화로 인해 진영외교에서 점차 벗어나 反패권주의와 독자노선을 강조하였다. 덩샤오핑이 집권한 후 反패권주의와 독자노선을 견지하면서도 대외혁명투쟁보다 국력증강을 목적으로 하는 도광양회(韜光養晦)의 전략을 도입하였다. 그 핵심 내용은 실리추구의 대외 경제개혁개방을 실시하는 것이었다. 탈냉전 이후 중국은 전면적인 개혁개방 정책을 지속 추진하기 위하여 세계화의 흐름에 전면적으로 편입될 수밖에 없다.

이러한 현실상황에서 쟝쩌민, 후진타오 정부는 기존의 독자노선과 도광양회 전략을 계속 시행하고 쌍무적인 양자외교관계를 발전시키면서도 다자주의적 안보협력 모델도 수용하게 되었다. 이 절에서는 덩샤오핑 시기부터 후진타오 정부까지 중국의 안보관의 변화과정을 중점적으로 살펴보고자 한다.

1. 덩샤오핑 시기의 안보관

1949년 중화인민공화국 성립 후 마오쩌둥을 비롯한 중국 지도자들은 자국의 안보를 지키기 위하여 소련에 치우친 진영외교를 전개하였다. 그러나 특히 중·소 관계가 악화되자 중국은 진영 외교 노선을 포기하고 '독자노선', '평화공존', '反패권주의'란 외교안보 원칙을 세웠다. '평화공존'은 주지한 바와 같이 평화5원칙을 지칭하는 것이고, '독자노선'은 타국과 동맹을 체결하지 않으며 타국의 내정을 간섭하지 않다는 것을 의미하며, '反패권주의'는 패권행위를 하는 국가를 반대하는 것이다.

특히 反패권주의 노선에서 중국의 안보 인식을 분명히 반영하였다. 즉 중국은 패권주의가 타국의 내정불간섭과 주권존중 원칙을 파괴하여 불공정한 舊 세계질서를 존속시키며 국제 안보불안의 근원이 된다고 생각하였다. 이러한 인식은 과거 제국주의의 침략을 받은 역사적 경험을 바탕으로 형성된 것으로 볼 수 있다. 따라서 중국의 지도자들은 패권주의에 의해 중국의 주권과 영토가 침해당할 경우 국가방위를 위하여 단호 반격할 것임을 거듭 강조하였다.[1)]

덩샤오핑 집권 초기에는 마오쩌둥 시기의 '反패권주의'의 외교안보사상을 계승하였다. 그러나 덩샤오핑은 당면한 국내외의 현실상황을

1) 姚延進·劉繼生, 1994,『鄧小平新時期軍事理論硏究』, 北京: 軍事科學出版社, 16面.

객관적으로 분석하여 농업, 공업, 과학기술, 국방 등의 4개 분야에서 현대화를 실현하는 것을 중국의 최우선 과제로 설정하였다. 이러한 목표를 실현하기 위하여 1978년 11기 3차 중공중앙 전원회의에서 국제적 反패권주의에서 자국의 경제발전으로 국가 발전전략의 중심을 옮기고 대외개혁개방을 실시하기로 결정하였다. 중국의 개혁개방은 중국 외교에 새로운 변화를 가져왔다. 즉 중국의 외교 정책은 이데올로기 중심에서 실사구시(實事求是) 중심으로, 정치·군사 중심에서 경제개발 중심으로, 세계 지정학 중심에서 주변 지역 중심으로 바뀌어 갔다.[2)]

1980년 덩샤오핑은 '세계평화를 위한 反패권주의', '대만을 포함한 국가통일', '사회주의 현대화 건설의 가속화' 등을 80년대 중국의 3대 임무로 설정하였고, 그 중에 경제발전은 국제와 국내 문제 해결을 위한 핵심이라고 강조하였다.[3)] 경제건설과 개혁개방의 실시를 위한 평화적이고 안정된 국제환경을 조성하기 위하여 국가 간의 '평화공존'과 '독자노선', '반패권주의'의 외교안보 기조를 계속 유지하였다. '평화공존'의 개념은 1950년대의 안보적 차원과 더불어 경제협력의 중요성을 의미하였다. '독자노선'은 脫이데올로기화를 지향하고 대외 개방 정책에 의해 경제발전에 필요한 선진국의 과학기술, 자본, 장비, 경영 지식을 도입하고 국제무역을 신장하며, 국제경제기구에 적극적으로 참여하기 위한 노선이다. 또 반패권주의는 경제발전을 저해하는 패권주의가 세계도처에 존재하므로 제3세계 국가들이 단결하여 패권주의에 반대해야 한다는 것이다.[4)]

특히 1980년대 중반부터 안보환경에 대한 중국 지도부의 인식은 크

2) 한석희, 2001, 「탈냉전 시기의 중국의 대한반도 정책」, 『연세사회과학연구』 第7집, 연세대학교 사회과학연구소, 76쪽.

3) 中共中央文獻編輯委員會 編, 1993, 『鄧小平文選』 第2卷, 北京: 人民出版社, 239~241面 참조. 이후부터 이 자료집은 『鄧小平文選』으로 인용함.

4) 金永文, 1993, 「鄧小平 時代의 外交政策과 實事求是의 役割」, 『中蘇硏究』 제17권 제2호, 한양대학교 아태지역연구센터, 16~22쪽 참조.

게 전환되었다. 1970년대 후반부터 미·소 냉전 대립관계가 완화되었고 중·미관계 정상화가 이루어졌으며 중·소 관계도 회복의 양상을 보이기 시작하였다. 이러한 시대 상황 하에 덩샤오핑을 비롯한 중국 지도부가 '평화'와 '발전'이 현 세계의 주요 과제라는 새로운 인식을 가지게 되었다.[5] 그들은 사실 반제국주의와 반패권주의보다 강대국 간의 화해와 군축을 더 강조하였다. 왜냐하면 중국이 현대화를 계속 추진하기 위하여 미국 및 서방선진국의 지원과 막대한 재원이 필요하며, 또 미·소가 군축을 한다면 중국은 군사력 강화를 위한 비용을 절약하고 현대화를 적극 추진할 수 있기 때문이다.

평화와 발전이 세계 발전의 흐름이라는 덩샤오핑의 판단 하에 중국은 대외적으로 경제발전을 밑받침하는 평화공존, 독자노선, 反패권주의 등의 외교안보 노선을 계속 견지하고 추진하였다. 이들 외교안보 노선은 과거의 국제적 위상 향상이란 이데올로기적 목적에서 벗어나 개혁개방과 경제발전을 위한 안정적이고 평화적인 주변 환경의 조성과 유지에 근본 목적을 둔 것이라고 생각한다.

1980년대 말부터 국제 정세와 국내 정세의 커다란 변화가 일어났다. 중국 국내적으로는 개혁개방에 따른 정치적 부작용이 드러나 1989년 천안문 사건이 일어났다. 이 사건으로 인해 중국은 미국을 비롯한 서방국가들의 경제제재에 직면하게 되었다. 국제적으로는 소련의 신사고 전략 하에 동유럽과 소련의 사회주의 진영이 붕괴되었다. 이것은 개혁개방을 추진하던 중국 사회주의 체제에 중대한 시련이 되었다. 이러한 상황에서 덩샤오핑은 "시국을 냉정하게 관찰하고, 동요하지 말고 침착하게 대응하면서 국력을 배양하며, 지킬 것을 지키고 패권을 추구

5) 1985년 3월 덩샤오핑이 이미 처음으로 복잡다단한 세계적 현상을 '평화'와 '발전' 문제로 명확히 요약하였다. 그는 "현재 지구적 문제는 두 가지만 있는데 하나는 평화 문제이고 또 하나는 경제 문제 혹은 발전 문제이다. 평화 문제는 세계 정치적 문제이고, 발전 문제는 경제적 문제이자 세계의 핵심 문제"라고 밝혔다. 『鄧小平文選』 第3卷, 56面.

하지 않으며 국제신질서의 건립을 위하여 행동을 취할 것"6)을 중국의 실리주의적 안보전략 지도이념으로 정하였다. 이러한 지도이념에 따라 중국은 패권주의와 강권정치에 반대하여 세계평화를 지키고 새로운 국제정치·경제 질서를 건립해야 한다는 외교안보 정책기조를 견지하였다.

요약하자면 덩샤오핑 시기 중국의 안보관은 평화적 국제 환경의 조성·유지에 노력하면서 경제발전을 통한 국력의 향상을 바탕으로 국가안보를 확보하려는 것이었다. 기본적으로 도광양회라는 국가 발전전략과 反패권주의와 독자노선을 견지하고 외교·안보적으로 주로 쌍무적 관계를 추진해 왔다. 1997년 2월 덩샤오핑이 사망할 때까지 이러한 현실주의적 안보관이 중국의 대외관계 전개의 근본 지도이념으로 역할을 하기 때문에 당시 미국과 러시아에 의해 제기되던 다자안보협력에 대해 중국은 유보적 입장을 취하게 되었다.

2. 장쩌민 시기의 안보관

1990년대 중반 이후 국제 정세의 변화에 따라 덩샤오핑 시기의 안보관은 두 가지 이유로 수정되게 되었다. 첫 번째는 비군사적 안보 문제를 다루기 위한 국제적 안보협력을 진행할 필요가 있다. 냉전의 종식에 따라 전 세계 차원의 대규모 군사충돌 가능성이 사라지면서 테러리즘, 마약밀매, 환경오염 등 비군사적 국제 문제들이 국제현안으로 등장하기 시작하였다. 이러한 세계 안보 흐름의 변화로 인해 동북아 지역은 전통적 군사안보 문제와 비군사적 안보 문제에 동시에 직면하게 되었다. 이러한 안보과제의 해결은 관련국들 간의 다자안보협력을 필요로 한다.

두 번째 이유는 미국의 안보위협에 대처하기 위한 국제적 협력이

6) 『鄧小平文選』 第3卷, 320~321面.

필요한 것이다. 탈냉전 이후 중국이 느끼는 군사 안보위협은 세계 유일한 강대국인 미국과의 안보전략상의 대립에 근거하고 있다. 즉 미국과의 안보전략상의 이익이 충돌함으로써 중국이 미국으로부터 안보위협을 받고 있다는 것이다.7) 이러한 인식은 다음과 같이 몇 가지 이유로 형성된 것이다.

우선 냉전 이후 미국은 유럽에서 나토(NATO)와 관계를 그리고 동아시아에서는 미·일동맹, 한·미동맹 등 양자동맹을 강화해 오고 있다. 중국은 미국이 이를 통해 세계 안보질서를 지배하여 세계 패권을 추구하는 것으로 간주하고 있다.

다음으로 미국은 아시아 태평양 지역에서 미사일방어체계(MD)를 적극적으로 구축하고 있다. 이것은 중국과 러시아의 전략 핵무기와 미사일을 무력하게 만들려는 데 의도가 있다고 중국은 인식한다.

또한 미국이 중국 주변 지역에 침투하는 행동에 대해 중국이 크게 우려하고 있다. 9.11 사건 이후 미국 부시 행정부가 국제 반테러전의 기회를 이용하여 필리핀, 인도, 몽골, 베트남 등 중국 주변 국가와 군사관계를 강화해 왔다. 이와 동시에 미국은 중국이 상대적 안전지대로 간주해 온 내륙 국가인 아프가니스탄과 키르기스스탄, 타지키스탄 등 국가들에까지 미군을 주둔시켰다. 중국은 미국의 이러한 행동이 남해 도서 문제에 대한 중국의 입지를 축소시키고 중국의 에너지 수송통로에 위협을 가함으로써 중국을 견제하려는 의도를 가지고 있는 것으로 인식할 수밖에 없다.8)

이와 동시에 미국을 비롯한 서방 국가들도 중국의 부상을 우려하여 '중국위협론'을 제기하고 확산시키고 있다. '중국위협론'의 확산은 중국 주변 국가의 의구심을 야기하여 중국의 국제적 활동 범위를 축소시

---

7) 胡鞍鋼 編, 2003, 『中國大戰略』, 杭州: 浙江人民出版社, 109面.
8) 辛本健, 2004, 「美國外交政策軍事化及對中國安全的影響」, 『中國評論』 2004年 第6期, 北京: 國家圖書館出版社, 27~29面.

켰다. 이것은 중국의 주변 정책의 실시 나아가 경제성장에 커다란 부정적 영향을 미치고 있다. 따라서 '중국위협론'을 불식시키는 것은 중국이 당면한 전략적 과제가 되었다.

이러한 안보위협에 대비하기 위하여 중국은 군사동맹을 통한 안보개념을 냉전시대의 유산으로 비판하면서 국제질서의 다극화를 강조한다. 즉 중국은 다자안보협력을 추진함으로써 미국의 패권을 견제하고자 한다. 그러나 미국의 강대한 실력을 감안하여 중국은 일국의 힘만으로는 미국의 패권을 견제하기 어렵다고 판단하였다. 그 결과 협력안보로 대변되는 '신안보' 개념을 제기하게 되었다.

중국은 1997년 3월 ARF회의에서 주권존중과 분쟁 평화적 해결 원칙에 따라 대화, 협상, 협력 등 평화적 방식을 통해 지역안보를 지켜야 한다는 신안보관을 제기하였다. 그 해 4월 세계다극화와 국제신질서 건립에 관한 중·러 정상성명에서 중국은 신안보관을 체계적으로 제시하였다. 즉 평화적 방식으로 국가 간의 분쟁을 해결하고 대화와 협상을 통해 국가 간의 상호이해와 신뢰를 증진하며 양자 또는 다자협력을 추진함으로써 평화와 안보를 추구해야 한다는 것이다.[9] 1999년 3월 제네바 군축회의에서 장쩌민 주석이 중국의 신안보관을 보다 더 전면적으로 설명하였다. 그는 군사동맹과 군비증강에 입각한 전통안보관은 항구적 세계 평화를 가져올 수 없어 시대요구에 부합된 신안보관이 필요하다며, 이 신안보관의 핵심은 '상호신뢰(互信), 호혜(互利), 평등(平等), 합작(合作)'이어야 하다고 강조하였다.[10] 이러한 주장은 2000년 9월 UN 각국 정상대회에 장쩌민 주석의 연설에서 재차 제기되었다.

중국공산당 창립 80주년 기념대회에서 장쩌민 주석은 신안보관을 해석하면서 신안보관 핵심용어 중의 '합작'을 '협력'으로 바꾸었다. 그

9) 吳兆雪·馬延琛, 2006, 「中國新安全觀與構建和諧世界」, 『世界經濟與政治論壇』 2006年 第6期, 南京: 江蘇省社會科學院世界經濟研究所, 85面.

10) 中共中央文獻編輯委員會 編, 2006, 『江澤民文選』 第2卷, 北京: 人民出版社, 313面.

는 국제사회에서 '상호신뢰', '호혜', '평등', '협력'을 핵심으로 한 신안보관을 수립하여 장기적이고·안전적인 국제 평화 환경을 조성하는데 노력해야 한다고 역설하였다. 이 연설은 중국의 신안보관의 공식적 정립을 의미한다.11)

신안보관 중의 '互信'은 이데올로기와 사회제도를 초월하고 냉전적 사고와 강권의식을 포기하여 서로 의심·적대시하지 않는다는 것이고, '互利'는 세계화의 시대에 자국의 안보이익을 지키는 동시에 타국의 안보이익을 존중해야 한다는 윈-윈(Win-Win) 협력외교이다. '平等'은 국가의 대소와 강약을 막론하고 모두가 타국의 내정에 간섭하지 않고 평등하게 국제사회에 참여한다는 것이다. '協作'은 각국이 평등대화의 방식으로 분쟁을 해결하고 공동의 안보현안 문제를 해결하기 위하여 높은 수준의 협력을 전개함으로써 전쟁 혹은 무력충돌을 방지한다는 것이다.12)

2002년 7월 중국은 ARF 외무장관 회의에 「중국 신안보관에 관한 입장문건」을 공식적으로 제출하였다. 이 문건은 새로운 국제상황에 대응하는 중국의 안보관과 정책 입장을 상세히 설명하고 있다. 중국은 신안보관은 일정한 규제력을 지니는 다자안보협력체, 다자안보 포럼, 신뢰증진을 취지로 한 양자안보협상 및 비정부적 안보대화 등 다양한 추진 형식을 포함한다고 주장한다. 그리고 세계는 문화와 정치 체제가 다양한 국가로 구성된 것이며 특히 아태지역은 더욱 그렇다고 강조한다. 나아가 안보협력은 경제 체제와 정치 체제가 비슷한 국가 사이에 추진될 뿐만 아니라 경제 체제와 정치 체제가 상이한 국가 간에도 진행될 수 있다고 강하게 주장한다.13)

---

11) 叢鵬, 2004, 『大國安全觀比較』, 北京: 時事出版社, 271面.

12) 徐堅, 2004, 「和平崛起是中國的戰略決策」, 『國際問題研究』 2004年 第2期, 北京: 中國國際問題研究所, 5面.

13) 인터넷 자료: 「中國關於新安全觀的立場文件」, 中國外交部網: http://www.fmprc.gov. cn/chn/pds/zili ao/tytj/t4549.htm(검색일: 2010년 1월 20일).

쟝쩌민 시기의 신안보관은 탈냉전 후 복잡다단한 국제 정세 변화에 따라 덩샤오핑 시기의 현실주의 안보관에서 점차 벗어나 협력안보 이론을 수용하여 형성된 것으로 보인다. 이 신안보관은 주권국가의 자주성과 평등성, 세계의 다양성, 국제분쟁의 평화적 해결 및 공동이익을 위한 호혜협력을 강조한다. 신안보관에 따라 중국은 아태지역에서 적극적, 주도적 영향력을 행사하고 전 지구적 범위에서 건설적인 역할을 발휘할 수 있는 국가가 될 것을 21세기 중국 외교 정책의 3대 기본수요 중의 하나로 설정하였다.[14] 이러한 기본목표를 향하여 중국은 국제기구에 참여하고 국제 안보 현안 문제의 평화적 해결을 위하여 다자협력을 적극적으로 전개하기 시작하였다.

3. 후진타오 시기의 안보관

경제발전을 지속추진하면서 세계 체제로 본격적으로 편입됨에 따라 중국은 국제사회와의 협력의 필요성을 느끼게 되어 신안보관을 21세기 중국의 안보전략으로 규정하였다. 1997년 아시아 금융위기를 계기로 중국과 국제사회 간의 관계는 크게 전환되었으며 상호의존의 수준을 넘어 나날이 공생관계로 발전해 나가고 있다. 중국은 경제의 지속적 발전을 위하여 필히 세계경제의 안정과 번영을 유지해야 하며, 세계의 평화와 안정을 수호하는 것이 자국의 이익을 수호하는 것과 같다고 인식하고 있다. 즉 중국 경제의 발전은 세계의 평화와 안정에서 비롯된 것이며 또한 역설적으로 중국의 발전은 세계의 평화와 공동발전에도 유리하다는 것이다.

---

14) 21세기의 중국 외교에 3가지 기본방침이 제기되었다. 즉 개혁, 발전을 위한 안정적 주변 환경 조성, 영토와 주권 수호, 대국으로서의 이미지 부각 등이 그것이다. 王逸舟, 1999, 「面向21世紀的中國外交: 三種需求的尋求及其平衡」, 『戰略與管理』 1999年 第6期, 北京: 中國戰略與管理研究會, 23面.

위와 같이 중국은 국제사회와의 상생공존 관계의 심화로 인하여 타국의 안보와 자국 안보 간의 관계를 깊이 인식하게 되었다. 특히 후진타오를 위시한 중국의 제4대 지도자들은 국제협력의 제도화를 통해서야 중국의 진정한 안보가 이루어질 수 있다는 것을 더 중요시하였다. 이로써 중국의 국가안보에서 군사안보와 민족국가의 비중이 과거에 비해 상대적으로 약화되고 있으며, 경제안보와 국제기구의 역할에 대한 관심이 증대되고 있다.15)

2003년 출범한 후진타오-원자바오 정부는 장쩌민 시기의 신안보관을 계승·발전하였다. 특히 2005년 후진타오는 당과 국가의 군사위 주석직위에 올라 중국의 당·정·군(黨·政·軍) 최고 권력자로 부상한 후, 장쩌민 시기의 신안보관을 더 한 단계 발전시켰다. 즉 그는 '상호신뢰', '호혜', '평등', '협력'이란 신안보관을 바탕으로 대내적으로는 '사회주의 화해사회 건설(建設社會主義和諧社會)', 대외적으로는 '화해세계 건설(建設和諧世界)'이란 화해공존의(和諧共存) 안보관을 정립하였다.

'화해사회 건설'은 2004년 9월 19일 중국공산당의 16기 4차 전원회의에서 처음 공식적으로 제기되었을 때부터 중국의 중대한 전략임무로 간주되어 왔다. 이것은 노동, 지식, 인재, 창의를 존중함으로써 사회의 활력을 증강시키고 각 계층 간의 이해관계를 조정하여 국민 내부 갈등을 해소시킴으로써 민주적이고 공정한 사회를 조성하는 데 근본 목표가 있다.16)

이러한 '사회주의 화해사회 건설'을 적극적으로 추진함과 동시에 대외적으로 중국은 '화해세계 건설'의 전략구상을 제창하게 되었다. '화해세계 건설'의 구상은 국가주권 존중과 내정불간섭의 기본원칙을 바

15) 劉學成, 2004, 「非傳統安保的基本特性及其應對」, 『國際問題研究』 2004年 第1期, 北京: 中國國際問題研究所, 32~35面.

16) 인터넷 자료: 「中共中央關於構建社會主義和諧社會若干重大問題的決定」, 人民網: http://www.politic s.people.com.cn/GB/1026/4932440.html(검색일: 2010년 1월 21일).

탕으로 하여 국가평등, 국제관계의 다원화, 정치제도와 이데올로기의 다양화, 국제사회의 민주화를 강조한다. 뿐만 아니라 '화해세계 건설' 구상은 국제 문제가 주로 국가 간의 관계라고 단순히 보는 전통적인 관념의 차원을 넘어 세계화의 흐름에 적응한다는 새로운 의미를 지닌다. 즉 기후변화, 테러리즘, 마약밀수 등 비전통적 안보 문제들이 국가와 초국가적 민간단체 및 국제기구 등의 다차원적 협력없이 해결되지 못하여 세계에서의 화해(和諧)상태 내지 인간과 자연간의 화해상태는 이루어질 수 없음을 시사해 주는 것이다.[17)]

'화해세계 건설' 구상은 화해공존의 안보이론을 보여준다. 이러한 화해공존의 안보이론은 '인간 본위(以人爲本)', '사회의 공정', '인간과 자연의 조화' 등 이념을 신안보관에 융합시키는 것이다.[18)] 구체적으로 화해공존 안보이론은 두 가지 측면의 화해상태로 나눌 수 있다. 하나는 인간의 화해공존이다. 즉 국제사회에서 가치관과 사회제도가 다른 국가들은 서로 간에 큰 차이점이 존재함에도 불구하고 신뢰·화목·화해의 자세로 공존하여야 한다는 것이다. 다른 하나는 인간과 자연의 화해공존이다. 즉 인간이 합리적으로 자연 자원을 개발하여 인간과 자연 관계의 지속가능한 발전(可持續發展)을 이루어야 한다는 것이다.[19)] 이 두 가지 측면의 화해공존 상태가 이루어져야만 국제사회에서 항구적 평화와 공동번영이 정착되어 화해세계는 구현될 수 있다.

발전된 신안보관으로서의 화해공존 이론은 현실주의적 무정부 상태의 국제사회를 모든 국가가 화해·공존하는 국제사회로 변환하는 데 그 취지가 있다. 중국의 화해공존 이론은 과거의 경제·군사를 핵심 내용으로 한 현실주의 안보관을 초월하여 인간안보 등 비군사적 안보내

17) 王緝思, 2007, 「和諧世界: 中國外交新理念」, 『中國黨政幹部論壇』 2007年 第7期, 北京: 中共中央黨校, 1面.

18) 李東燕, 「中國的新安全觀」, 『中國社會科學院報』, 2006年 10月 30日.

19) 李大光, 2006, 「和諧共存:中國新安全觀解讀」, 『東北亞學刊』 2006年 第4期, 天津: 社會科學院東北亞研究所, 21~22面.

용을 포함하는 것이다.

2005년 6월 5일 싱가포르에서 개최한 제 4차 아시아안보회의에서 중국 수석대표인 외교부 아시아국 최티안캐(崔天凱) 국장이 중국의 화해공존 신안보관을 공식적으로 발표하였다. 그는 오늘날의 안보 문제는 전통적 정치, 군사 분야에 국한하지 않고 인류사회의 각 분야에 퍼지고 있어 포괄성과 초국가의 성격을 지니고 국가 간의 관계뿐만 아니라 인간사회와 자연 간의 관계와도 연관된다고 하였다. 중국은 전통적 안보 문제 해결에 계속 노력할 뿐만 아니라 날로 증가되고 있는 비전통적 안보 문제의 해결을 중요시하여 국제사회 공동안보의 실현을 최종 목표로 한다고 제시하였다. 이와 동시에 그는 신안보관은 중국이 국제안보 문제를 해결하는 데 근본적 지침이 된다고 덧붙였다.[20)]

2005년 9월 15일 유엔창립60주년 기념대회에서 후진타오 주석은 화해세계로 대표되는 중국의 화해공존의 신안보관을 보다 더 명확하고 자세하게 밝혔다. 후진타오 주석은 기회와 도전 공존의 신시대에 세계 각국이 단결하고 협력해야만 위기와 곤란을 극복하고 항구적 평화, 공동번영의 화해세계를 이룰 수 있다고 강조하였다. 이를 위하여 후진타오 주석은 다음과 같은 몇 가지를 제안하였다.

첫째, 다자주의를 견지하고 공동안보를 실현한다. 즉 세계 각국은 냉전적 사고를 포기하고 상호신뢰, 호혜, 평등, 협력의 신안보관을 수립하며 공정한 안보 체제를 건립함으로써 전쟁과 무력충돌을 예방하여 국제사회의 안정과 평화를 지키는 것이다.

둘째, 호혜와 협력을 견지하고 공동번영을 실현한다. 즉 경제일체화의 흐름 속에 국제사회의 빈부격차 확대를 막기 위하여 개발도상국의 보편적 발전을 추진함으로써 공동번영을 이루어야 한다는 것이다. 보

---

20) 인터넷 자료: 「中國代表在亞洲安全大會上闡術中國新安全觀」, 新華網: http://news.xinhuanet.com/world/2005-06/05/content_3045739.htm (검색일: 2010년 1월 22일).

편적 발전과 공동번영이 이루어지지 않으면 세계에는 평화 정착이 어렵기 때문이다.

셋째, 포용의식을 가지고 화해세계를 함께 건설한다. 즉 문명의 다양성, 독특성 및 각국의 사회제도와 발전모델의 자주적 선택을 존중하는 것이다.

넷째, 적극·타당의 방침을 견지하여 유엔의 개혁을 추진한다. 즉 유엔의 취지와 원칙을 존수하고 합리적으로 개혁함으로써 유엔의 권위성과 효율성을 확보하여 새로운 위협에 대응하는 능력을 향상시키는 것이다.[21)]

이외에 APEC, ARF 등 국제회의에서 중국 지도자들은 중국의 평화발전과 '화해세계 건설' 구상을 여러 차례 천명하였다. 2005년 12월 22일 중국정부는 『중국의 화평발전도로백서(中國的和平發展道路白皮書)』를 처음으로 발표하고 화해세계 건설의 이론을 체계적으로 제시하였다. 이 『백서』에서 항구적 평화와 공동번영의 '화해세계 건설'은 세계 각국 민중의 소망이자 중국 평화발전의 최고목표이라고 밝혔다.[22)] 이 『백서』는 중국이 화해세계 건설의 의지를 세계에 공표하였다.

이 '화해세계 건설'을 지도하는 화해공존 이론은 세계 각국의 지지를 점차 받고 있어 지역의 평화 내지 세계의 평화와 안정에 중대한 역할을 하고 있다. 화해공존 이론은 다음과 같이 몇 가지 특징이 있다.

첫째는 국제사회의 공정성이다. 국제사회의 공정성은 '화해공존'의 본질적 특징이다. 이것은 평균주의를 의미하는 것도 아니고 지나친 빈부격차를 인정하는 것도 아니다.

둘째는 호혜호리(互惠互利)성이다. 즉 선진국이 국가이익을 추구할

---

21) 인터넷 자료: 「努力建設持久和平共同繁榮的和諧世界」, 新華網: http://news.xinhuanet.com/world/2005 -09/16/content_3496858.htm(검색일: 2010년 1월 22일).

22) 中國國務院新聞辦公室 編, 2005, 『中國的和平發展道路白皮書』, 北京: 人民出版社, 23面.

때 후진국의 이익도 함께 고려해야 한다는 것이다.

셋째는 국제사회에 대한 기여에 비례한 이익분배이다. 이것은 인간사회의 이익 추구 본성에 부합하여 각 성원국가의 적극성을 자극함으로써 협력하고 경쟁하는 국제사회를 조성할 수 있다.

넷째는 대등개방과 평등참여이다. 이것은 주로 국가사회 성원국가의 평등과 자유의 권리를 강조하는 것이다.

다섯째는 안정성과 질서이다. 이것은 국제사회에서 합리적 경쟁과 발전이 이루어지는 바탕이고 '화해공존'이론의 중요한 특징 중의 하나이다.[23)]

화해공존이론은 중국의 안보관에 '인간본위', '공정사회', '인간과 자연의 조화' 등 새로운 내용을 포함시키고 '상호신뢰, 호혜, 평등, 협력'의 신안보관을 발전시켰다. 이러한 중국의 신안보관은 이데올로기와 정치 체제의 차이를 초월하고 국가평등, 국제관계의 다원화와 다양화, 민주화의 원칙을 강조하여 각자의 문명, 사회제도 및 발전모델의 선택을 존중하는 것이다.

앞에서 제시한 내용을 분석해 보면 중국의 신안보관은 국제사회에서 국가의 독자성과 다양성을 강조한다는 근본적 특징을 발견할 수 있다. 중국의 이러한 독자성과 다양성에 대한 강조는 국제질서 다극화의 흐름 속에 자국의 내정 문제에 대한 외세의 간섭 또는 내정 문제의 국제화를 회피하려는 데 기인한 것이다. 중국의 신안보관은 '주권초월의 국제 문제개입 원칙'과 '동일한 가치관에 기초한 국제 문제관리 원칙'[24)]을 핵심으로 하는 안보관과 달리 평화공존 5원칙과 독립자주원칙을 강조하는 것으로 보인다.

---

23) 李大光, 앞 논문, 23~24面 참조.

24) 李東燕, 「中國的新安全觀」, 『中國社會科學院報』, 2006年 10月 30日.

Ⅱ. 중국의 대한반도 정책

대륙과 해양 인접지대에 처해 있는 한반도는 역사적으로나 현실적으로나 중국에 대한 중대한 안보 가치가 있다. 특히 오늘날 한반도의 평화와 안정 여부는 중국의 평화발전에 중대한 변수로 직접 작용하고 있다. 중국은 평화발전을 통해 세계 강국으로 부상하기 위하여 한반도의 평화와 안정 상태를 꼭 확보해야 한다. 때문에 한반도 문제에 있어서 중국은 남북한 자주·평화통일지지, 한반도 평화·안정 상태유지, 한반도 비핵화라는 대한반도 정책 기조를 견지해 왔다. 그 중에 한반도의 평화와 안정유지는 중국의 對한반도 문제 가장 근본적 정책기조라고 할 수 있다. 따라서 탈냉전 후에도 남북한 긴장대립의 상황에서 한반도의 안정과 평화 상태 조성에 유리한 다자안보협력을 추진하는 것은 중국의 국가이익에 부합된다고 할 수 있다.

한반도 다자안보협력 구상이 김영삼 정부에 의해 이루어졌으며 김대중, 노무현 정부시기를 거쳐 이명박 정부시기까지 발전해 왔다. 여기서 한반도 다자안보협력 구상에 대한 중국의 입장을 체계적으로 이해하기 위하여 한·중수교를 분기점으로 중국 대한반도 정책의 맥락을 간략히 회고할 필요가 있다.

한·중수교 전까지 중국의 대한반도 정책은 주로 북한의 정치적·외교적 입장을 근본적으로 지지하였다. 1970년대 말부터 중국의 개혁개방 정책 실시 이후 비록 중·북관계는 미세한 변화가 일어나지만 전체적으로 안정된 양상을 보였다.

탈냉전 이후 중국은 실리주의 지도이념에 따라 한국과의 국교 수립을 추진하여 대한반도 등거리 외교 정책을 실시하기 시작하였다. 한·중수교 이후 충격을 받았던 북한이 중국을 강력히 비난하였기 때문에 중북관계는 냉각되었다. 그러나 중국은 안보전략상의 고려로 북한과의 관계가 악화되지 않도록 노력하였고 북한도 對중국 의존관계를 고려하여 중국과의 관계 악화를 원하지 않았다. 따라서 한·중수교 이후 중북관계가 냉각되었지만 양국 지도부간의 방문 및 경제, 군사 분야의 교류는 지속되어 왔다.

1. 한·중 수교 이전 중국의 한반도 정책

한반도의 평화와 안정유지는 중국의 대한반도 정책의 주된 기조 중의 하나이다. 특히 덩샤오핑이 집권한 후 경제건설을 중심으로 한 개혁개방 정책을 추진하는 데 있어 안정적이고 평화적인 주변 환경의 유지가 더욱 중요해졌다. 따라서 앞에서 분석한 바와 같이 중국은 평화공존5원칙에 입각하여 과거 대외 정책의 경직성을 탈피하여 실용주의적 성향을 가지는 脫이데올로기적 '독자노선'을 취하였다. 결국 1970년대 말에 중국은 일본과 미국과 관계를 개선함으로써 개혁개방에 유리한 외부환경을 조성하였다.

중·미, 중·일 관계가 개선된 상황에서 한반도의 안보상황이 중국 개혁개방 정책의 실시에 중요한 변수로 작용하였다. 이로 인하여 중국의 대한반도 정책이 주로 한반도의 안정과 평화 유지, 북한 체제의 존속에 중점이 두어졌다. 북한의 체제존속은 한반도의 평화와 안정에 있어서 중요한 요소일 뿐만 아니라 중국의 중대한 안보이익에 직결되고 있다. 지정학적 중요성 때문에 북한 체제가 붕괴하거나 흡수통일 당하는 것은 중국으로서는 감당하기 어려운 사안이다. 따라서 덩샤오핑 시기에, 적어도 한·중수교 시기 전까지 중국은 북한의 정치·외교적 입장을 지지하여 북한과의 혈맹관계를 유지하면서 북한의 체제가 붕괴되지 않는 방향으로 대북정책의 초점을 맞추어 왔다.

한반도의 긴장환화를 위하여 양국의 최고 지도자들이 교차 방문하였고 경제와 군사분야에서 상호 협력을 강화하였다. 1981년 자오즈양(趙紫陽) 총리가 북한을 방문하여 가진 김일성과 회담한 후 "미군의 한반도 주둔이 동북아에 불안을 가져다주는 주요한 요인"이라고 미국의 한반도 정책을 비난하였으며, "지역의 긴장 완화를 위하여 본인이 미국과 중재할 의사가 있다"고 밝혔고 북한의 '고려민주연방공화국'이란 통일 방안을 지지한다는 입장을 표하였다.[25] 1982년 6월 중국의 경뱌오(耿飈) 국방부 부장이 북한을 방문하여 북한의 인민무력부장 오진우와 회담하고 "어깨를 나란히 해서 싸울 것"과 경제·군사 원조를 약속하였다.[26] 1983년 제 6기 전국인민대표대회 1차 회의에서 자오즈양 총리가 정부업무보고에서 "중국인민은 조선인민을 영원한 혈맹동지로 생각하며 그들이 자주·평화통일에 대한 투쟁을 지지한다"[27]고 공표하였다. 1984년 5월 제2차 회의에서도 북한의 입장을 지지한다는 성명을 발표하였다. 중국은 북한을 존중하고 지지하여 양국지도자들의 상호방문을 통해 우호협력을 강화함으로써 많은 발전을 취득할 것이라고 발표하였으며, 북한이 주장하는 평화통일방안과 미군철수를 지지하고 정전협정이 평화협정으로 전환되기를 희망한다면서 북한·한국·미국이 3자 회담하는 것에 찬성한다고 하였다.[28]

이와 같이 중국은 양국 간의 고위 지도자회담에서나 한반도 문제와 관련된 각종 외교 성명에서나 북한의 정치·외교 정책을 지지한다는

---

25) 「趙紫陽團長在朝鮮黨和政府擧行的歡迎中國黨政代表團宴會上的講話」, 劉金質·楊淮生 共編, 1994, 『中國對朝鮮和韓國政策文件匯編』 第5卷, 北京: 中國社會科學院出版社, 2,329面. 이후부터 이 자료집은 『中國對朝鮮和韓國政策文件匯編』으로 인용함.

26) 「中國軍事代表團團長耿飊在朝鮮訪問時的兩次講話」, 『中國對朝鮮和韓國政策文件匯編』 第5卷, 2,348面.

27) 인터넷 자료: 趙紫陽, 「政府工作報告(1983年)」, 中國常駐聯合國代表團網: http://www.china-un.org/chn/zjzg/t539640.htm(검색일: 2010년 2월 2일).

28) 인터넷 자료: 趙紫陽, 「政府工作報告(1984年)」, 위의 웹사이트(검색일: 2010년 2월 2일).

일관적 입장을 공식적으로 강조해 왔다.

또 중국과 북한 지도부 간의 빈번한 방문과 정치, 경제, 군사 분야에 수많은 협정 체결은 양국관계의 안정적이고 발전적인 관계를 보여주었다. 특히 양국 지도부 간 상호방문의 횟수가 이례적으로 많았다. 1980년대에 들어 덩샤오핑, 후야오방, 화궈펑(華國峯), 리시안니안(李先念), 양상쿤(楊尙昆) 등 중국의 지도자들이 선후에 북한을 방문하였고 김일성, 이종옥, 연형묵 등 북한의 고위 지도자들이 중국을 여러 차례 방문하였다. 통계에 따르면 1982년 9월부터 1992년 6월까지의 10년 동안에 중·북 고위지도자 간의 상호 방문은 85차례나 이루어졌다.[29]

따라서 한·중수교 이전의 중국과 북한은 근본적으로 우호동맹관계를 유지해왔다고 할 수 있다. 비록 중국의 개혁개방 정책 추진과정에 발생한 한·중 간의 간접교역에 대해 북한이 불만을 표하였지만[30] 이것은 이 시기의 중·북 관계에 별 다른 영향을 미치지 않았다.

2. 한·중 수교 이후 중국의 한반도 정책 변화

한·중 수교 이후 중국의 대한반도 정책은 변화가 생겼다. 1970년대 말부터 실리주의 정책에 따라 중국은 일본과 미국과 외교관계를 수립하였으며, 1980년대에 접어들면서 한국과 접촉하기 시작하고 점차 한국의 존재를 인정하였다. 중국의 한국에 대한 실질적인 정책 전환을 예고하였던 것은 1982년 '독립자주 외교방침'의 발표였다.[31] 이 방침

---

29) 陳峰君, 앞의 책, 307面.

30) 1982년 4월에 덩샤오핑, 후야오방이 평양을 방문하고, 9월에 김일성이 북경을 방문했을 때 북한이 한·중 간의 교역에 강력히 항의하였기 때문에 중국은 한국과의 교역에 규제를 가하였다. 김동성, 1984, 「중공의 1980년대 외교전략·전술과 한반도: 국가목표, 외교원칙, 외교전략의 상관성을 중심으로」, 『中蘇研究』 제8권 제3호, 한양대학교 아태지역연구센터, 39쪽.

31) 중국의 '독립자주' 외교방침의 핵심은 사회의 제도나 이데올로기를 기준으로

은 적어도 외교 정책 기조상으로는 한국과의 관계 설정에 가장 큰 장애를 제거하였다고 볼 수 있다. 이러한 시점에서 한국과 중국과의 직접적인 당국 간의 교섭을 가능하게 했던 중국 민항기 납치사건(1983년)이 일어났다. 이 사건의 해결 협상을 위하여 한·중 양국 간 공식접촉이 처음 이루어지게 되었으며 한국정부의 적극 협조 하에 납치사건이 해결되었다. 이 사건의 해결 과정에 한·중 양국은 상대방의 실체를 사실상 승인하게 되었다. 그 후에 양국은 민간교역을 계속 추진하면서 각종 국제회의나 국제기구에서 협조의 자세를 보였다.

1992년 덩샤오핑은 중국의 남방을 시찰한 후에 전면적 개혁개방 정책을 추진하고 사회주의 시장경제 체제를 구축하기로 결정하였다. 이러한 국가발전 전략에 따라 중국은 자주노선에 입각하여 1992년 8월 24일에 이미 UN에 가입하고 중국과 간접교역을 확대해 온 한국과 국교를 수립하였다. 한·중 수교는 중국의 대한반도 전략의 중대한 조정을 시사해 주었다. 즉 중국은 냉전시기부터 유지해 왔던 북한 일변도의 한반도 정책을 조정하고 대남북한 등거리 정책을 점차 취하기 시작하였다. 2장에서 분석한 바와 같이 한·중 수교는 탈 냉전기에 국제관계 발전변화 흐름 속에 이루어진 결과이다. 한·중 수교에 대한 중국의 전략적 고려를 살펴보면 다음과 같다.

첫째, 국가 안보전략상 중국은 한·중 수교를 통해 미국의 對중국 제재·봉쇄 정책을 타파하고 소련 붕괴 이후 동북아 지역에서 미국의 독주를 견제하고자 하였다. 냉전 종식 이후 미국의 동북아전략은 잠재적 지역도전국가의 등장을 방지하는 것이다. 소련이 해체된 상황에서 미국은 당연히 개혁개방을 통해 점차 부상하던 중국을 자국의 잠재적 도전국가로 인식하게 되었다. 중국은 미국에 의한 포위와 억제를 벗어나기 위하여 미국의 동맹국인 한국과 국교 수립을 추진하게 된 것이다.

국제적으로 중대한 문제를 결정하는 것이 아니라 평화5원칙에 의거하여 세계의 모든 나라와 관계를 결성한다는 것이다.

둘째, 사회주의 시장경제 체제 건설을 위한 전면적 개혁개방 정책을 추진하는 데 있어 안정적이고 평화적인 주변 환경이 특별히 필요하였다. 미·소 냉전종식의 세계 흐름 속에 중국은 동북아 지역의 평화 정착을 위하여 한·중 간의 냉전 상태를 조속히 끝내야 한다고 인식하였다. 1970년대 후반부터 미·소 등 세계 주요 국가간의 관계가 회복되기 시작하였다. 이러한 국제관계의 흐름 속에서 중국은 개혁개방 정책을 실시하고 미, 일, 러 등 주요 국가와의 관계를 점차 개선하였다. 그러나 탈냉전기에 들어와서 동아시아지역에서 한국이 중국과 국교를 수립하지 않았고 국제법적으로 양국관계는 여전히 적대적 전쟁상태에 있었다. 양국관계의 적대상태는 국제사회 발전의 흐름과 일치하지 않은 것이며 지역의 안정과 평화환경의 조성에 불안정적 요소로 작용하고 있었다. 동북아 지역에서 이와 같은 안보불안 요소의 존재는 중국의 전면적 개혁개방의 진행을 저해할 것이라고 중국은 인식하였다. 따라서 한·중 수교를 추진하여 동북아 지역의 안보불안 요소를 감소시키는 것은 매우 중요하였다.

셋째, 한국과 국교를 수립함으로써 사회주의 시장경제 건설을 위하여 국제사회로부터 재원을 조달하고자 하였다. 1992년부터 중국은 사회주의 시장경제 건설을 기본국책으로 정하였다. 시장경제의 추진은 거액의 외부투자와 선진적 산업기술의 도입을 필요로 하였다. 한국은 70-80년대 경제개발의 성공을 통해 많은 잉여자금과 경험 및 산업기술을 보유하고 있었다. 중국은 한국과 국교를 수립할 경우 한국의 잉여자금이 중국시장에 투입되며 투자와 함께 선진적 산업기술과 경험도 중국에 도입될 수 있다고 판단하였다. 이러한 판단 하에 중국은 노태우 정부의 북방정책에 맞춰서 한국과 민간교역을 전개하면서 한·중 수교를 이루었다.

넷째, 국제사회에서 대만 분리주의 세력의 입지를 축소하기 위하여 적극적으로 한·중 수교를 추진하였다. 탈냉전 후 대만의 분리주의 세력이 점차 부상하며 대만의 독립을 적극 추진하기 시작하였다. 대만 통일은 중국의 가장 핵심적 국가이익이기 때문에 대만의 독립은 중국으로서 결코 받아들일 수 없는 일이었다. 중국은 대만의 분리를 막기 위하여 무력 사용을 포함한 모든 수단을 취할 것이라고 여러 차례로 공표하였다. 그러나 무력 사용은 중국의 개혁개방 정책에 방해할 것이다. 그러므로 중국은 대만의 분리를 미연에 방지하기 위하여 국제사회에서 정치·외교적 수단을 통해 대만의 운신여지를 축소시키는 데 노력을 경주해 왔다. 당시에 동아시아에서 대만과 외교관계를 유지하고 있는 나라는 한국뿐이었다. 따라서 중국은 한국과 국교를 수립함으로써 대만과 한국의 외교관계를 단절시키고자 하였다.

위와 같은 몇 가지 전략적 고려에 따라 중국은 한국과의 국교 수립을 적극적으로 추진하여 1992년 8월 24일 한국과 외교관계를 정립하였다. 한·중수교로 한·중 양국은 아시아 태평양지역 국가의 일원으로 상호 협력할 수 있게 되었다. 주지하듯이 한·중 수교 이후 양국은 경제교역과 협력의 측면에서 커다란 성과를 얻어냈고 상호의존의 관계를 형성했을 뿐만 아니라 정치·외교관계 측면에서도 주목할 만한 결실을 거두었다.

한·중 수교 이후 양국관계는 급속히 발전하였다. 특히 양국 간 경제협력이 가속화되었으며 경제교류가 더욱 활발해졌다. 수교 당시 양국 간의 교역이 60억 달러였는데 2012년 말까지 교역규모가 폭발적으로 증가하여 2400억 달러를 돌파하였다. 중국은 한국의 최대 교역대상국으로 부상하고 한국은 중국의 제4대 교역대상국이 되었다. 특히 한국의 대중국 무역 의존도가 20%를 넘었고 대미국 무역의존도 9.7%를 두 배 이상 압도한 것은 눈에 띄는 것이다.[32)]

정치 분야에서는 양국 정부, 의회의 최고위급 지도자간의 교환방문이 해마다 여러 차례 진행되었다. 이로써 한·중 우호관계가 발전해 나

32) 『경향신문』, 2010년 2월 1일자.

갈 수 있는 기반이 마련되었다. 이와 함께 양국의 관계도 부단히 격상되어 왔다. 수교 당시의 '선린우호 협력 관계'가 1998년에는 '협력적 동반자 관계'로 되었고, 2003년에는 '전면적 협력 동반자 관계'로 올라섰으며, 2008년에는 '전략적 협력 동반자 관계'로 격상되었다.

한·중 수교와 수교 이후 한·중관계의 급속 발전은 북한에게 큰 충격이 될 수밖에 없었다. 1992년 9월 27일 북한은 조선중앙방송을 통해 중국의 한국과의 관계정상화 정책을 "현대 수정주의자의 반사회주의책동"이라고 원색적으로 비난하였으며, 중국을 "제국주의자에 굴복한 배신자·변절자"로까지 매도하였으며, 중국의 경제개혁개방 정책에 대해서도 "수정주의적 정책"[33)]이라고 비판하였다. 이로 인하여 중·북간에 지속되어 온 특별관계는 냉각되었다. 한·중 수교 이후 거의 10년 동안 중·북 양국 최고지도자의 교환방문이 한 차례도 이루어지지 못하였고 중요한 정책결정 시 사전·사후 통보 및 협의도 진행되지 않았다는 사실은 중·북 관계의 심각한 소원화(疏遠化)를 보여주었다.

한편 중국은 근본적 국가 발전전략인 사회주의 시장경제 건설을 추진하는 데 국제사회의 지지가 필요하였기 때문에 중국의 한반도 정책은 북한 일변도에서 벗어나 대남·북한 등거리 외교로 변해지기 시작하였다. 1993년 3월 북한이 핵확산금지조약(NPT) 탈퇴를 선언하자 중국은 한반도 비핵화 입장을 밝히면서 북한의 NPT 탈퇴와 핵무기 개발 정책을 반대한다고 발표하였고, 유엔 안보리의 대북 제재결의안에 대해서도 거부권을 행사하지 않았다. 이는 중국의 대한반도 정책의 조정을 보여주는 것이었다.

중국의 대한반도 정책 변화는 1994년 11월 한국을 방문한 리펑(李鵬) 총리에 의하여 구체적으로 나타났다. 당시 리펑 총리는 대남북한 관계에 있어서 중국은 이데올로기나 정치 체제를 대외관계 전개의 기준으로 삼지 않고 자주독립의 원칙에 입각해 있음을 강조하며 한국과

33) 신상진, 1997, 『중·북관계 전망』, 연구보고서97-04, 서울: 민족통일연구원, 17쪽.

북한에 대한 중국의 등거리 외교노선을 명확히 밝혔다.[34)]

그러나 이 시기 중·북 신뢰관계의 위기 및 중국의 대한반도 정책의 조정은 양국관계의 파탄을 의미하는 것은 아니었다. 비록 한·중 수교 이후 중국과 북한 간에는 정책노선을 둘러싸고 정치·외교 측면에 노골적인 마찰이 노출되었지만 중국은 북한과의 관계가 악화되지 않도록 노력하였다. 한·중 수교 이후 중국 외교부 발언인 우찌안민(吳建民)은 "북한과의 선린우호관계는 지속될 것이며, 북한과 맺은 상호원조조약 등 이미 체결된 모든 조약과 협정은 앞으로도 변화하지 않을 것"[35)]이라고 발표하였다. 1993년 한국전 참전 40주년을 기념하여 중국 정치국상무위원이었던 후진타오가 대표단을 대동하고 북한을 방문하여 김일성과 김정일 등 북한 지도부에게 중·북 우호관계 지속 발전을 강조하였다.

그리고 덩샤오핑도 1993년과 1994년 두 차례에 걸쳐 북한 지도부에 대하여 개혁개방을 강력히 촉구하였다. 또 김일성 사망 후 북한이 경제적 위기에 직면하자 중국은 신속하게 곡물 50만 톤과 원유 120만 톤을 공급해 주었다.[36)] 1996년 5월에는 「중조경제기술교류협정」을 체결하였다. 또 1996년 7월 중·북 군사동맹조약 체결 35주년을 맞이하여 중국의 북해함대 소속 함정이 북한을 방문하여 양국 간의 군사협력이 계속 진행되고 있었다. 이처럼 한·중수교 이후에도 중·북 지도부 간의 교류 및 중국의 대북 경제지원 정책이 계속 진행되어 왔다.

1998년 장거리미사일 시험발사 문제로 인해 미국이 북한에 더 강한 정치와 군사 압력을 가하였다. 이러한 미국의 압력을 약화시키기 위하여 북한은 다시 對중관계에 적극적 자세를 보이기 시작하였다. 1999

34) 新華社: 「李鵬總理會見韓國國務總理李榮德時的談話」, 『中國對朝鮮和韓國政策文件匯編』 第5卷, 2,667面.

35) 『人民日報』, 1992年 8月 25日.

36) 임계순, 2001, 「중국의 대한반도 정책(1949-1992)」, 『중국사연구』 제13집, 중국사학회, 251쪽.

년 6월 북한 최고인민회의 상임위원장 김영남이 중국을 방문하여 쟝쩌민, 리펑, 주룽지(朱鎔基) 등 중국의 최고위 지도자들과 회담을 가졌다. 이들 회담을 통하여 김영남 위원장은 북한이 중국의 개혁·개방을 지지한다고 밝히고 발전노선의 차이가 양국관계 발전에 더 이상 장애가 되지 않게 되었다고 말하였다.[37] 2000년 5월 남북정상회담을 앞두고 김정일 위원장이 베이징을 방문하였는데 중국에게 북한 국내 정치·경제 상황을 통보함으로써 양국 간 중대 사항에 대한 사전사후(事前事後) 상호 통보의 전통을 복원하였다. 그리고 그는 덩샤오핑의 개혁개방 정책이 올바른 정책이었으며, 이를 지지한다는 입장을 공개적으로 표명하였다.[38] 2001년 9월 북한과 중국 간 우호관계는 쟝쩌민 주석의 평양방문으로 완전히 회복되었다.

그러나 이러한 양국관계의 복원이 한·중 수교 이전의 상태로의 기계적 환원을 의미하는 것은 아니다. 중국과 북한 양국은 이러한 정상외교의 채널을 통해서 국가이익에 입각한 일반적인 국가관계를 모색하였던 것이다. 중국의 입장에서 볼 때, 한국과의 관계가 정치·안보 영역을 포함하는 전면적 협력 관계로까지 발전되어 가고 있었기에 북한과의 관계를 과거의 특수한 혈맹관계로 환원시키는 것은 불가능하였다.[39] 이것은 탈냉전 이후 중국의 대한반도 등거리 외교전략 하에 이루어진 결과이라고 본다.

---

37) 『人民日報』, 1999年 6月 5日.
38) 『人民日報』, 2000年 6月 2日.
39) 박두복, 2002, 『中共 '16전대회' 이후 중국 지도체제 개편과 우리의 대응』, 서울: 외교안보연구원, 53쪽.

Ⅲ. 한국의 대북정책에 대한 중국의 반응

남북한의 심각한 입장차이로 인하여 한반도 문제는 여전히 미결 상태에 있다. 특히 북핵 문제, 미사일 발사 등의 현안 문제로 인하여 한반도 문제는 더욱 복잡해지고 있다. 한반도의 평화 정착을 위하여 한국은 김영삼 정부시기부터 다자안보협력 구상을 제시해 왔다. 이들 구상에 대한 중국의 입장과 태도는 매우 중요하다. 중국은 내정불간섭 원칙을 고수하면서 한반도 문제에 있어서 남북 당사자해결원칙을 견지해 왔다. 그러나 다자주의적 한반도 안보협력 구상의 제기는 중국이 고수해 온 양자적 원칙에 큰 도전이 될 수밖에 없었다. 중국은 주변 안보 정세의 변화 및 국력의 급속한 성장 등으로 인해 전략적으로는 기존의 도광양회 원칙을 그대로 유지하면서 전술적 차원세서 유소작위(有所作爲) 원칙을 강조하는 방향으로 대외 정책을 조정하게 되었다. 이러한 전략적 조정에 따라 중국은 양자주의보다 다자주의적 안보협력에 대해 적극적인 자세를 취하게 되었다.

본 절에서는 김영삼 정부부터 이명박 정부까지의 각 정부시기의 한반도 다자안보협력 구상에 대해 중국은 구체적으로 어떠한 입장을 보였는지, 그리고 어떤 요인이 입장 변화에 영향을 주었는지에 대하여 중점적으로 살펴보고자 한다.

1. 4자회담에 대한 중국의 반응

냉전시기부터 중국은 평화공존과 독립자주 외교원칙을 강조해 왔다. 그 핵심 내용은 주권존중과 내정불간섭이다. 따라서 중국의 대한반도 정책의 원칙은 평화공존과 독립자주이다. 한반도 문제에 있어서 중국은 한반도 문제의 주요 당사자가 남북한이며, 한반도 문제의 궁극적 해결은 남북한 간의 대화와 협력을 통해 이루어지고 여타 관련국들이 이를 위한 유리한 외부환경의 창출에 기여해야 한다는 일관된 입장을 견지해 왔다. 즉 중국은 외세의 개입이 없는 남북한에 의한 자주·평화통일을 지지하며 남북관계 긴장 완화를 위한 남북대화 및 미국을 포함하는 3자회담 개최 등을 지지하였다.

1990년대 냉전 종식 이후 북한은 미국과 직접 대화하여 북·미평화협정을 체결함으로써 자국 체제의 안전을 확보하고자 하였다. 이 목표를 이루기 위하여 북한은 핵무기 개발을 시도하고 일련적인 정전협정 무효화 행동을 취하였다. 이로 인하여 한반도의 정세가 급격히 악화되어 한반도의 정전체제가 무효화되고 새로운 평화보장 체제의 구축은 필연적 추세가 되었다. 이러한 배경 하에 1996년 4월 16일 김영삼 대통령과 미국 클린턴 대통령이 한반도의 항구적 평화체제 구축을 위한 남북한과 중·미 공동 참여의 4자회담을 제안하였다.

4자회담의 제안에 대해 중국은 북한의 태도를 의식하여 처음에 신중한 유보적 또는 관망적 자세를 보였다. 남북한을 포함하는 4자회담 제안의 다음날인 4월 17일 중국은 인민일보에서 중국이 이에 대해 건설적 역할을 하겠다는 성명을 발표하였다. 그러나 여러 제약요인으로 인하여 4자회담 제안의 초기 단계에 회담에 대해 유보적 또는 신중한 자세를 취하였다. 그 이유는 다음 몇 가지로 생각된다.

첫째, 전통안보관이 여전히 중국의 대외 정책을 지배하고 있었다. 덩샤오핑 시기에 중국의 안보관은 국력신장을 통해 국가의 주권과 자주성을 지켜야 한다는 것을 극히 강조하였다. 이러한 안보관의 지도 아래서 중국은 국제 문제의 해결은 양자 간의 직접 대화협상의 방식으로 진행해야 한다는 입장을 고수해 왔다. 하지만 4자회담은 한반도 문제를 국제화시킬 것이기 때문에 중국의 4자회담의 참여는 중국의 일관적 대한반도 정책과 일치하지 않는다고 인식하였다. 더욱 중요한 점은 중국이 4자회담에 참여한다면 앞으로 중국과 대만의 통일 문제가 국제화되는 것을 막기가 어려워질 수 있다. 100여년 외세침략을 경험했던 중국은 자국의 문제에 대한 외세의 개입을 극히 우려하였다. 따라서 4자회담 제안의 초기단계에서 중국은 유보적 또는 신중한 입장을 취하였다.

둘째, 4자회담은 미국과 한국에 의해 제기된 것이다. 4자회담 제기의 시기는 중·미관계가 경색되었던 시기였다. 당시 미국은 국제사회에 '중국위협론'을 제기함으로써 중국의 부상을 견제하려고 하였다. 1994년 후반에는 미국은 제네바에서 북한과 기본합의문을 체결하면서 對대만 관계격상 정책[40]을 채택하였다. 이로써 중·미간에는 대립과 긴장국면이 지속되었다. 특히 1990년대 리덩휘(李登輝)가 대만에서 집권한 뒤 분리주의 행동을 전개하기 시작하였다. 대만의 분리행동을 억제하기 위하여 1996년 대만선거 기간에 중국은 대만해협에서 대규모 미사일 발사훈련을 하였다. 이에 대응하여 미국은 함대를 대만해협에 파견하였다. 이 사태로 인하여 중·미관계가 더욱 긴장되었다. 중국의 지도자들은 미국의 동아시아 정책구상을 중국견제·봉쇄 구상으로 인식하게 되었다. 특히 4자회담 제의 다음날 미국이 일본과 「신안보공동선언」을 발표하였는데, 이에 대해서도 중국은 미국이 일본과 공동으로 중국을 견제하기 위한 전략구상이라고 비난하였다.[41] 이러한 상황 하에 중국은 미국과 그 동맹국인 한국에 의해 제기된 4자회담이란 다자주의적 접근방식에 대해 신중한 자세를 취할 수밖에 없었다.

셋째, 한·중수교로 인해 냉각된 중북관계가 여전히 회복되지 않아

---

40) 1994년 9월 미국은 대만관리의 미국방문을 용이하게 하고, 미국주재 대만대표부의 공식 명칭을 '北美事務協調委員會'에서 '駐美臺北經濟文化代表處'로 변경할 수 있게 함으로써 대만이 국제사회에서 주권국가로서의 위상을 회복하는 데 어느 정도 기여하였다.

41) 袁明, 1996, 「21世紀初東北亞大國關係」, 『國際問題硏究』 1996年 第4期, 北京: 中國國際問題硏究所, 21面.

중국은 북한의 입장을 따라야 하였다. 4자회담이 제의된 후 북한의 참여 문제는 회담 성사여부의 관건이었다. 앞 장에서 분석한 바와 같이 4자회담 제안 단계에 북한은 거의 1년 동안 소극적 자세를 보였다. 한·중수교로 냉각된 중북관계를 회복하기 위하여 많은 노력을 해 온 중국은 한반도 평화체제 구축을 목적으로 한 4자회담에 대한 북한의 입장을 고려하지 않으면 안 되었다.

이들 제약요인으로 인하여 중국은 4자회담 제안 초기 단계에서 회담의 추진에 대해 유보적 자세를 취하게 되었다. 그러나 1997년부터 국내와 국제환경의 변화에 따라 한반도 평화체제 구축을 지향하는 4자회담에 대한 중국의 입장은 명확해졌다. 중국은 한반도에서 전쟁보다는 평화가 구축되기를 바라고 남북한 사이에는 화해와 협력 관계가 이루어지기를 원하였다. 1997년 북한이 4자회담 공동설명회, 예비회담 및 본회담에 참여하는 방향으로 입장을 바꾸자 중국은 유보적 입장에서 벗어나 4자회담에 적극적으로 참여하기 시작하였다. 4자회담 제1차 예비회담 개최 직전 중국 외교부는 "중국은 한반도 정전협정 당사국이며 주변 국가이므로 4자회담 참여에 동의하며, 새로운 평화보장 체제 수립과정에서 건설 역할을 수행할 것"[42]이라고 밝혔다. 그 후에 중국은 천찌안(陳健), 탕쟈쉬안(唐家璇) 등의 외교부의 중요 관료를 대표로 삼아 4자회담의 예비회담, 본회담에 파견하였다. 이러한 중국의 4자회담에 대한 입장 변화는 주로 다음과 같은 몇 가지 고려로 인하여 발생한 것으로 생각된다.

첫째는 남북한의 긴장관계를 완화하고 한반도의 안정상태를 유지하기 위하여 4자회담을 추진하는 것이었다. 1996년 9월 강릉 잠수정 사건으로 남북관계가 악화되어 한반도의 정세가 불안해졌으며 이것은 중국의 평화발전전략을 저해하였다. 따라서 남북한 평화대화의 자리를 창출할 수 있는 4자회담을 추진하는 것이 중국에게 바람직한 선택이

42) 『人民日報』, 1997年 8月 9日.

었다.

둘째는 중국이 4자회담을 통해 대한반도 영향력을 확보하기 위해서였다. 중국은 한반도에서 냉전요소로서의 정전체제가 궁극적으로 평화체제로 전환되어야 한다는데 원칙적으로 찬성하였다. 한반도의 평화체제의 구축은 당사자 간의 평등협상을 통해서 진행되며 이 과정에서 한반도 평화와 안정 유지를 위하여 남북대화를 촉진해야 한다고 강조한다. 그러나 한반도에서 새로운 평화체제가 수립될 때까지 현 정전체제가 유지되는 것이 바람직하다는 입장을 견지하고 있다.[43] 그 이유는 중국이 정전체제의 유지를 통해 한반도 정세의 돌변을 막고 정전체제의 당사자로서 한반도 문제에 대해 영향력을 행사할 수 있다는데 있다고 본다.

중국은 한반도 평화체제 구축은 중국이 배제된 채 남북한과 미국 간 또는 북·미 간에 진행되는 것을 결코 원하지 않았다. 그러나 북한은 한반도의 평화체제가 북·미 양자 간의 평화협정 체결을 통해 이루어져야 한다고 계속 강조해 왔다. 만약 한반도 평화체제가 북·미 양자에 의해 구축될 경우, 한반도에서 미국의 영향력이 지나치게 확대될 수 있는 반면, 중국의 영향력이 축소될 수밖에 없다. 이것은 중국의 동북아 안보전략에 커다란 부정적 영향을 줄 수 있다. 따라서 중국은 한반도에 대한 자신의 영향력이 약화될 것을 우려하여 한반도 평화체제 논의를 위한 4자회담에 적극적으로 참여하였던 것이다.

셋째, 신안보관 확립에 따라 중국은 4자회담에 적극적으로 참가하게 되었다. 탈냉전 이후 전 세계에서 다자협력의 흐름이 분명해졌다. 이

43) 1994년 9월 1일 중국 외교부장 치엔치첸(錢其琛)이 북한 특사 송호경과의 회담에서 중국의 입장을 표명하였다. 또 1994년 11월 4일 중국의 리펑(李鵬)총리가 한국 방문 중에 제주도에서 개최한 기자회견에서 이와 같은 중국의 입장을 재차 밝혔다. 新華社: 「錢其琛外長會見朝鮮政府特使宋浩京時的談話」, 「李鵬總理在韓國濟州島擧行的記者招待會上的談話和答記者問」, 『中國對朝鮮和韓國政策文件匯編』 第5卷, 2,656面 및 2,672面 참조.

러한 흐름 속에 국제 문제의 해결에는 독립자주와 내정불간섭을 내내 강조하고 양자 당사자 해결 원칙을 선호하는 중국도 다자주의에 입각한 방식을 점차 수용하게 되었다. 특히 1997년 2월 덩샤오핑 사망 이후 중국의 원로정치세력이 퇴진되어 쟝쩌민 정부는 '상호신뢰', '호혜', '평등', '협력'의 신안보관을 국제사회에 정식으로 공표하였다. 이렇게 신안보관의 확립에 따라 중국이 다자주의의 행동에 적극적으로 참여하기 시작하였다. 따라서 중국의 4자회담 적극적 참여로의 입장 전환은 안보관 변화의 소산이라고 할 수 있다.

넷째, 북한이 당초의 태도를 바꾸어 4자회담 설명회, 예비회담 및 본회담 참석을 수용하게 되었던 점도 중국으로 하여금 4자회담에 공식적, 적극적으로 참여하도록 하는 데 중요한 영향을 끼쳤다고 할 수 있다. 북한이 4자회담에 참석한다는 입장을 바꾼 뒤 중국이 4자회담을 지지한다는 입장을 명확히 표명한 것은 중국의 일관적 대북 지지 의사를 북한에게 보내 준 셈이었다. 따라서 중국은 4자회담 참여 문제에 있어서 북한의 입장에 동조함으로써 한·중수교로 인한 냉각된 중·북 관계를 개선하고 복원하고자 했던 것이다.

다섯째, 중국의 4자회담 적극적 참여는 중·미관계 개선의 목적 하에 이루어진 것이다. 중국은 대내 경제건설과 대외 국제시장의 진출을 위하여 세계 유일 초강대국인 미국의 협력이 꼭 필요하였다. 특히 중국의 세계무역기구 가입에 있어 미국의 지지는 성사여부의 관건이 되었다. 국가의 경제발전전략을 더 순조롭게 추진하기 위하여 중국은 대만 문제와 미·일동맹 강화 문제를 둘러싸고 촉발된 중·미 간의 긴장관계를 완화해야 하였다. 따라서 북한의 입장 전환 후에, 중국은 미국에게 협조의사를 표하기 위하여 4자회담에 대해서 적극적 참여의 자세를 보이게 되었다. 중국은 4자회담에 적극적으로 참여하면서 미국과의 관계 개선을 촉진하였다. 1997년 10월26-11월 3일 쟝쩌민 주석이 미국을 방문하여 클린턴 대통령과 함께 '중·미 건설적 동반자관계'를 수립하자는 성명을 발표하였다. 1998년 6월 클린턴 대통령의 방중으로 양국은 대만 문제에 대한 3개 항의 공동성명44)을 발표하여 '전략적 동반자관계'를 수립함으로써 새로운 발전 단계에 접어든 것으로 보였다.

위와 같이 중국은 한반도의 안정과 평화상태 유지, 한반도에 대한 영향력 확보, 미국과 관계 개선, 중북관계의 회복 등 여러 요인을 고려해서 당초의 유보적 자세를 바꿔 다자안보대화로서의 4자회담을 지지하고 적극 참여한다는 입장을 표명하였다. 1997년 3월부터 시작된 일련의 4자회담 진행과정에서 중국은 긍정적인 역할을 행사하였다. 특히 예비회담에서 4자회담 본회담의 의제 설정 문제와 분과위원회 구성 문제에 대해서 중국은 건설적인 입장을 견지하였고 4자회담의 성사에 기여하였다.

본회담 의제설정 문제와 관련해 중국은 한국 측이 제기한 '한반도 평화체제 구축과 긴장 완화에 관한 제반 문제' 라는 포괄적인 단일 의제를 설정하는 것이 바람직하다는 지지의 입장을 표명하였다. 회담 의제를 최종 확정하기 위하여 1997년 10월 25일 중국은 외교부 차관보 천쩬을 평양에 파견하여 북한을 설득하였다. 그 후에 1997년 10월 26~11월 2일까지 쟝쩌민 주석이 미국을 방문하여 한반도 평화 정착을 위하여 북한의 4자회담 참여를 촉구하며 향후에도 북한의 핵개발 가능성을 공동 감시하고 북한의 식량난 문제와 관련한 한반도 위기에 공동 대처한다는데 합의하였다. 11월 21일 제3차 예비회담에서 북한이 위에서 제기한 의제에 동의하여 4자회담 본회담이 개최되게 되었다.

분과위원회 구성 문제와 관련해서 중국은 남북한의 입장을 동시에 고려하는 균형적 태도를 보였다. 3장에서 언급한 바와 같이 한국과 미

---

44) 클린턴 대통령이 중·미 공동성명에서 미국의 대만 문제에 대해 대만의 독립, 두 개의 중국 혹은 하나의 중국 하나의 대만, 주권 국가로 구성된 국제기구의 대만 가입을 지지하지 않는다는 3가지 원칙(삼불원칙)을 발표하였다. 『人民日報』, 1998年 6月 30日.

국은 '평화체제구축 분과위'와 '긴장 완화 및 신뢰구축 분과위' 등 2개 분과위 구성을 제의하였다. 그러나 북한은 주한미군 철수와 북미평화협정 체결 문제 논의를 보장할 수 있는 분과위 구성을 제의하였다. 이처럼 남북한의 입장이 대립함으로써 분과위 구성에 대한 합의를 도출하기가 어려웠다. 이러한 상황에서 중국은 분과위 구성에 공감하면서도 남북한의 융통성 발휘와 4자 전원의 합의에 의한 분과위 구성을 주장하였다. 이와 같이 중국은 남북한의 입장을 조정하면서 4자회담에서 발언권을 확대하고자 하였다.

4자회담 본회담은 우여곡절 끝에 1997년 12월부터 이루어졌다. 회담에서 중국은 한반도 평화와 안정유지라는 한반도 정책 기조에 입각하여 4자회담의 성공을 위하여 노력하였다. 특히 중국은 1차 본회담시 탕쟈쉬안 외교부 부부장을 수석대표로 파견하였는데, 이는 4자회담에 대한 중국의 관심이 지대하였다는 것을 보여주는 증거로 볼 수 있다. 탕쟈쉬안은 발표한 기조연설에서 중국이 다른 참여국과 긴밀히 협력하여 적극적 역할을 발휘하며 한반도 정세의 완화와 안정, 남북한의 자주·평화 통일, 4자회담의 목표의 실현 등에 유리한 일이기만 하면 중국은 적극적으로 협조하겠다는 입장을 강조하였다.

4자회담 본회담 진행 과정에서 중국은 관련 각국이 평등하게 참여해야 하며(平等參與), 합의가 어려운 문제는 덮어 놓고 공통점을 지향하고(求同存異), 인내심을 갖고 점진적으로 추진(循序漸進)해야 한다는 전략과 원칙을 취하였다.

첫째, 중국은 4자회담이 참가국의 평등한 참여에 의해 진행되어야 한다고 주장하였다. 당사자 문제에 있어서 중국은 한반도 평화체제의 일차적 당사자가 남북한이고 중국과 미국이 이차적 당사자라고 주장하고 있다.[45] 이 주장은 북·미 주도의 한반도 평화체제 구축을 반대하

45) 신상진, 1998, 『한반도 평화체제 구축에 대한 중국의 입장과 전략』, 연구보고서98-10, 서울: 민족통일연구원, 28쪽.

며, 만약 이차적 당사자로서의 미국이 평화체제 구축에 참여하면 중국도 대등하게 참여해야 한다는 고려에서 나온 것으로 보인다.

둘째는 합의가 어려운 문제는 접어두고 공통점을 지향한다는 원칙이다. 중국은 한반도의 평화와 안정유지를 바라고 있기 때문에 관련국간 합의가 가능한 문제부터 논의하고 남북한이 상호 신뢰를 회복하는 것이 급선무라는 입장을 고수하였다. 4자회담 과정에서 중국은 합의가 쉬운 문제를 먼저 검토하고 가장 합의하기 어렵고 민감한 사안을 마지막으로 논의하자고 주장하였다. 즉 쉬운 문제를 검토하고 합의함으로써 남북한의 긴장관계를 완화하고, 남북한 간의 신뢰관계가 증진된 후 어려운 문제들을 점차 해결한다는 입장을 고수하였다.

셋째는 한반도의 평화체제의 최종 확립을 위하여 관련 각국이 인내심을 갖고 점진적으로 현안 문제를 해결해야 한다는 것이다. 미군의 철수 문제, 북·미 평화협정 체결 문제 등에 대해 남북한이 첨예한 이견을 보이지만 이들 문제는 단기간에 해결될 수 없는 것이기 때문에 한반도 평화체제의 구축을 위하여 관련 각국은 인내심을 가지고 평화적 대화를 추진해야 한다는 원칙이다.

이러한 원칙들에 따라 중국은 남북한과 북·미 간의 이견을 원활하게 조율하고 4자회담의 지속 진행을 적극적으로 추진해 왔으며 조정자의 역할을 충분히 하였다. 1997년 12월부터 1999년 8월까지 4자회담이 6차례 개최되었다. 회담의 진행 과정에서 중국은 구체적인 방안을 별로 제시하지는 않았지만 회담이 난항에 빠질 때 건설적인 건의를 함으로써 다른 3국 간의 입장 차이를 최소화시켰다. 제1차, 2차 본회담에서 중국은 4자회담을 통해 남북관계와 북·미관계의 개선 및 한반도의 통일을 지지한다는 입장을 밝혔으며, 분과위 등 조직과 형식의 확정 및 이와 관련된 문제를 논의하자고 건의하였다.

1998년 여름에 북한의 간첩침입사건과 대포동 미사일 발사 의혹사건으로 인하여 4자회담이 연기되었다. 제2차 본회담 7개월 이후 제 3

차 본회담이 개최되었다. 회담에서 중국은 의견 차이가 다소 있더라도 허심탄회하고 융통성 있는 태도로 회담에 임하는 것이 필요하다고 강조하였다. 제4, 5차 본회담에서 중국은 정치, 외교, 군사, 경제 등 분야의 협력을 추진함으로써 광범위한 신뢰관계를 건립하자고 제안하였다. 그리고 한반도 정세에 대한 각국의 의견 차이가 있기 때문에 분과위 논의를 통해 공통점을 찾아내는 데 노력하고 상호 압력행사를 자제해야 한다는 입장을 피력하였다. 특히 중국의 적극적인 노력에 따라 제4차 본회담의에서 '한반도 긴장 완화'와 '평화체제 구축'의 실무조직을 건립하였고 한반도 평화 논의가 본격적으로 이루어졌다.46)

1999년 6월 서해에서 남북한 함정총격사건이 일어났다. 이 사건은 남북관계를 긴장시켰고 4자회담의 지속 진행에 부정적 영향을 주었다. 이러한 불리한 상황을 극복하기 위하여 중국은 조정자의 역할을 재차 발휘하였다. 그 해 6월 북한 김영남 위원장의 중국 방문을 계기로 장쩌민 주석은 북한과의 우호관계를 강조하면서 남북한 관계의 긴장 완화와 대미·일 관계의 개선을 북한에게 촉구하였다. 이것이 제6차 본회담의 개최를 성사시켰다. 이 회담에서 중국은 한반도 긴장 완화를 위한 신뢰구축의 필요성을 강조하고 우발사태에 대비한 행동규범을 만들자고 제의하였다.

중국과 미국의 조정과 중재 하에 4자회담의 본회담은 여섯 차례 개최되었다. 그러나 평화체제 구축 문제에 대한 남북한의 근본적 입장차이, 북·미관계의 악화 및 한반도 상황의 변화 등으로 인하여 4자회담은 제6차 본회담 이후 중단되었다. 그럼에도 불구하고 4자회담은 한반도 평화 정착을 위한 다자안보협력의 첫 시도였고, 이것은 한반도 평화 정착에 중요한 경험이 되었다.

---

46) 李華, 2003, 「冷戰後朝鮮半島安全機制和中國的角色」, 『貴州師範大學學報(社會科學版)』 2003年 第4期, 貴陽: 貴州師範大學, 35面.

2. 대북 포용정책에 대한 중국의 반응

김대중 정부의 햇볕정책과 노무현 정부의 평화번영정책은 같은 맥락에서 제기된 대북 포용적인 성격을 지닌다. 따라서 여기서는 이들 대북정책 구상을 함께 다룰 것이다.

앞에서 검토한 바와 같이 4자회담은 우여곡절의 과정을 겪어 추진되어 왔지만 결실을 거두지 못한 채 종결되었다. 이러한 상황 하에 김대중 정부는 햇볕정책을 포괄적으로 추진함으로써 한반도의 냉전구조를 해체하고 항구적 평화를 정착시키고자 하였다. 여기서 한반도 냉전구조해체를 위한 핵심과제별 중국의 입장을 살펴보기로 하였다.

중국은 한반도의 평화와 안정유지를 대한반도 정책의 최우선 목표로 설정하였다. 남북한 간의 긴장이 완화되고 북·미, 북·일관계가 개선되기를 희망하였다. 그리고 중국은 북한의 대량살상무기 개발에 반대하고, 북한이 경제개혁개방을 통해 경제난에서 스스로 벗어나 사회주의 체제를 계속 유지해 나가기를 원하고 있다. 이들 측면에서 햇볕정책이 중국의 입장과 일치하기 때문에 중국은 이를 적극적으로 지지하고 있었다.

남북 관계개선에 있어서, 중국은 남북한 당사자 간의 관계가 회복되어야만 한반도에서 평화와 안정이 유지될 수 있다고 주장하고, 평화대화와 한반도 정세완화를 위하여 건설적 역할을 지속적으로 발휘할 것이라는 입장을 견지하고 있다. 한·중 수교 성명에서나 양국 정상회담에서나 중국은 이러한 입장을 반복적으로 표명하였다.[47] 한반도의 안

47) 1992년 노태우 대통령 방중시 쟝쩌민 주석과의 정상회담, 1998년 김대중 대통령 중국 방문 시 쟝쩌민 주석과의 회담, 2000년 중국 총리 주룽지 방한 시 김대중 대통령과의 회담 및 각종 국제대회 시 열린 양국정상 회담에서 중국은 남북한이 서로 화해하고 관계를 개선함으로써 한반도의 안정 상태를 조성하는 것을 지지한다며 이를 위하여 모든 노력을 다할 것이라는 입장을 거듭 강조하였다.

정유지는 중국의 한반도 정책의 핵심목표이다. 따라서 중국은 한반도 안정과 평화상태 조성의 관건 요인인 남북한 관계개선을 적극적으로 지지하고 있다.

북한 핵 문제의 경우처럼, 남북한 간의 무력충돌이나 긴장이 심화될 경우, 중국으로서는 서로 상충되는 남북한이 입장 중 하나를 선택해야만 하는 딜레마에 빠질 가능성이 높고, 자칫 중국으로서는 남북한 모두에 일정한 영향력을 행사하고 관계를 유지한다는 원칙이 흔들릴 가능성이 높다. 그러나 김대중 정부의 햇볕정책과 정경분리 원칙은 이러한 딜레마의 가능성을 차단하고, 남북대화 과정 등에서 중국이 남북한 모두에게 영향력을 행사 할 수 있는 환경을 조성해 준다는 점에서 매우 긍정적으로 평가하고 있다.[48)]

북한의 대량살상무기 개발과 미사일 발사 문제에 있어서, 중국은 한반도 비핵화 원칙을 고수하고 대량살상무기의 확산을 반대한다는 입장을 견지하고 있다. 동북아 안정과 평화 및 자국의 번영과 안보를 고려하여 중국은 북한의 핵무기를 비롯한 대량살상무기 개발 및 그 운송수단으로서의 미사일 시험발사를 원칙적으로 반대해 왔다. 1999년 9월 장쩌민 주석도 뉴질랜드에서 개최된 APEC 정상회의에서 한반도 평화에 불리한 일이라면 저지하겠다면서 북한의 핵과 미사일 개발에 반대한다는 입장을 분명히 밝혔다.[49)]

그러나 북한의 핵무기 개발 및 미사일 발사 저지를 위하여 한·미·일 등 국제사회가 북한에 대해 정치·군사적 압력과 제재를 가하는 것이 적당하지는 않다고 인식하고 있다. 중국은 북한의 핵과 미사일 문

---

48) 문정인·전병준, 1998, 「햇볕론과 4대강국」, 아태평화재단 편, 『국민의 정부: 과제와 전망』, 서울: 아태평화재단, 163쪽.

49) 1998년 9월 중국공산당의 중앙군사위원회 부주석 장완녠(張萬年)이 미국 방문 중에 "북한의 미사일발사에 중국도 위협을 느낀다"면서 북한의 핵무기 개발과 미사일 발사를 반대한다는 입장을 이미 천명한 바 있다. 『文滙報』, 1998年 9月 17日.

제를 강압적인 수단보다는 협상과 대화를 통해서 해결해야 한다는 입장을 피력하였다. 1999년 북한이 다시 미사일 발사 움직임을 보이고 이에 대해 미·일이 강경대응 자세를 취하는 반면, 중국은 북한의 미사일 문제에 대해 국제사회가 너무 강압적인 방식을 통해 해결해서는 안 된다는 입장을 명확히 표명하였다.[50]

북·미, 북·일 관계개선 문제에 있어서, 중국은 북한의 대외고립이 한반도에서 긴장이 지속되도록 하는 중요한 원인의 하나로 작용하고 있다고 판단하여 북한의 대미·일 관계개선을 바라고 있다. 중국은 한·중, 한·러 관계가 정상화된 반면 미국과 일본이 북한에 대해 적대 정책을 아직 지속함으로써 북한의 대외 정책 자세를 계속 강경한 방향으로 유도하고 있다고 인식하고 있다.[51] 이러한 남북한의 비대칭적 대외관계는 한반도의 긴장 완화에 부정적으로 작용하고 있다.

중국은 북·미관계가 개선되면 남북관계에도 긍정적으로 영향을 미칠 것이고 한반도의 안정과 평화에 기여하게 될 것으로 판단하였다. 1999년 6월 5일 쟝쩌민 주석은 중국 방문 중의 북한 최고인민위원회 김영남 위원장과의 회담에서 남북관계 개선과 북한의 대미·일 관계개선을 지지한다는 입장을 밝힌 바 있다.[52] 또 2000년 10월 18일 중국 주룽지 총리가 한국 방문시에 김대중 대통령과의 회담에서 남북정상회담을 높이 평가하였고 남북관계의 개선과 발전을 지지한다면서 북·미, 북·일관계의 진전에 대해서 적극적 지지의 입장을 표명하였다.

중국이 북한과 일본의 관계 개선을 지지하는 이유는 주로 자국의 대북 경제지원의 압력 감소에 있다. 북·일관계가 개선되면 북한이 정

50) 우다웨이(武大偉) 주한 중국 대사가 한국 언론과의 대담에서 북한의 핵과 미사일 문제에 대한 강제사찰에 반대한다는 입장을 천명하였다. 『동아일보』, 1999년 1월 20일자.

51) 虞少華·吳晶晶, 1999, 「曲折發展的朝鮮南北關係」, 『國際問題研究』1999年 第1期, 北京: 中國國際問題研究所, 42面; 신상진, 1998, 앞의 책, 65~66쪽.

52) 『人民日報』, 1999年 6月 5日.

상적인 대일 경제교류를 전개하고 나아가 중국처럼 대외개방을 추진함으로써 자국의 경제난을 해소시킬 수 있을 것이다. 북한의 경제난이 해결된다면 중국의 대북 경제지원 부담은 감소될 것이다.

북한의 개혁개방 문제에 있어서 중국은 경제개발을 위한 북한의 대외개방을 바라고 있다. 우선 북한이 대외개방을 전개함으로써 장기적 경제난을 해소하여 사회주의 체제를 유지할 수 있다. 북한 체제의 유지는 중국 사회주의 체제의 안정에 긍정적 역할을 하고 있다. 북한은 중국에게 중요한 군사적 완충보루이자 이데올로기 완충지의 역할을 담당해 오고 있기 때문이다.

그리고 북한이 경제 개방 정책을 채택하여 경제난을 해소할 수 있다면 중국의 부담이 줄어들 수 있다. 북한의 체제유지를 위하여 중국은 북한에게 거액의 경제지원을 제공해 왔다. 이것은 중국에게 많은 부담이 될 수밖에 없다. 그러나 안보전략적 차원에서 경제곤경에 처하고 있는 북한에게 경제와 에너지 지원을 하지 않으면 안 된다. 따라서 북한이 대외개방을 통해 경제난을 스스로 해소하는 것은 중국에게 바람직한 일이다.

북한의 경제 개혁개방은 중국의 경제균형발전 전략의 실시에 유리하다. 북한이 대외개방 정책을 실시하게 된다면 북한과 접경되어 있는 동북삼성은 새로운 경제성장의 돌파구를 찾을 수 있을 것이다. 또한 중국은 자국의 경제적 불균형 극복과 현실적 실업 문제의 해결을 위해서도 북한의 경제 대외개방을 희망하고 있다.

또한 북한의 대외개방은 중국의 경제발전에 유리한 안정적 주변 정세를 조성하는 데에도 기여할 수 있다. 북한은 대외개방의 길을 선택할 경우 대중·러 관계를 강화하면서 한·미·일 등 주변국과 관계를 개선해야 한다. 이와 동시에 이들 국가와 경제교류와 협력을 추지함으로써 서로 간의 신뢰관계를 증진할 수 있다. 이처럼 북한과 한·미·일 간의 관계개선과 신뢰증진은 한반도 내지 동북아 지역에서 안정과 평화에 기여할 것이다. 한반도와 동북아 정세의 안정은 중국의 평화발전전략에 부합되는 것이다.

그러나 중국은 북한에게 개혁개방을 강요해서는 안 된다는 입장을 견지하고 있다. 이러한 입장은 중국의 내정불간섭 대외원칙에 기인한 것이다.

중국은 한반도 평화체제 구축을 적극적으로 지지한다. 중국은 한반도의 평화와 안정 유지를 자국의 대한반도 정책의 핵심으로 설정하였다. 때문에 한반도의 안정과 평화를 효과적으로 관리할 수 있는 평화체제의 논의과정에서 중국은 적극 참여의 자세를 취해왔다. 중국은 4자회담 제의 초기 대북 관계에 미칠 부정적 영향과 미·북 양자에 의한 주도 가능성을 우려하여 4자회담에 대해 유보적 태도를 보였지만 원칙적으로 이를 지지한다는 입장을 표명하였다. 그리고 1997년부터 4자회담에 적극 참여하기 시작하였다. 이에 대해 앞에서 논의한 바 있다.

한반도 평화체제 구축에 관련된 구체적 쟁점에 대해서 중국은 자기의 입장을 밝혔다. 우선 평화체제의 당사자 문제에 대해서 중국은 한반도 평화체제 구축의 주요 당사자가 남북한이며, 중국과 미국이 이차적 당사자라고 본다. 한반도 평화체제 구축은 주로 남북한 간의 대화와 협력을 통해 이루어지고 여타 관련국들이 이를 위한 유리한 외부환경의 창출에 적극 협조해야 한다고 일관적으로 강조해 왔다. 그리고 한반도의 민족통일에 대해서 중국은 외세의 간섭이 없이 남북한에 의해 평화적으로 추진해 나가야 한다는 입장을 견지하고 있다. 이렇게 중국은 한반도 문제의 해결에는 남북한을 주요 당사자로 인정한 것이다. 이 입장은 중국의 내정불간섭 원칙에 따라 형성된 것이다. 중국은 이러한 입장의 표명을 통해서 자국의 대만통일 및 내부의 분리주의 억제에 외부세력의 개입을 차단하는 데 목적을 둔 것으로 보인다. 그리고 남북한에 의해 통일된 한반도는 중국을 적대시하지 않을 것이다. 중국은 남북한과 우호적 관계를 유지해 오고 양측에 대해 영향력을 동시에 갖고 있기 때문이다. 이 점을 고려해서 중국은 남북한 당사자의 지위를 강조한 것이다.

그러나 중국은 현실적으로 한반도 문제가 남북한 간의 합의만으로는 해결되기 어렵고 한반도의 진정한 평화를 위해서는 한반도 평화와 직접 관련이 있는 주변국의 지원이 필요하다고 인식하고 있다. 위에서 언급한 바와 같이 평화체제의 당사자 문제에 대해서 중국은 남북한을 주요 당사자로 인정했으나 한국전쟁의 참전국인 중국과 미국도 당사자라고 강조하였다. 남북한에 의해 평화협정이 체결될 경우 중국은 물론 이를 적극적으로 지지할 것이다. 그러나 실제로 북한의 북·미 평화협정체결의 입장 고수로 인하여 미국이 한반도 평화체제 구축 과정에 불가피하게 개입할 것을 예견할 수 있다. 미국이 한반도 평화체제 구축 과정에 개입하면 중국도 참여할 것이다. 그렇지 않으면 미국이 한반도 문제 해결의 주도권을 잡게 될 것이다. 따라서 중국은 남북한의 주요 당사자 지위를 인정하면서도 중국과 미국을 이차적 당사자로 규정하였던 것이다.[53] 이러한 중국의 입장은 1994년 리펑 총리 한국 방문시 기자브리핑에서 표명한 바 있다.[54]

한반도내 미군철수 문제와 관련, 한·중수교 이전에 중국은 주한미군이 철수해야 한다는 북한의 입장을 동조해 왔다. 1990년 10월 25일에도 중국 지원군의 한국전쟁 참전 40주년『人民日報』기념 사설에서 주한미군이 조속히 철수해야 한다는 입장을 표명한 바 있다. 그 이후에 중국은 이러한 입장을 공식적으로 제기하지 않았다. 주한미군이 철

53) 신상진, 1998, 앞의 책, 28쪽.

54) 1994년 11월 4일 중국 총리 리펑은 기자 회견에서, 한반도의 평화체제 구축은 남북한 양자 간의 대화를 통해서 해결되어야 한다는 입장에 대해 중국이 어떻게 생각하느냐는 질문에 "평화체제의 건립은 관련 각국이 대화를 통해 이루어져야 하며 새로운 평화체제 건립 이전에 정전협정의 효력이 여전히 있으니 계속 지켜야 한다"는 입장을 밝혔다. 新華社:「李鵬總理在韓國濟州島擧行的記者招待會上的談話和答記者問」,『中國對朝鮮和韓國政策文件匯編』第5卷, 2,672面.

수할 의사가 없다는 상황에서 중국이 중·미관계와 한·중관계의 개선을 위해서 이러한 주장을 자제한 것이다. 또 주한미군의 존재는 일본 군국주의의 출현을 방지하는 데 긍정적인 역할을 하고 있다. 이 점은 중국에게 유익한 것으로 보인다. 때문에 중국은 현 단계 주한미군의 존재를 묵인하게 되었다. 그러나 장기적으로 특히 한반도 통일 이후에는 주한미군의 계속 존재에 대해 중국은 반대 입장을 보이고 있다. 만약에 한반도 통일 이후에도 미군이 한반도에 계속 주둔한다면 중국은 미국군대와 직접적으로 대치하게 되는 상황에 처하게 될 것이기 때문이다. 그리고 한반도 통일 이후 주한미군이 중국견제를 주요 목적으로 삼게 될 것이라는 점을 중국은 명백히 인식하고 있다.

평화체제의 국제보장 문제에 있어서 중국은 여러 보장방안[55] 중에 중·미에 의한 보장방안을 선호한다. 중·미가 한반도 평화를 보장하는 역할을 담당하게 된다는 것은 한반도 정전협정의 실질적 당사자가 모두 참여하여 한반도 평화체제를 구축하는 것을 의미한다. 그리고 중국은 북한과 『중조우호호조조약(中朝友好合作互助條約)』을 유지하고 있고 미국은 한국과 군사동맹조약을 유지하고 있어 한반도에 미군을 주둔시키고 있다. 따라서 현실적인 측면에서도 중·미 양국이 한반도 평화의 보장자로 참여하는 것은 타당성을 지니고 있다고 할 수 있다. 이러한 방식을 통한 한반도 문제 해결을 도모함으로써 중국은 한반도에서 미국과 동등한 지위를 확보하고, 일본의 정치·군사대국화를 어느 정도 억제 효과를 얻을 수 있기 때문이다.[56] 그러나 중국이 바라는 중·미 보장 방안은 한국이 선호한 '2+2' 방안이 아니다. 즉 중국은 남북한이 평화협정을 체결하고 이를 미국과 같이 보장해 주는 구도 보다는 남북한과 중, 미 4국이 함께 평화협정을 체결하는 구도를 더 선호

55) 한반도 평화의 국제보장 방안으로서 미국에 의한 보장방안(2+1), 중·미에 의한 보장방안(2+2), 한반도 주변 4국에 의한 보장방안(2+4), 유엔에 의한 보장방안 등이 제기되었다. 강원식 외, 앞의 책, 148쪽.

56) 席來旺, 1996, 『國際安全戰略』, 北京: 紅旗出版社, 54面.

한다.[57]

이외에 남북한 관계, 북·미, 북·일 관계의 개선을 통한 한반도의 평화체제가 구축된 후에도 한반도의 진정한 평화와 안정을 위한 주변 환경을 조성할 필요가 있다. 한반도 이외의 국가 간에 분쟁이 일어날 경우 그 충격이 반드시 한반도에 파급할 것이기 때문이다. 예를 들면 중국과 일본이 동북아 지역의 주도권 경쟁으로 인하여 무력대항을 벌일 경우 두 강대국 사이에 처하고 있는 한반도는 해를 면하지 못할 것이다. 따라서 한반도의 평화 정착을 위하여 평화체제 구축과 함께 한반도를 포함한 동북아 국가들 간의 다자안보협력을 병행 추진해야 한다고 생각한다. 안정적·평화적 한반도 주변 환경의 조성 문제에 있어 중국은 1990년대 중반부터 다자안보협력에 대해 긍정적인 인식을 갖게 되었다. 중국은 자국의 평화발전 전략을 추진하는 데 안정적·평화적 주변 환경의 조성을 절대적으로 중요시한다. 탈냉전 이후 동아시아지역에서 새로운 안보질서가 정립되지 않는 상황에서 유일한 초강대국인 미국의 독주를 견제하기 위하여 중국은 다자안보협력에 많은 관심을 경주해 왔다. 1993년부터 중국은 아태지역의 신뢰구축과 분쟁의 예방을 위한 '아세안지역포럼(ARF)'에 계속 참여해 왔다. 1996년 4월부터 중국은 '상해 5개국회의(上海五國會議)'를 주최하고 이 회의 형식을 정례화시키는 데 노력해 왔다.

요컨대 김대중 정부의 햇볕정책은 남북한의 긴장 완화를 통해 남북한 간의 냉전구조를, 북한과 미·일 관계의 개선을 통해 한반도 외부의 냉전구조를 해체시키려는 것이다. 그리고 이 정책 구상은 북한이 핵과 미사일 개발을 포기하고 개혁개방의 길로 나가도록 함으로써 한반도의 평화 정착을 이루는 데 초점을 둔 것이었다. 중국은 이를 적극적으로 지지하였다.

노무현 정부의 평화번영정책은 김대중 정부의 햇볕정책의 정신을

---

57) 신상진, 1998, 앞의 책, 36쪽.

계승하고 추진한 것이다. 한반도 평화와 안정 및 동북아 공동번영을 지향하는 평화번영정책에 대해 중국은 긍정적 입장을 보였다. 2003년 2월 13일 장쩌민 주석은 노무현 대통령의 특사인 이해찬과의 회담에서 김대중 정부의 대북 화해·협력 정책을 계승하여 당선된 노무현 대통령이 계속 대북 화해·협력 정책을 추진함을 바라며, 중국이 남북의 긴장 완화, 발전, 협력을 지지한다고 표명하였다. 2004년 11월 29일 제6차 한·중·일 정상회의에 참석한 중국의 원자바오(溫家寶) 총리가 노무현 대통령과의 회담에서 평화번영정책에 대해 긍정적으로 평가하고 한국이 대북 화해·협력의 정책 기조를 계속 추진하여 남북관계를 개선하는 것을 희망한다고 강조하였다. 2005년 11월 17일 한·중 양국 정상성명에서도 후진타오 주석은 남북한 화해·협력 관계의 진전을 긍정하고 남북관계의 개선을 통한 한반도 자주·평화 통일을 지지한다는 입장을 재차 표명하였다. 그리고 후진타오 주석은 한국이 한반도 문제의 직접 당사자로서 남북관계의 지속적 개선에 더 큰 역할을 발휘함을 바라며, 한국의 평화번영정책에 대해 재차 지지하면서 한반도 및 동북아의 평화와 공동번영의 구현을 위하여 한국과의 긴밀한 협력을 계속 추진하겠다는 입장을 피력하였다.[58]

노무현 정부시기에 한반도 문제는 주로 남북한의 통일 문제와 북핵위기를 해결하여 한반도의 평화와 안정을 유지하는 문제로 표현되었다.[59] 노무현 정부의 출범 시절에 북한 핵위기 사태가 재차 일어나 한반도 정세는 긴장상태가 되었다. 따라서 북핵 문제는 노무현 정부가 피할 수 없는 중대 안보과제가 되었다. 이 과제를 해결하기 위해서 노무현 정부는 ‘북한의 핵 불용’, ‘대화를 통한 평화적 해결’, ‘대한민국의 적극적 역할’ 등 북핵 문제 해결의 3대원칙에 입각하고 다자안보협

58) 『人民日報』, 2005年 11月 17日.

59) 류칭채이(劉清才), 2004, 「신시기 중국의 한반도 정책」, 통일연구원 편, 『한반도 및 동북아 평화번영과 한·중 협력』, 학술회의 총서 04-08, 서울: 통일연구원, 30쪽.

력 즉 6자회담을 적극적으로 추진해 왔다.

중국은 노무현 정부의 북핵 문제 해결의 3원칙에 대해 지지해 왔다. 중국은 한반도의 평화와 안정유지를 견지하고 다자간 대화의 방식으로 북핵 문제를 해결함으로써 한반도 비핵화를 이루어야 한다고 주장하였다. 그러면서 중국은 이와 동시에 북한의 안보우려를 해소해야 한다는 입장도 강조하였다. 그리고 중국은 남북한 긴장관계 완화의 노력을 적극적으로 지지하며 무력과 제재가 아닌 외교적 노력을 통해 북핵 위기를 해결한다고 강조한다.[60)]

평화번영정책에 대한 중국의 지지 입장은 북핵 문제 평화적 해결을 위한 한·중협력의 과정에서 분명히 나타났다. 제2차 북핵 위기가 일어난 후에 한반도의 안정과 평화를 유지하기 위하여 중국은 한국과 함께 긴밀한 협력을 진행함으로써 위기의 완화 및 북핵 문제의 평화적 해결을 촉진해 왔다. 북핵 문제 해결에 대한 중국의 입장 및 핵위기 완화 과정에서 중국의 적극적 외교 행동은 한국의 지지를 받았다. 2006년 10월 13일 북한이 핵실험을 강행한 후 중국을 방문한 노무현 대통령과 후진타오 주석은 북한의 핵실험에 분명히 반대하며 이를 결코 용인할 수 없고 대화를 통해 이를 해결해야 한다는 견해를 같이하였다.

평화번영정책 종극목표의 실현은 한반도 내지 동북아 지역 국가 간의 잠재적 갈등과 분쟁을 예방하고 다자간 협력을 통해 지역 안정·평화를 지킬 수 있는 다자안보체제를 구축함을 전제로 하는 것이다.[61)]

60) 2003년 장쩌민 주석은 이해찬과의 회담에서 중국 대한반도의 일관된 정책을 재차 표명하고 한반도 비핵화 및 북핵 문제의 평화적 해결 입장을 강조하면서 북핵 문제 해결 과정에서 한국의 '적극적 역할 행사'라는 입장을 지지한다고 밝혔다. 그리고 동년 7월 7일 후진타오 주석은 중국 방문 중의 노무현 대통령과 회담에서 북핵 문제에 대한 원칙과 입장을 천명하고 북한의 안보우려에 대해 관심을 경주해야 한다고 강조하였다.

61) 길병옥, 2005, 「미국과 중국의 대한반도 전략 비교분석 및 한국의 대응방안」, 한국국방경영분석학회, 『2005 추계학술대회 발표논문집: 제3분과 군사정책·군사전략』, 서울: 육군본부, 52~53쪽 참조.

이를 위하여 노무현 정부는 2005년 3월 평화번영정책의 연장선상에서 '동북아 균형자역할론'을 제기하였다. 이것은 '협력적 자주국방' 정책과 함께 평화번영정책의 일환으로서의 외교·안보구상으로 구성되었다.62)

제3장에서 분석한 바와 같이 '동북아 균형자역할론'은 한국이 자주국방의 방위력, 경제와 외교 실련 및 문화의 영향력을 이용하여 한·미동맹의 개선과 강화의 바탕 위에서 동북아 지역의 평화 정착을 위하여 중간국가로서 '조정자' 또는 '조율자'의 역할을 한다는 것이다. 평화발전을 통해 세계 강대국으로 부상하고자 하는 중국은 노무현 정부의 '평화와 번영의 동북아 시대'를 지향하는 '동북아 균형자역할론'에 대해 원칙적으로 공감하는 입장에 있었다고 볼 수 있다. 2005년 4월 7일 리빈(李濱) 주한 중국대사는 한국타임지의 인터뷰에서 "한국이 동북아의 평화와 번영을 위하여 균형자 역할을 한다면 중국이 이를 적극적으로 지지할 것"63)이라는 입장을 밝힌 바 있다. 이유는 중국이 한반도 및 동북아 안보 문제에 대해 깊은 이해관계를 가지고 있기 때문이다.

탈냉전 이후 미국이 중국의 부상을 억제하기 위하여 미·일동맹을 강화하면서 방어의 범위를 일본의 본토를 넘어 대만이 포함된 동북아 전역으로 확대하였다. 이와 동시에 일본과 함께 전역미사일 방어시스템(TMD)의 구축을 추진하여 중국의 전략핵무기와 미사일 위협을 무력화시키고자 해 왔다. 이러한 가운데 한국은 미국의 협력요청을 받게 되었을 것으로 추정될 수 있다. 그러나 동북아의 평화와 번영을 바라고 이를 위하여 균형자 역할을 하고자 하는 노무현 정부는 미군의 대만해협 사태개입에 대한 반대 입장을 취하였다.64) 이처럼 한국이 역내

62) 참여정부의 외교안보 구상은 '협력적 자주국방'과 '균형적 실용외교'를 양대축으로 삼고 있다. 국가안전보장회의 편, 앞의 책(2004), 27쪽.

63) 『조선일보』, 2005년 4월 7일자.

64) 신상진, 2006, 앞의 논문, 158쪽; 인터넷 자료: 趙青海, 「韓國力拋'均衡者'論」, 新浪網: http://news.sina.com.cn/w/2005-06-27/11237056403.shtml(검색일: 2010년 1월 13일).

균형자 역할을 지향하는 것은 미국이 한국을 중국견제 전략에 활용하기 어렵게 만들었다. 때문에 중국은 안보 측면에서 노무현 정부의 '동북아 균형자역할론'을 긍정적으로 평가하게 되었다.

또 '동북아 균형자역할론'은 한국이 한·미동맹을 기초로 하여 다자안보협력을 지향해 나가려는 구상이라고 밝힌 바 있다.[65] 중국은 동북아에서 다자안보협력체 형성 필요성에 공감하고 있기 때문에 한국정부의 외교안보 구상을 긍정적으로 수용한 것이다. 특히 6자회담을 모태로 하여 동북아 다자안보협력체로 발전시키는 방안을 상정해 볼 수 있다. 6자회담을 중국이 주도하고 있기 때문에 6자회담을 모태로 하는 다자안보협력체가 중국을 고립시키는 메커니즘으로 작동하지는 않을 것이라는 사실과 6자회담이 참가국 전체의 합의에 의해서 의사결정이 이루어지고 있기 때문에 중국의 신안보개념에도 부합되는 방안이라고 할 수 있다. 따라서 중국은 '동북아 균형자역할론'을 수용하였다.

그러나 중국은 노무현 정부의 '동북아 균형자역할론'에 대해 원칙적으로 지지입장을 취하였지만 공개적인 지지태도를 더 명확히 표명하지 않았다. 이유는 중국이 자국의 평화발전전략 추진 및 대만통일, 북핵 문제의 평화적 해결 등 많은 중대한 분야에는 미국의 협력이 필요하기 때문이다. 앞의 장에서 제기한 바와 같이 '동북아 균형자역할론'이 제기된 후 일부 언론들이 이를 한·미동맹에서 벗어나 외교적 독자성을 추구하기 위한 것으로 비판하고 있었다. 이러한 상황 속에 중국은 노무현 정부의 '동북아 균형자역할론'을 너무 공개적으로 지지할 경우, 미국의 오해를 초래할 수도 있었다. 따라서 중국은 이 구상에 대해 공감하였으나 공개적인 지지태도를 더 명확히 표명하는 것을 회피해 왔다.

한편 노무현 정부의 '동북아 균형자 역할론', 특히 협력적 자주국방

65) 문정인, 「동북아균형자론 어떻게 볼 것인가: 불가피한 선택이다」, 『조선일보』, 2005년 4월 12일자.

의 추구에 대해 미국은 비판적으로 반응하여 한국에 대해 압력을 가하면서 일본과의 동맹관계를 더욱 강화하는 자세를 보였다. 중국은 미·일동맹의 강화가 중국을 겨냥하려는 것으로 인식하였다. 한국의 '동북아 균형자역할'과 협력적 자주국방의 추구가 미·일동맹을 강화시키는 방향으로 작용할 가능성이 컸다. 따라서 중국은 한국정부의 '동북아 균형자역할론'을 속으로는 환영하면서도 대미·일 관계악화를 바라지 않기 때문에 표면적으로는 이러한 한국의 중장기 외교·안보전략 구상에 대해 다소 유보적인 자세를 취해 왔다.

3. '비핵·개방·3000 구상'에 대한 중국의 반응

이명박 정부가 출범 후 기존의 대북 포용적인 정책 기조를 바꾸고 실용주의와 상호주의에 입각하는 강경 정책을 추진해 왔다. 이에 대한 북한의 반발 및 남북의 상대방에 대한 비난 등으로 인해 남북관계가 경색되었다. 앞에서 평가한 바와 같이 남북관계의 긴장원인은 일정 정도로 이명박 정부 대북정책의 강경 기조에 있다.

이명박 정부 임기 동안 중국은 이명박 정부의 '비핵·개방·3000'의 대북정책에 대한 지지 혹은 반대의 입장을 명확히 표명한 바 없었다. 따라서 이명박 정부의 대북정책에 대해서는 필자의 견해를 제시하고자 한다.

2008년 2월 25일 이명박 정부의 출범과 동시에 '비핵·개방·3000'의 대북정책이 공식적으로 수면으로 떠올렸다. 앞에서 분석한 바와 같이 '비핵·개방·3000 구상'은 비핵화를 통한 새로운 한반도 평화구조 창출, 개방화를 통한 남북한 경제공동체의 형성, 그리고 남북 상생·공영을 통한 사실상의 평화통일 기반 조성을 지향하는 것이다. 단순히 이러한 대북정책의 목표를 분석해 보면 '비핵·개방·3000 구상'은 중국이 바라는 한반도 비핵화와 한반도의 평화와 안정 유지의 전략목표와 상충되지 않음을 알 수 있다.

그러나 '비핵·개방·3000 구상'의 실제 추진과정에서 이명박 정부는 대북 포용이 아닌 실용주의와 상호주의를 바탕으로 하는 대북 강경·압박 정책 기조를 선택하였다. 앞에서 언급하였듯이 중국은 지난 김대중과 노무현 정부시기의 대북 포용적인 햇볕정책이나 평화번영정책에 대해 적극적인 지지입장을 명확히 밝힌 바 있다. 이것은 중국이 대화와 지원을 통한 대북 포용적 화해·협력 정책을 보다 더 선호함을 보여준다. 따라서 "'비핵·개방·3000 구상'에 대해 중국은 원론적으로는 공감을 표시"[66]하면서도, 대북정책의 실질적인 추진원칙과 전략에 대해 유보적 자세를 취하고 있다고 본다.

그럼에도 불구하고 북핵 문제에 대해서 중국은 기본적으로 북한의 핵무기 개발을 반대하고 대화를 통한 평화적 해결을 지지한다는 일관된 입장을 취해 왔다. 이에 따라 중국은 북한으로 하여금 핵을 포기하게 만들기 위해서는 제재보다는 대화의 중요성을 강조하고 있다. 즉 다자안보협력의 6자회담을 통해 북핵 문제를 평화적으로 해결하고자 하는 것이다. 2008년 12월부터 북한 비핵화 문제가 다시 교착상태에 빠진 후 중국은 6자회담의 재개를 위하여 많은 외교노력을 전개해 왔다. 이에 대해서는 뒷장에서 자세히 다루고자 한다.

주지하듯이 2009년 5월 25일 북한이 제2차 핵실험을 강행했을 때 중국은 공식적으로 강경한 반대의사를 표시하면서 북한이 사태를 더욱 악화시킬 수 있는 행동을 중지하고 6자회담에 복귀할 것을 강력히 촉구하였다. 이와 동시에 중국정부는 관련국들이 냉정하고도 적절하게 대처하며 협상과 대화를 통해 문제를 평화적으로 해결할 것을 호소해 왔다. 이것은 중국이 북핵 문제에 대해 이중적인 태도를 취하고 있음을 보여 준다. 즉 중국은 한반도에서의 비핵화를 추구하는 미국과 한국을 적극적으로 지지하는 태도를 보이면서도 비핵화를 위한 방법에

66) 박종철·전현준·최진욱·홍우택 공저, 앞의 책, 46쪽.

는 대북 압박과 제재를 반대하는 것이다. 이러한 이중적인 태도는 2009년 6월 이명박 대통령이 제안한 '5자회담(5자협의)'에 대한 중국의 입장에도 노정되었다.

'5자협의'는 북한을 제외한 6자회담 참여국들이 사전에 의견을 조율하고 북한을 협상에 복귀시키는 데 목적이 있다. 그러나 중국은 '5자협의'에 대해 대북 압박을 위한 5개국 공동전선으로 비칠 수 있어 거부하였다. 즉 그렇지 않아도 6자회담을 거부하는 북한에게 이를 거부할 명분을 더 이상 주어서는 안 된다는 주장이다.[67]

중국의 이러한 이중적인 태도에 대해 학계에서 다양한 해석을 제시하고 있다. 북핵 문제의 해결을 위하여 미국에 협력을 제공하는 중국의 행태는 미국 내의 '중국위협론'을 약화시키고 동시에 '중국공헌론'적 시각을 확산시킴으로써 '책임 있는 대국'의 이미지를 고양시키는 데 목적을 둔 것이다.[68] 또 중국은 '한반도 두 개 국가 전략'을 통해 전통적인 대북 영향력에 더해 대한국 영향력도 강화함으로써 남북한 모두에 대한 영향력을 동시에 확보하고 나아가 통일 후의 한반도가 미국의 세력권에 완전히 포섭되는 결과를 예방하는 효과도 얻을 수 있다는 전략적 계산이 깔려 있는 것으로 해석된다.[69]

중국의 이중적인 북핵 문제 해결 태도에 대한 이와 같은 해석들은 어느 정도 설득력이 있다. 그러나 필자는 중국이 북핵 문제 해결에 대해 이중적인 태도를 취하는 근본적인 목적은 한반도의 평화와 안정 상태를 유지하는 데 있다고 본다. 북한의 비핵화는 중국의 안보에 중대한 문제가 될 수 있으나 중국의 국가안보에 가장 핵심적인 과제는 아니다.[70] 북한의 비핵화를 추진하기 위한 대북 압박과 제재를 지속할

67) 전봉근, 앞의 논문, 164쪽 참조.

68) 孟慶義·趙文靜·劉會淸 共編, 2006, 『朝鮮半島問題與出路』, 北京: 人民出版社, 247~253面 참조.

69) 박종철·전현준·최진욱·홍우택 공저, 앞의 책, 47쪽 참조.

70) 2010년 9월 28일 민주평화통일자문회의가 주최한 '2010한·중 평화포럼-한·

경우 한반도에서 전쟁을 포함한 급변사태가 일어날 가능성이 높다. 한반도에서 급변사태가 일어날 경우 '경제건설'이란 중국의 핵심적인 국가전략은 치명적인 타격을 입을 수밖에 없다. 따라서 북한의 비핵화 실현보다 대북 제재와 압박으로 인해 한반도 급변사태 발생을 방지하는 것이 중국에게 더욱 긴요하다고 생각한다. 이러한 맥락에서 이명박 정부는 대북 압박과 제재의 방식으로 북핵 문제를 해결하는 데 중국의 동조를 얻기가 어렵다고 판단할 수 있다.

중국 학계에서 이명박 정부의 '비핵·개방·3000' 대북정책을 직접 비판하는 입장도 없지는 않다. 후진타오 주석의 싱크탱크 주요 성원으로서의 옌쉐통(閻學通) 청화대학 국제 문제연구소 소장은 북한의 핵실험이 한국의 경제에는 큰 영향이 없는 반면 이명박 정부에게는 큰 정치적 부담이 될 것이라고 지적하였다. 즉 이명박 정부가 햇볕정책을 포기한 대가로 북한의 핵실험이 초래되었다는 비판에 직면하게 될 것이라는 분석이다.[71] 이러한 견해는 어느 정도 중국정부의 입장을 담고 있다고 이해된다. 즉 중국은 이명박 정부가 지난 정부의 대북 포용적 정책 기조에 따라 '비핵·개방·3000'의 대북정책을 추진함을 바라고 있다.

북한의 개방화를 통한 남북 경제공동체 형성 문제에 대해서 중국은 일관적인 지지입장을 견지해 왔다. 북한이 장기적인 경제난으로 인한 체제위기를 모면하기 위하여 내부위기분출의 수단으로 핵무기 개발을 진행하게 되었다고 해도 과언이 아니다. 남북 경제 교류와 협력은 북한의 경제난을 완화하는 데 도움이 되었을 뿐만 아니라 북한의 대남 적대 인식을 약화시킬 수 있어 남북한 간의 신뢰증진에 기여할 수도

중 전략협력 동반자관계의 새로운 비전' 발표회에서 중국 정부 싱크탱크의 한 사람인 북경대학교 왕지스(王緝思)가 이와 같은 주장을 제시한 바 있다.

71) 인터넷 자료: 「獨家: 專家閻學通稱朝核試驗將改變六方會談議題」, 新浪嘉賓訪談: http://news.sina.com.cn/w/sd/2009-05-25/145917885644.shtml(검색일: 2010년 9월 2일).

있다. 지난 김대중, 노무현 정부시기는 대북 경제교류와 협력 때문에 남북관계는 일정 정도로 개선되었다는 사실이 이를 입증해 준다. 남북관계의 개선은 한반도의 평화와 안정 유지에 가장 중요한 요인이다. 이러한 인식에서 중국은 남북관계 개선을 증진할 수 있는 경제교류와 협력에 대해 지지의 입장을 취하게 되었다.

남북 경제공동체의 형성은 남북 간 높은 신뢰관계 형성과 북한의 개혁개방 실행을 전제로 하는 것으로 보인다. 이것은 남북한의 평화공존 상태를 의미한다. 남북 신뢰관계 형성은 장기적인 경제교류와 협력을 거쳐 이루어질 수 있고, 북한의 개혁개방은 북·미, 북·일 관계 개선을 전제로 해야 된다고 본다. 이 점과 관련하여 김대중 정부시기의 다자안보협력 구상을 해석할 때 이미 분석하였기 때문에 여기서 더 이상 다루지 않을 것이다.

중국이 남북 경제교류와 협력 및 경제공동체 건설을 지지하는 이유는 또 하나가 있다. 즉 중국의 대북 지원의 부담을 축소시키는 데 있다는 것이다. 중국은 북한의 경제난 극복과 체제유지를 도와주기 위하여 해마다 북한에 거액의 경제지원을 제공해 왔다. 위에서 언급하였듯이 남북한 경제 교류협력은 북한이 경제난에서 벗어나고 체제를 유지하는 데 도움이 된다. 이것은 중국의 대북 경제 지원의 절감을 의미한다. 이러한 측면을 고려하여 중국은 남북 경제교류와 협력 및 경제공동체 건설에 대해 매우 긍정적인 자세를 보이고 있다.

한편, 북한 개혁개방이 중국의 경제발전, 특히 중국의 국가발전 전략의 일환으로서의 동북삼성 진흥공정에 촉진역할을 발휘할 것으로 생각한다. 중국은 30여 년 동안의 개혁개방을 통해서 전체 국가의 실력을 크게 향상시켰다. 그러나 내부 발전의 불균형으로 인하여 지역 간의 갈등 및 사회 문제도 대두되고 있다. 특히 동북삼성은 중국의 경제성장을 위한 자원과 에너지를 끊임없이 제공해 왔으나 경제성장 측면에는 근해 지역보다 전반적으로 뒤떨어져 있는 상태이다. 중국은 국내 지역 간의 균형발전과 전체 경제의 지속성장을 위하여 새로운 출구를 모색해 왔다. 이러한 상황 하에 북한 경제의 개혁개방은 중국 동북 삼성의 진흥사업에 중요한 기회를 제공해 줄 것이라고 본다. 북한의 경제개방은 중국의 동북진흥전략과 상호 보완적이고 양국 간의 협력을 더욱 강화시키며 여러 영역의 교류를 촉진함으로써 중국의 이익에 기여할 수 있다.

특히 북한이 개혁개방의 길로 나갈 경우, 남한과 장기적인 경제교류와 협력을 전개함으로써 남북 간에 신뢰를 높일 수 있다. 이러한 바탕에서 남북한 경제공동체도 이루어질 수 있다. 남북경제공동체의 형성은 중국에 안정적인 주변 환경을 조성할 뿐만 아니라 보다 더 큰 경제성장 잠재동력을 창출해 줄 것으로 본다. 2008년 한·중 양국 간의 교역은 1,400억 달러를 초과하였고 투자 누계는 약 400억 달러에 달하였다. 만약에 남북경제공동체가 형성되면 중국과 한반도 사이에 경제협력이 활발하게 이루어지게 되어 중국이 얻는 경제 효과는 지금과는 비교가 되지 않을 정도로 커질 것이다.

한편 한·미동맹 관계는 한국 외교안보의 정책 초석으로 작용하고 있다. 이명박 정부는 바로 한·미동맹을 강화·격상시키는 바탕에서 대북정책을 추진해 왔다. 한·미동맹의 강화와 확대에 대해서 중국은 반대의 입장을 견지하고 있다. 냉전 종결의 상황 하에 한·미동맹은 지역의 안정을 방해하는 요인으로 간주하기 때문이다. 이러한 중국의 입장은 2008년 5월 28일 이명박 대통령 중국 방문 전후에 중국의 보도에서 드러난 바 있다.

천안함 사건 발생 이후 여러 현안 문제에 대한 한·중 양국의 입장 차이는 분명해지고 양국 간에 불협화음이 높아지고 있다. 2010년 5월 김정일 위원장이 방중하여 중국정부로부터 극진한 대접을 받자 한국 여론은 좌절감을 나타내면서 중국이 북한을 더 편든다고 하였다. 천안함 사건 관련 유엔안보리 의장성명이 한국 군함 공격에 대해 북한이 책임을 져야 한다고 명확히 비난하지 않자 한국 여론은, 이는 중국이 북한을 감싼 결과라고 비난하였다. 이와 같이 일련의 사건에 대해 한국 매체와 여론이 중국을 비판하는 목소리는 급격히 높아졌다.

이에 따라 중국의 일부 언론도 한·미 양국의 대북정책에 대해 노골적으로 비판하기 시작하였다. 특히 한미군사연합훈련이 시작된 후 중국의 주요 언론매체 『환구시보(環球時報)』의 사설에서 “한미군사연합훈련 규모가 갈수록 커지고 있는 시기에 한국은 모순적인 전략적 방향 상실에 빠졌다”고 평가하였다. 동 사설은 또 “한·미동맹 강화가 주변국과 한국간의 상호신뢰를 무너뜨리고 상호 마찰을 증가시킨다면 한국은 안전해 질 수가 없으며 오히려 더 불안전해질 뿐이다. 한국은 중·미 대결에 대한 통제능력을 완전히 상실하게 될 것이며 이로 인해 동북아 정세가 혼란에 빠지는 결과를 감당하게 될 것이라”[72]고 지적하였다. 이와 같이 중국의 주류 매체에 경고성 발언이 발표된 것은 한·중 수교 이후 처음 있는 일이다. 이러한 가운데 중국 외교성명과 언론보도는 일제히 북한에 대한 비판을 피하기 시작하였다. 이와 같이 몇 가지 당면 문제에 대해서는 한·중 양국이 서로 다른 입장을 견지해 온 셈이다.

이명박 정부의 대북정책 추진 방식 및 몇 당면 문제에 대해 중국은 비판적인 입장을 견지하고 있다. 물론 한국도 중국에 대해 비판의 입장을 보이고 있다. 그러나 이것은 한·중 양국의 전략적 협력 동반자 관계의 실패를 의미하지는 않는다고 본다. 국제사회에서 양자관계가 아무리 좋더라도 양자 간에 입장 차이는 존재한다는 법이다. 한국과 중국이 양국의 관계를 전략적 협력 동반자 관계로 발전해 나가기로 합의하였으나 이 관계의 구축과정에서 일부 문제에 대한 양국 간의 입장 불일치가 존재하는 것은 정상적인 일이다. 필자는 한·중양국은 전략적 협력 동반자 관계를 계속 추진해 나갈 것이리라 믿고 있다. 한·중 관

72) 社說: 「東北亞穩定, 韓國保持淸醒至關重要」, 『環球時報』, 2010年 8月 20日.

계의 발전기반이 단단하고 또 많은 발전기회와 엄청난 잠재력을 갖고 있기에 양국 국민 간 교류와 친선은 쉽게 무너지지 않을 것이기 때문이다.

4. 중국의 한반도 다자안보협력 구상

중국은 주변 국가들과의 관계를 개선하여 평화적·안정적 주변 환경을 조성하는 것을 대외전략 핵심목표로 설정하였다. 이러한 전략적 목표를 이루기 위해서 중국은 독립자주와 내정불간섭 원칙과 선린우호(與隣爲善, 以隣爲伴)의 방침에 입각하여 주변 국가들과 전통적인 쌍무관계를 강화해 왔다. 특히 개혁개방 정책이 본격적으로 전개됨에 따라 중국은 양자적 외교관계를 강화하면서 다자주의 외교를 전개하기 시작하였다. 그러나 이 같은 다자주의 외교는 제도화를 지향하는 다자안보협력에 대한 중국의 입장을 완전히 대변하지 못한다고 본다. 다자외교는 일정한 국제제도의 틀 아래서 관련국가가 자신의 외교행태를 조정하는 제도적 다자주의와 구별되기 때문이다.[73]

냉전기에 다자안보협력에 대해서 중국은 다자주의는 강대국이 영향력을 확장하는 데 쓰이는 수단으로 간주하였기 때문에 이에 대해 부정적 입장을 취하고 있었다. 특히 냉전기에 중국의 주변 국가들은 기본적으로 미국과 소련을 중심으로 하는 양대 진영에 편입되어 중국을 포위하고 위협하는 형태를 유지하였기 때문에 중국이 다자주의를 추진할 조건이 갖추어지지 못하였다.[74] 사실상 탈냉전기 초기인 1990년대 초반에도 중국은 다자안보협력에 대해 소극적인 태도를 보였다. 그럼

73) 자세한 내용은 이태환, 2006, 『동북아 다자안보에 대한 중국의 입장』, 세종연구소 정책보고서, 세종연구소, 3쪽 참조.

74) 이태환, 2008b, 「동아시아 공동체와 중국: 중국의 인식과 전략」, 하영선 편, 『동아시아 공동체: 신화와 현실』, 서울: 동아시아연구원, 140쪽 참조.

에도 불구하고 탈냉전 이후 주변 안보 정세 변화와 안보 개념의 확대에 따라 중국은 안보에 대한 인식이 점차 변해졌다. 냉전 후 경제안보의 중요성이 부각되어 정치와 군사안보의 중요성이 상대적으로 낮아졌다.[75] 이러한 흐름 속에서 중국과 주변 국가 간의 상호의존 관계가 확대·심화되어 왔다. 그리고 교류와 의뢰 관계 확대에 수반하여 마약, 환경, 자원 등의 문제도 대두되고 있다. 이러한 상황에서는 중국이 공동적 경제발전 및 비전통적 안보 문제에 대응하기 위해서 주변 국가들과 다자간의 협력을 전개할 필요가 있다.

이러한 인식에서 중국은 각종 국제기구와 민간 차원의 다자간 대화기구에 참여함과 동시에 정부 차원의 다자안보협력에도 선별적으로 참여하기 시작하였다. 1993년 중국 외교부 치안치첸 부장이 아세안 외무장관회의에 참석하였는데 회의에서 안보 문제를 놓고 관련국가와 함께 의견을 교환하였고, 아세안지역포럼(ARF)을 설립하는 데 지지 입장을 표명하였다. 1994년 중국은 ARF 창립대회에 참가하였고 1995년 4월 중국 항저우(杭州)에서 중국과 아세안 간의 고위급 안보 문제 협의 회의를 주최하여 이를 정례화시켰다. 그 이후부터 중국은 빠짐없이 ARF의 연례회의에 적극적으로 참가해 왔다. 중국이 ARF에 참가한 것은 '천안문 사건'으로 조성된 외교적 고립상태를 타파할 뿐만 아니라 다자주의적 국제제도를 통해서 관련 국가와의 이해관계를 조정하기 위해서이다.[76] 그리고 아세안 국가와의 관계 개선을 통해 미국과 일본의 대중국 봉쇄 라인을 돌파하려고 하였던 것이다. 또한 약소국들로 구성된 ARF에 지속적으로 참여하는 과정에서 중국은 대국으로서 쉽게 영향력을 행사하고 주도권을 잡을 수 있을 것이었다.

1990년 중반 이후 중국은 신안보관을 정립하면서부터 더욱 적극적

75) 閻學通, 1996, 『中國國家利益分析』, 天津: 天津人民出版社, 79~80面.

76) 門洪華, 2005, 『構建中國大戰略的框架-國家實力,戰略觀念與國際制度』, 北京: 北京出版社, 256面.

으로 다자안보협력에 참여하기 시작하였다. 중국은 ARF에 지속적으로 참여하고 관련국들과 함께 ARF의 제도화를 추진하는 데 노력을 기울이고 있다. 그러나 아무리 적극적으로 참여하더라도 중국은 ARF에 피동적으로 참여하는 일반적 회원국에 지나지 않았다. 신안보관 정립 이후 중국은 '상하이5국 회의'를 주최하는 의장국이 되어 주동적으로 적극적인 역할을 행하게 되었다. 그리고 '상하이5국 회의'를 계속 추진하고 제도화시켜 2001년 6월 상하이협력기구(SCO)를 정식으로 창립하였다. 이와 같이 2000년대 이후 중국은 본격적인 다자안보협력 단계에 진입하였다고 할 수 있다.

그러나 동북아 지역에서는 쌍무적인 양자관계를 위주로 하여 강대국 간의 세력 균형은 여전히 안보구조에서 주도적 역할을 하고 있다. 이러한 환경에서 동북아 국가들은 서로 신뢰관계를 형성하지 못하고 긴장관계를 완화하지도 못하고 있다. 따라서 ARF, SCO와 같은 다자안보협력체가 동북아 지역에서 형성되기 어려운 상태이다. 게다가 한반도 문제, 특히 북핵 문제는 동북아 지역의 정세를 거듭 긴장시키고 지역의 평화와 안정에도 위협을 안겨주고 있다. 이러한 상태에서 위기를 관리할 수 있는 다자안보협력을 동북아 지역에서 추진하는 것이 무엇보다도 시급한 일이다. 제2차 북핵 위기가 일어난 후 북핵 문제의 평화적 해결을 위해서 동북아 국가들이 다자안보협력의 장에 나서기 시작하였다.

지정학·지경학적으로 보면 동북아 지역은 중국에게 가장 중요한 가치를 지니는 지역이다. 중국은 동북아 지역의 대국으로서 자국 경제의 지속적 성정을 확보하기 위하여 동북아 지역의 평화와 안정을 유지해야 한다. 앞서 언급한 바와 같이 동북아 지역 정세와 밀접히 연관된 한반도 문제에 대해 중국은 한반도의 통일이 남북한에 의해 자주적·평화적으로 해결되어야 한다는 입장을 견지해 왔다. 이러한 입장에서 중국은 한반도 문제의 해결에 있어서 구체적인 다자안보협력 구상을 제기하지는 않았다. 그러나 이는 중국이 한반도 문제 해결에 다자안보협력을 반대하는 것을 의미하지 않는다. 중국 정부는 한반도의 평화와 안정에 유리한 것이라면 적극적으로 지지한다는 입장을 강조하기 때문이다.77) 앞에서 살펴본 바와 같이 남북한 화해·협력 증진과 평화공존을 목표로 한 대북 포용 정책에 대해 중국이 적극적인 지지입장 취하였다. 특히 중국이 한반도 내지 동북아 지역 평화를 지향하는 4자회담, 6자회담에 적극적으로 지지하고 참여하는 것은 그 대표적인 사례로 볼 수 있다. 그럼에도 불구하고 중국은 피동참여자의 자세로 다자안보협력에 참여해 오고 입장 표명이나 의견조율의 수준에 머무르고 있을 뿐이며, 구체적인 다자안보협력 구상을 주도적으로 제안한 바 없었다.

그러나 6자회담의 진전에 따라 중국은 6자회담이 동북아 지역의 다자안보협력체로 발전할 가능성이 있다고 인식하여 6자회담의 제안국가가 아니지만 다른 국가보다 더 적극적인 태도를 보인다. 이에 중국은 6자회담의 재개와 지속적 발전을 강조하고 그 과정에서 주도적 역할을 행할 수 있도록 도모하고 있다.

이상의 논의에서 보는 바와 같이 중국은 다자안보협력에 대해 부정적인 입장으로부터 1990년대 중반 이후의 적극적인 참여로의 전환을 보여주었다. 이러한 입장전환은 국제사회의 안보 정세 변화와 안보범주의 확대, 중국의 국가 발전전략의 조정 등 여러 요인으로 인해 일어난 것으로 이해된다.

첫째, 탈냉전 이후 세계화의 흐름이 분명해지는 상황에서 다자협력을 전개하는 것은 시대의 요구이다. 세계화 속에서 국내 문제와 국제문제 사이의 경계와 한계가 불분명해지는 국제적·국내적 이슈의 등장과 그에 따른 상호 영향력이 증대되고 있다. 한 국가의 국내 문제가

---

77) 1999년 9월 뉴질랜드 APEC 계기로 이루어진 한·중 정상회담에서 쟝저민 주석이 이 같은 입장을 공식적으로 밝힌 바 있다. 『人民日報』, 2000年 9月 7日.

국제적인 파장이나 결과를 초래하는 것뿐만 아니라 전혀 관계없는 국제 문제나 사안이 기타국가의 국내 문제에도 영향을 미치게 되는 것이다.[78] 다자협력이 세계발전의 흐름이 되는 상황에서 중국이 이에 적극적으로 참여하지 않으면 지역 안보 문제에 대한 논의과정에서 배제당할 수도 있다. 예를 들어 한반도 문제를 해결하는 데 중국이 동참하지 않을 경우, 미국이 한반도 문제 해결의 주도권을 확대하는 반면에 중국의 대한반도 영향력이 약화될 수밖에 없다.

둘째, 안정적 평화적 주변 안보환경을 조성하는 데 다자안보협력이 필요하다. 1992년 덩샤오핑의 남방지역 순방 이후 중국은 개혁개방을 본격적으로 진행하기 시작하였다. 개혁개방을 순조롭게 추진하기 위해서는 안정적·평화적 주변 환경을 조성하는 것이 필수적이다. 이러한 인식에서 중국은 주변 지역의 평화안정 유지를 대외 정책의 근간으로 삼고 있다. 이를 위하여 중국은 주변 국가들과의 다양한 다자안보협력을 효과적인 방안으로 강조하는 동시에 자신의 역할을 점차 확대하고 있다. 대화협상에 기초한 다자안보협력 방식이 분쟁의 확대를 억제할 수 있으며 지역의 평화유지에 유리하기 때문이다.

셋째, 중국이 다자안보협력을 추진하는 것은 중국의 21세기 '비대칭적 균형전략'[79]에 기인한 것으로 보인다. 대미관계의 측면에서 중국은 다자안보협력을 진행함으로써 미국의 '패권적 행위'를 견제하려는 의도가 있다.[80] 즉 단기적으로는 중국은 다자안보협력을 추진함으로써 미국의 일방주의 행동을 견제하며, 장기적으로는 다자안보협력을 통해

78) 이명우, 2009, 「북한 핵 정책과 동북아 다자간 안보협력 구상」, 경남대학교 북한대학원 박사학위논문, 177쪽.

79) '비대칭적 균형전략'은 21세기 중국이 미국과 협력을 추구하면서 동시에 미국의 영향력 확대를 견제하는 데 목표를 두고 있다. 자세한 내용은 이태환, 2008b, 앞의 논문, 131~137쪽 참조.

80) 이동률, 「북한 문제와 한미중 협력」, 이태환 편, 2010, 『한반도 평화와 한미중 협력』, 성남: 세종연구소, 75쪽 참조.

기존의 쌍무동맹 체제를 가능한 한 유연화(柔軟化)시키려고 도모한다. 또한 지정학적으로 볼 때 동아시아에서 중국에게 가장 중요한 나라는 미국이다. 중국의 부상이 아시아 지역의 국제질서 변화의 주요 변수이기는 하지만 주도적인 변수는 미국이라고 인식하고 있다.[81] 따라서 중국이 미국과의 소통과 대화를 활성화하여 협력안보를 증진하는 동시에 중·미관계의 안정적 발전에도 적극적인 역할을 하는 전략 구상을 가지고 있을 것이다.

넷째, 중국은 비전통적 안보 문제를 해결하기 위해서 다자안보협력을 적극적으로 추진해 왔다. 냉전 이후 안보의 개념은 전통적인 군사안보 차원을 넘어 테러 방지, 마약 밀수 단속, 기후와 환경 보호 등 영역으로 확대되었다. 이러한 비전통적인 안보 문제는 초국가적 성격을 지니기 때문에 단순히 양자적 협력만으로 해결되기 어렵다. 지속적 발전을 이루기 위해서는 중국은 주변 국가와 함께 협력을 전개함으로써 비전통적인 안보위협을 해소해야 한다. 9.11 이후 중국은 신장(新疆), 시짱(西藏) 지역에서의 테러 활동을 저지하기 위하여 관련 이웃나라와 다자안보협력을 전개한 바 있다.

다섯째, 중국은 적극적으로 다자안보협력에 참여함으로써 아시아지역에서 대국으로서의 이미지를 부각시키면서 '중국위협론'을 불식시키고자 한다. 중국의 급부상은 미·일 등 강대국의 경각심을 야기할 뿐만 아니라 주변 약소국들의 우려를 초래하기도 하였다. 이러한 상황은 중국의 대외 전략 실시에 어느 정도로 부정적인 영향을 미치고 있다. 따라서 중국은 다자협력을 통해 동아시아 국가들과 신뢰관계를 구축하면서 평화발전과 책임 있는 대국의 이미지를 부각시킴으로써 주변국들의 우려를 해소시키고자 한다.

위와 같은 전략적 고려에서 중국은 다자안보협력을 적극적으로 전

81) 崔立如 主編, 2006, 『東北亞地區安全政策及安全合作構想』, 北京: 時事出版, 27面.

개해 왔다. 그 과정에서 지켜야 되는 원칙은 다음과 같이 몇 가지로 정리할 수 있다.

첫째, '내정불간섭'의 원칙을 따라야 한다. '내정불간섭'의 원칙은 중국의 대외관계를 전개하는 데 견지해온 핵심적 원칙의 중요한 구성 부분이다. 따라서 다자안보협력을 추진하는 과정에서 중국이 이 원칙을 계속 견지하는 것은 이치에 맞는다. 이 원칙은 다자안보협력의 전개과정에서 중국이 자국의 내부 문제가 국제화될 것을 방지하는 데 핵심목적이 있다고 본다.

둘째, 다자안보협력은 점진적이고 단계적인 발전을 지향해야 한다. 중국은 동북아 각국의 상호신뢰도가 낮고, 전략이익에 대한 인식에도 차이가 있다는 현실을 부각시키면서, 구체적이고 효율적인 안보기제를 만들기 위해서는 점진적인 발전과정이 필요하다고 강조하고 있다.[82] 즉 대화의 의제는 해결하기 수운 것에서 어려운 쟁점으로 점진적으로 옮겨가야 한다는 것이다.

셋째, 다자안보협력은 협상을 통한 합의의 원칙을 견지해야 한다. 동북아 지역에서 각국이 서로 다른 안보관심을 가지고 있기 때문에 다자안보협력의 전개 과정에서 협상을 통해 문제를 해결해야 한다.[83]

넷째, 양자안보관계와 다자안보협력 관계를 서로 보완해야 한다. 중국은 주변 국가들과 양자 간 신뢰관계 구축을 통해 중국과 주변 국가들 사이의 다자협력을 위한 기반을 구축하는 것을 중요시한다. 즉 양자 간 안보관계를 기초로 하여 다자안보협력을 보완적으로 모색하는 것이 바람직하다는 입장이다.[84] 이러한 입장은 국가주권과 다자안보협력 간의 상충 부분을 조율하는 데도 목적이 있다고 본다. 중국이 국

82) 邵峰, 2007, 「朝核問題的發展前景與東北亞安全機制建設」, 『世界經濟與政治』 2007年 第9期, 中國社會科學院世界經濟與政治研究所, 13面.

83) 黃鳳志·高科·肖晞, 2006, 『東北亞地區安全戰略研究』, 長春: 吉林人民出版社, 9面.

84) 이태환, 2008b, 앞의 논문, 142쪽 참조.

가주권과 밀접한 영토·영해 소유권 문제에 대해서 양자 당사자 간에서 논의를 진행해야 하고, 양자에 의한 해결되기 어려운 문제들은 다자협력의 틀에서 논의·해결되어야 한다고 강조해 온 것은 이를 입증해 줄 수 있다.

위에서 제시한 전략적 사고(思考)와 원칙하에 중국은 국력의 증강에 따라 향후 동북아 다자안보협력에 대해 보다 더 적극적, 주도적 역할을 할 것으로 전망된다.

제5장

다자안보협력 구상과 중국의 역할 : 6자회담 사례

중국은 한반도의 안정과 평화상태 유지, 남북한의 자주평화 통일 및 한반도 비핵화 등 3가지 정책 기조를 견지하고 있다. 때문에 김영삼 정부 시기부터 제기되어 온 한반도 평화와 안정에 유리한 다자안보협력 구상에 대해 기본적으로 긍정적인 입장을 보였다. 이러한 중국의 입장을 분석하는 동시에 한반도 평화 정착을 위한 중국의 역할에 대해서도 살펴봤다. 본 장에서 한반도의 평화와 안정 상태를 지키기 위하여 특정적인 현안 문제로서 북핵 위기의 완화에는 중국은 어떠한 외교적 노력을 경주해 오고 있는지, 특히 북핵 문제의 평화적 해결을 위한 6자회담에서 어떤 역할을 했는지를 중점적으로 살펴보고자 한다. 이를 위하여 북핵 위기 재발의 원인에 대해서 간략히 분석해 보고자 한다. 그리고 북핵 문제를 다루는 6자회담이 향후에 한반도는 물론 동북아 지역의 평화를 지킬 수 있는 다자안보협력 체제로 발전해 나갈 수 있을지에 대해 전망해 보겠다.

Ⅰ. 북핵 위기 발생의 배경과 원인

북핵 문제는 1990년대 초부터 생겼고 지금까지도 해결되지 못한 현안 문제로 남아 있다. 북한의 핵개발로 인하여 1993-94년의 제1차에 이어 2002년 10월 제2차 한반도 위기상황은 조성되었다. 북한이 전쟁의 위협에도 불구하고 핵개발을 고집하는 이유는 무엇인가? 본 절에서 북핵 문제의 전개과정을 살펴보면서 그 원인에 대해 분석하고자 한다.

1. 북핵 위기의 발생배경

앞에서 북핵 문제에 대해서 언급하였지만 이 문제의 본질과 원인을 밝히기 위하여 여기서 북핵 문제의 발전변화 과정을 간략히 살펴볼 필요가 있다. 탈냉전 이후 북한이 사회주의 지영의 원조를 상실함과 동시에 한·미·일과 대결하는 국면에 직면하게 되었다. 자국의 체제유지와 국가안보를 지키기 위하여 북한은 핵무기 개발을 본격적으로 진행하기 시작하였다. 1992년 미국의 위성이 북한의 핵개발 시설을 포착하였다. 그 이후에 북한의 핵개발 의혹시설 사찰 문제를 둘러싸고 북·미 양국이 신경전을 벌이고 긴장과 대립을 보이기 시작하였다. 1993년 북한은 국제원자력기구(IAEA)의 핵시설 사찰을 중단시키고 핵무기비확산조약에서 탈퇴하였다. 비록 핵시설 개조에 대해 북·미 양국이 일시적 합의를 하였으나 경수로 원조 문제에는 입장 차이 때문에 북·미관계는 재차 냉각되었다. 1994년 6월 15일 미국이 대북 제재를 유엔안보리에 요구하자 북한은 제재가 북한에 대한 선전포고를 의미한다는 성명을 발표함으로써 한반도는 전쟁 위기에 빠졌다. 국제사회의 조율하에, 특히 미국 카터 전 대통령의 방북을 계기로 북한과 미국은 협상을 재개하고 1994년 제네바 기본합의서를 체결함으로써 제1차 북핵 위기로 야기된 한반도 불안 상황은 가라앉았다. 그러나 이것은 북핵 문제의 해결을 의미하지 않았다.

1994년에 발생한 제1차 북핵 위기 이후 북한 핵 문제를 해결할 수 있는 시간은 충분하였다. 그러나 미국을 비롯한 주변국들은 북한이 조기 붕괴할 것으로 예상하고 경수로 지원 사업을 지지부진하게 끌었다.[1] 이에 대응하여 북한이 대포동 미사일 실험발사를 진행함으로써 국제사회의 관심을 끌었다. 부시 행정부 출범 이후 미국이 클린턴 시

1) 전현준, 2006, 「북한 핵과 핵개발 과정」, 전현준 외, 『10.9 한반도와 핵』, 서울: 이룸출판사, 16~17쪽 참조.

기의 대북 접촉 정책을 바꾸고 강경과 적대 정책을 전개하기 시작하였다. 이로 인해 북핵 문제가 재차 수면 위에 떠올랐다.

2002년 초 미 부시 행정부는 북한을 이란과 이라크와 함께 세계평화를 위협하는 '악의 축' 국가로 규정하였고 동년 9월 「국가안보전략보고」에서 필요시 북한 등 위험 국가들에 대해 핵무기 사용을 포함한 선제공격을 단행할 수 있다고 특별히 강조하였다. 이로 인해 북한은 미국의 제네바 기본합의서의 조항 위반 및 북한에 대한 위협 행동 등을 비난하면서 핵 프로그램을 재가동하였다. 2002년 10월 13일 북한 외무성 강석주 부상이 미국 대통령 특사 켈리와의 회담에서 북한이 핵 프로그램을 다시 추진하고 핵무기를 이미 보유하였다고 밝혔다. 이어서 북한은 북·미 기본합의서에 따른 미국의 대북 중유 지원 의무의 불이행을 비난하고 북·미 핵 합의가 무산되었다고 선언하였으며 동년 12월 유엔의 핵 사찰 요원들을 축출하고 봉인된 핵시설을 다시 가동시켰다.

2003년 1월 국제원자력기구에서 대북 결의안을 통과시킴에 따라 북한은 「핵무기확산금지조약(NPT)」에서 탈퇴하고 북·미 「제네바 기본합의서」를 폐지하였다고 선언하였다. 국제원자력기구가 북핵 문제를 유엔안보리에 제출한 후 북한은 유엔의 대북 제재를 전쟁 행동으로 간주할 것이라는 보다 강경한 자세를 보였다. 2003년 4월 4일 미국은 대북 전쟁의 가능성이 있다고 경고하였다. 이에 대응하여 북한은 1992년 체결된 『한반도비핵화합의』를 폐지함으로써 자국 핵개발의 마지막 제한 요소를 제거하였다.[2] 이처럼 제2차 북핵 위기가 재차 일어나고 계속 격화되어 갔다. 특히 북한의 2006년 제1차, 2009년 제2차 핵무기 실험 및 여러 차례의 미사일 발사 행동은 한반도의 정세 위기를 역사상 전례가 없던 절정에 달하게 하였다.

---

2) 滿海峰·巴殿君, 「朝核危機與朝鮮半島國家關系中的各國合作解決途徑分析」, 『遼東學院學(社會科學版)』 2006年 第5期, 92面.

2. 북한 핵개발의 이유

북한이 미국의 경고와 여타 주변 국가의 반대를 무릅쓰고 핵무기 개발을 추진하는 이유는 무엇인가? 필자는 다음과 같이 몇 측면에서 이를 분석해 보고자 한다.

우선, 탈냉전 후 전례가 없는 불리한 안보환경 속에 북한은 핵무기 개발을 통해 체제안전과 국가안보를 지키고자 한다. 냉전이 종결된 후에 북한이 소련을 위시한 사회주의 진영의 지원을 잃어버렸다. 반면에 세계 유일한 초강대국으로서의 미국은 냉전의 종결에 불구하고 동북아 지역에서 미·일동맹과 한·미동맹을 강화시키는 데 역점을 두고 있다. 뿐만 아니라 탈냉전 이후 소련 진영이 무너진 상황 속에서 미국은 동북아 지역에서 TMD 시스템 구축을 추진해 오고 있다. 이리하여 북한은 한·미·일의 대북 압박 국면에 직면하게 되었다. 이에 대비하기 위하여 북한은 재래식 전략뿐만 아니라 '비대칭 전략(Asymmetrical Forces)'을 체계적으로 강화시켰다.[3)]

설상가상으로 군사·경제적으로 북한을 지원했던 전 소련이 한국과 관계를 개선하였고 대북 원조를 대규모로 삭감하였다. 특히 한·소수교에 이어 한국전쟁 이후 북한과 혈맹관계를 유지해 온 중국도 한국과 수교하였다. 한·소, 한·중수교는 북한에게 큰 충격일 수밖에 없었다. 안보와 이데올로기의 후원 기지가 와해되었기 때문이다. 특히 2001년 부시 정부 등장 이후 미국은 북한을 '악의 축'으로 규정하여 핵무기 선제공격의 대상으로 설정하고 대북 초강경 정책을 취하였다. 이로

---

3) 비대칭 전략이란 적이 보유한 것과는 다른 성격과 방법을 사용하여 적이 효과적으로 대응할 수 없도록 만드는 무기 체계나 방법을 가리킨다. 특히 북한은 현대 전쟁의 새로운 양상과 한·미 연합군의 월등한 첨단 전력에 대응하기 위하여 탄도미사일이나 핵무기와 같은 비대칭 전력의 개발에 힘을 쏟고 있다. 조성렬, 「북한의 핵·미사일 전력과 미사일 지도국」, 전현준 외, 2006, 『10.9 한반도와 핵』, 서울: 이룸출판사, 27쪽 참조.

인해 북한은 미국으로부터 큰 위협을 느끼게 되었다. 이러한 전례가 없는 안보 불안 상황 속에서 북한은 핵 위협전략을 취하게 되었다고 본다.

둘째, 북한은 경제난 속에 거액 자금의 반복 투입이 필요한 재래식 군비 증강보다는 단번에 적은 투입을 해도 최대한의 안보효과를 얻을 수 있는 핵무기 개발을 더 선호한다. 냉전시기부터 북한이 소련의 군사지원을 받고 대남 군사력 우위유지에 많은 노력을 경주하였다. 그러나 북한의 경제는 침체된 반면 1970년대부터 한국은 경제개발을 성공적으로 추진하여 국력을 부단히 신장하였고 탈냉전 이후 북한에 대해 압도적 우위를 차지해 오고 있다. 이로 인해 북한의 대남한 군사력 우위 유지는 고사하고 재래식 군비 증강에 필요한 막대한 군사비조달조차 어려웠다. 그러므로 북한은 경제성장의 희생을 최소화하면서 전략범위를 확대할 수 있는 군사력 강화방안을 모색할 수밖에 없다. 곧 핵무기의 개발이다. 핵무기 개발이 성공할 경우 북한이 대남한 군사력 우위를 되찾을 수 있을 뿐만 아니라 해마다 투입해야 된 거액 군사비도 대폭적으로 줄일 수 있다. 다시 말해 북한은 이를 통해 어려운 경제 사정으로 인한 군사력의 열세를 만회하고 대외적 협상수단 강화를 시도해 온 것이다.[4] 이러한 인식 하에 북한은 국제사회의 우려와 제재에 불구하고 핵무기 개발을 강행한 것이다.

셋째, 북한은 경제가 극도로 악화된 상황에서 체제를 계속 유지하기 위하여 핵개발을 통해 내부의 결속력을 강화하는 데 목적을 둔 것으로 보인다. 북한 경제난의 원인은 국제차원과 국내차원에서 검토해 봐야 될 것 같다. 국제적으로 냉전기부터 미국을 비롯한 자유주의진영의 봉

---

4) 북한이 공식으로 발표한 군비액은 예산의 15% 안팎을 차지한다. 그러나 실제로 북한의 군사비는 예년처럼 정부 예산의 30% 이상을 지출한다. 이교덕, 「북한의 외교안보전략-균형전략과 선군정치」, 이승철 외, 2004, 『21세기 동북아 국제관계와 한국』, 서울: 나남출판사, 273쪽.

쇄를 당했던 북한은 탈냉전 이후에도 인권, 테러지원 등 문제로 인하여 계속 서방사회의 제재와 봉쇄를 받고 있기 때문에 국제사회에서 고립되어 있다. 아울러 소련을 계승한 러시아로부터 예전처럼 경제 원조를 얻지 못하였다. 이러한 상황 하에 중국이 북한에 경제를 원조하는 주요 국가가 되었다. 그러나 한·중수교 이후 북한이 중국을 심하게 비난함으로써 중·북 관계는 소원해졌다. 이로써 북한은 국제사회에서 거의 고립무원의 처지가 되었다.

국내적으로 김정일의 집권 체제를 유지하기 위하여 북한이 정부조율의 계획경제 체제를 계속 실행하고 사회여론에 대해 고도로 단속해왔다. 이러한 고압적 통제 하 북한의 경제와 사회가 침체되어 있다. 1990년대에 들어 연속적 자연재해로 인하여 심각한 식량 문제가 발생하였다. 그리고 장기적인 대외고립 상황 하에 에너지와 원자재의 공급부족으로 인하여 공장의 가동률이 낮은 상태에 있다. 에너지와 원자재의 결핍은 심각한 식량부족 문제와 함께 북한 사회의 불안정 요인으로 작용해 왔다. 특히 극심한 경제난 상황 하에 탈북자가 속출하고 있다. 이와 같이 북한 내부적 불안정 상태는 북한 체제의 안정을 직접적으로 위협한다. 따라서 북한은 핵무기 개발을 통해 내부적 갈등을 분출하고자 한다. 다시 말해 북한이 핵무기 개발을 추진하여 대외 긴장국면을 조성함으로써 내부 결속력을 강화하는 데 초점을 둔 것으로 보인다.

넷째, 제도적인 안보보장을 얻기 위하여 북한은 미국이 예의주시하는 핵무기 개발을 추진함으로써 미국을 북·미 직접대화의 자리에 끌어들이려는 것으로 판단된다. 한국전쟁 이후 북한은 미국을 자국 안보의 최대 위협으로 간주해 왔다. 탈 냉전기에 소련과 중국은 한국을 국제사회의 성원으로 인정하여 한국과 외교관계를 수립하였다. 이에 반해 북한은 1991년 유엔에 가입하였지만 여태까지 미국과 일본의 승인을 얻지 못하고 있는 상태이다. 즉 미국과 일본은 북한 체제의 합법성을 인정하지 않는 것이다. 따라서 북한은 핵무기 개발, 미사일 실험발사 등 행동을 통해 미국으로 하여금 북한과 대화·협상을 진행하면서 북한 체제를 인정받고자 한다.

또한 한반도에서 한국전쟁이 휴전한 지 50여년이 되었지만 국제법적으로 북한과 미국은 여전히 전쟁상태이다. 북한은 자국의 안보불안 상태에서 벗어나기 위하여 한반도에서 먼저 휴전상태를 종결하고 새로운 평화협정 체결을 통해 평화체제를 확립해야 한다고 강조해 왔다. 이에 대해 북한은 북·미 직접 대화를 통해 평화협정을 체결하고 평화보장체계를 수립한다는 입장을 고수해 왔다. 그러나 미국은 이러한 북한의 주장에 동조하지 않고 있다. 북한은 핵무기 개발로 미국과 갈등을 일으키면서도 미국을 상대로 체제보장을 받으려고 하는 듯하다.

다섯째, 핵무기 보유국 지위를 확보하는 것이다. 북한은 자국의 핵개발로 국제사회의 비난과 제재를 초래할 것을 분명히 알고 있지만 핵실험이 성공하면 핵무기 보유를 기정사실화 하여 핵보유국 지위를 얻을 가능성이 있을 수도 있다고 판단한다. 일례로 냉전대립이 심각했던 1960년대에 중국은 중·소 분쟁으로 소련의 위협을 당함과 동시에 미국의 적대시와 억제도 직면하게 되었다. 미·소 두 초강대국의 포위와 억제의 와중에 중국은 핵무기 개발 성공을 통해 자국의 안보능력을 강화시켰을 뿐만 아니라 핵무기 보유국의 클럽에 들어서기도 하였다. 1998년 인도와 파키스탄도 몇 차례 핵실험을 거쳐 핵무기 개발에 성공하였다. 미국을 비롯한 국제사회에서 인도와 파키스탄의 핵실험에 대해 격렬한 비난과 강한 경고를 했으나 결국 양국의 핵보유국 지위를 묵인하게 되었다. 이들 사례를 감안할 때 북한도 비슷한 방법으로 핵무기 개발·보유를 통해 자국의 안보를 지키고 핵보유국의 클럽에 들어선다는 계산을 하는 것을 이해할 수도 있다.

이외에 북한이 핵무기 개발의 위험과 수익을 세밀히 계산하고 이를 추진해 온 것이다. 북한은 핵개발로 인해 미국에 의한 무력공격을 당할 위험성을 인식하기도 하였다. 그러나 북한은 자국과 접경하고 있는 중국과 러시아가 한반도에서 중대한 안보이익을 가지고 있기 때문에 미국의 무력공격을 반대할 것이라고 예측할 수 있다. 중국과 러시아의 전략 이익을 의식하여 막강한 군사력을 보유하는 미국도 대북 공격을 유보할 수밖에 없다. 특히 북한의 전통적인 우방국인 중국은 자국의 경제발전에 있어서 안정적이고 평화적인 주변 환경이 필요하고 한반도의 안정과 평화를 해치는 것을 절대 용서할 수 없을 것이다. 북한은 바로 이러한 점을 충분히 파악해서 핵개발을 강행해 온 것이다.

Ⅱ. 북핵 위기의 확대 저지를 위한 중국의 역할

한반도와 밀접한 관계를 유지해 온 중·미·러·일 주변 국가들은 북핵 문제에 많은 관심을 기울이고 이에 반대 입장을 견지하고 있다. 특히 한반도의 안정과 평화유지를 위하여 중국은 북핵 문제의 평화 해결을 위하여 외교 노력을 활발하게 전개하였다.

1. 제1차 북핵 위기 시 중국의 역할

북핵 문제에 대해서 중국은 한반도 비핵화의 일관된 입장을 견지하며 관련 각국이 대화를 통해 평화적으로 해결해야 한다고 강조한다. 핵 문제는 북한과 미국 간의 쟁점일 뿐만 아니라 동북아 지역의 평화와 안정에 직접 영향을 미치므로 역내 국가의 이익과 연관된다고 할 수 있다. 앞에서 언급한 북핵 문제의 발전 과정을 분석해 보면, 핵 문제의 해결에 있어서 대화에 의한 방식이 가장 바람직하며 압박과 제재는 갈등만 심화시켜 문제를 더욱 복잡하게 만들 것을 알 수 있다. 이러한 인식 하에 중국은 북·미 양국 간의 입장 차이를 조율하면서 양자

간의 긴장을 완화하고 북핵 문제를 평화적으로 해결하기 위한 노력을 경주해왔다.

1993년 4월 8일 중국 외교부 우찌안민(吳建民) 대변인은 북핵 시설 시찰 문제에 있어 "중국은 관련 각국이 대화와 협상을 통해 문제를 해결한다는 것을 추구하는데, 대화가 압박보다 더 실효성 있어 핵 시설 시찰 문제를 유엔안보리에 제출할 경우 이 문제는 더욱 복잡해지고 해결되기 어려워질 것이다"[5]는 입장을 표명하였다. 북·미 긴장관계를 완화하고 핵 문제를 평화적으로 해결하기 위하여 중국은 대한·일 외교 노력을 적극적으로 전개하였다. 1993년 5월 27일 중국 국무부총리 겸 외교부장관 치안치첸이 한국, 일본을 연속 방문하였다. 한·일 외무장관과의 회담에서 그는 중국의 한반도 비핵화 원칙과 핵 문제 평화적 해결을 강조하여 대북 압박을 반대하고 핵시찰 문제를 유엔안보리에 제안하는 것을 중국이 지지하지 않겠다는 입장을 표명하였다.[6] 1994년 3월 28일 쟝쩌민 주석은 중국을 방문한 김영삼 대통령과 가진 회담에서 한반도 안정과 평화를 위하여 4자 대화의 틀 안에서 북핵 문제를 평화적으로 해결해야 한다고 강조하였다. 한국은 이러한 중국의 입장을 긍정적으로 평가하였다.

특히 1994년 6월 북한과 IAEA가 핵시설 처리 문제로 북핵 문제가 난항에 처하게 되었다. 이로 인해 한반도의 위기상태는 더욱 심화되었다. 6월 10일 IAEA가 이사회를 소집하여 미국에 의해 제기된 대북 제재 결의안을 검토하였다. 이 회의에서 중국은 한반도 비핵화와 한반도의 평화와 안정유지의 입장을 피력하면서 관련 각국이 과격한 행동을 자제하고 대화를 통해 핵 문제를 해결해야 한다고 촉구하였다. 중국은

---

5) 『人民日報』, 1993年 4月 9日.

6) 新華社: 「錢其琛在漢城重申中國支持協商對話解決朝鮮半島問題」, 劉金質 外 編, 2006, 『中國與朝鮮半島國家關系文件資料彙編(1991-2006)』, 北京: 世界知識出版社, 72~73面. 이후부터 이 자료집은 『中國與朝鮮半島國家關系文件資料彙編(1991-2006)』으로 인용함.

제재 결의안이 북핵 문제의 평화적 해결에 방해를 끼칠 것으로 보고 투표 과정에서 기권을 하였다. 이와 같이 북핵 문제와 관련하여 중국은 여러 외교 경로를 통해 평화적 해결과 한반도 평화와 안정 유지의 입장을 거듭 강조해 왔다. 핵 문제에 있어 북한과 미국이 대화해결의 방식을 선택하는 것은 북·미관계 긴장 완화 나아가 한반도의 안정유지라는 중국의 국가이익과 일치하기 때문이다.

그리고 위와 같은 중국의 외교노력은 북핵 문제 평화적 해결을 통한 한반도 비핵화 실현 및 한반도 평화와 안정 유지를 위한 것일 뿐만 아니라 북한을 배려하는 목적도 있다. 한반도 비핵화와 북핵 문제 평화적 해결의 주장은 중국이 북핵개발을 반대함과 동시에 대북 무력공격도 배제한다는 의사를 포함한다. 무력공격 배제는 만약 미국이 대북공격을 가할 경우 중국이 개입할 수도 있다는 의사를 미국에게 간접적으로 전달해 준 것이다. 따라서 중국의 외교노력은 미국이 무력해결 방식을 취할 것을 저지하고 북한의 체제유지, 내지 중·북관계의 개선에 유리한 것으로 생각된다.

또한 북핵 문제의 발단은 극심한 안보불안에 대한 인식에서 기인한 것이라 할 수 있다. 북·미 양국이 서로 양보하지 않고 강경 대립하면 핵 문제를 풀지 못한다고 본다. 그 중에 북한은 자국의 안보환경이 개선되기 전에 핵무기 개발을 절대로 포기하지 않을 것이다. 핵무기는 북한이 체제안전과 국가안보를 지킬 수 있는 최종의 전략적 카드이기 때문이다. 따라서 미국의 강경 압박 정책은 실효성이 별로 없고 상황의 복잡화, 위기화를 조성할 뿐이라고 생각한다. 이러한 상황 하에 대화를 통해 북핵 문제를 평화적으로 해결한다는 중국의 평화외교 촉구는 북한과 미국이 강경대립의 곤경에서 벗어나는 합리적인 구실이 될 수 있다.

1994년 7월 북·미 양국은 대화를 재개하여 핵 문제의 평화적 해결에 대해 합의를 달성하였다. 10월 21일 북한과 미국이 제네바 기본합의서를 체결하여 제1차 북핵 위기 사태가 가라앉은 셈이었다.

2. 제2차 북핵 위기 시 중국의 역할

북핵 문제는 비전통적인 안보 문제로 분류될 수 있다. 이 문제의 해결은 완전히 서구식 계약방식이나 제도화방식에 따라 이루어지기 어려우며 '아시아의 방식'으로 접근해야 한다. 아시아 국가들의 문제는 항상 나름대로의 특성을 지니기 때문이다. 따라서 대화와 상호협력은 아시아 국가들이 문제를 해결하는 데 관행적으로 쓰이는 방식이다.[7] 중국은 아시아의 주요 국가로서 지역 내 분쟁이나 현안 문제를 해결할 때 항상 대화협상의 방식을 선호한다.

1) 3자회담의 개최 및 중국의 외교노력

제1차 북핵 위기가 끝나 후 남북한, 북·미 간 접촉과 대화가 한 동안 유지되어 왔다. 접촉과 대화는 많은 고비를 겪었지만 한반도의 긴장 완화에 큰 기여를 하였다. 특히 2000년 6월 15일 남북한 역사상 첫 번째 정상회담이 이루어졌다. 이것은 남북관계의 개선 내지 향후의 자주평화통일의 탐색에 긍정적 기여를 하였다고 할 수 있다.

그러나 2001년 부시 행정부 등장 이후 미국은 대북 접근 정책을 포기하고 강경 정책을 취하였다. 특히 9.11 사건 후 부시 행정부가 북한을 선제공격의 목표 국가 중의 하나로 규정한 후 북한은 핵 카드를 다시 꺼내게 되었다. 이로 인하여 북핵 위기가 재차 일어났다. 2002년 10월 북한이 핵 프로그램 가동과 핵무기 개발 성공을 선언한 이후 북핵 위기는 격화되고 2006년 10월 9일 핵 실험으로 절정에 이르렀다. 한반도의 위기를 완화하고 자국의 평화발전전략을 순탄히 추진하기

---

7) 王逸舟, 2004, 「中國與非傳統安全」, 『國際經濟評論』 2004年 第6期, 中國社會科學院世界經濟與政治研究所, 28面.

위하여 중국은 다시 북·미간의 긴장대립을 조율할 수밖에 없었다. 제 2차 북핵 위기가 일어난 후 중국은 10월 25일의 외교성명에서 한반도의 안정과 평화유지와 한반도비핵화를 지지하고 대화를 통해 핵 문제를 평화적으로 해결한다는 일관된 입장을 재차 강조하면서 북·미간의 직접대화를 촉구하였다. 이와 함께 중국은 북핵 문제 관련 국가들과 외교대화를 긴밀히 전개하고 핵 문제의 평화적 해결을 도모하였다.

2002년 11월 20일 쟝쩌민 주석이 노태우 전 대통령과의 회담에서 북핵 문제에 대한 중국의 원칙과 입장을 표명하면서 북·미 양국은 1994년 체결된 제네바합의 의무를 이행하고 대화를 통해 핵 문제를 평화적으로 해결해야 한다고 강조하였다. 동년 12월 28일 탕쟈쉬안 중국 외교부장관이 한국 외무장관과 전화 통화에서 북핵 문제의 평화적 해결에 대해 의견을 일치하였다. 노무현 정부 출범 후 중국은 한국정부의 북핵 문제 해결 3원칙을 지지하고 핵 문제의 평화적 해결을 위하여 더 많은 노력을 하겠다는 입장을 표명하였다.

2003년 1월 10일 북핵 시찰 요원의 북한에서의 철수 및 북한의 비확산핵무기조약 탈퇴로 한반도 정세는 더욱 악화되었다. 한반도에서 무력충돌을 저지하기 위하여 그 날에 쟝쩌민 주석은 즉각 부시 대통령과 통화해서 북한의 비확산핵무기조약 탈퇴에 대한 반대 입장을 밝히면서 핵 문제의 평화적 해결을 촉구하였다. 또한 부시 대통령도 북한의 행동을 비난하면서도 대화를 통해 북핵 문제를 해결한다는 의사를 보였다.[8] 그 후에 중국은 중·미 정상 간의 전화 통화[9]나 외교부 성명에서 북·미 대화 조속 진행, 핵 문제 평화적 해결 등 일관된 입장을 거듭 강조함으로써 미국을 설득하고자 하였다.

---

8) 『人民日報』, 2003年 1月 11日.

9) 2003년 2월 7일 부시 대통령과 쟝쩌민 주석, 2003년 3월 10일 쟝쩌민 주석과 부시 대통령, 3월 18일 부시 대통령과 후진타오 주석, 4월 26일 후진타오 주석과 부시 대통령 통화에서 중국은 북핵 문제 평화적 해결과 한반도 안정과 평화유지의 입장을 반복적으로 강조하였다.

북한을 설득하기 위하여 2003년 2월 19일 중국 외교부 왕의(王毅) 부부장이 북한의 백남순 외상과 회견하고 북핵 문제에 대해 깊이있게 검토하였다. 회담에서 중·북 양측은 대화를 통해 현재 한반도 핵 문제를 평화적으로 해결해야 한다는 입장을 같이하였다.[10]

북핵 문제의 평화적 해결을 위하여 중국은 유엔안보리 상임이사국이자 한반도에 큰 영향력을 보유하는 러시아의 지지를 받을 필요가 있다. 이를 위하여 중국은 對러시아 외교를 적극적으로 전개하였다. 2003년 2월 27일 중·러 외교부 장관이 북경에서 회동하여 한반도 정세에 관한 공동성명을 발표하였다. 성명에서 중·러 양국은 한반도 비핵화, 대량살상무기 비확산, 한반도의 평화와 안정유지 등이 동북아 지역 각국의 이익과 일치하다며 미국과 북한이 건설적, 평등적 대화를 통해 문제를 해결하고 북·미관계를 정상화해야 한다고 강조하였다. 그리고 중·러 양국은 북·미 대화를 촉진하기 위하여 노력할 것이고 양자와 다자협력의 구도에서 북핵 문제의 외교적 해결을 바라고 있다고 선언하였다.[11]

위와 같이 중국은 다 차원의 외교노력을 통해 북·미 양국을 대화협상의 장으로 이끌고 핵위기를 평화적으로 해결하려고 노력하였다. 2003년 4월 23일 중국, 북한, 미국이 북경에서 3자회담을 개최하였다. 회담에서 핵 문제의 당사국인 북한과 미국이 각자의 입장을 자세히 천명하였다. 북한은 미국의 '先 대북 적대 정책 포기'과 안보위협이 제거되어야만 핵 문제가 해결될 수 있다고 주장하였다. 특히 자신들에 대한 안보위협 제거를 위하여 북·미 상호간 불가침 조약이 체결되어야 하며, 체제보장과 관련해서도 단순히 공동성명과 같은 방식보다 양국이 조약 또는 불가침협정을 체결하는 형태가 필요하다고 강조하였다.

10) 2003년 2월 18일 중국 외교부 다변인 장치위얼(章啓月)이 북핵 문제 관련 기자회견에서 위의 소식을 전하였다. 『人民日報』, 2003年 2月 19日.

11) 『人民日報』, 2003年 2月 27日.

그러나 미국 측이 이를 거부하였다. 북한은 4월 23일 자신들이 핵무기를 가지고 있으며, 핵재처리도 거의 완료되었고, 개발된 핵무기 파기는 절대 불가능하다는 입장을 밝혔다. 아울러 북한은 자신들이 핵개발 계획을 파기하는 조건은 미국이 북한을 침략하지 않겠다고 약속하는 안보문서에 서명하는 것이라고 주장하였다.[12)]

한편 미국은 이러한 북한의 핵위협에 대해 강력히 대처할 것임을 분명히 하였다. 미국은 북한의 선 핵 포기를 촉구하고 특별 사찰단에 의한 즉각적인 핵사찰을 실시할 것과 '완전하고, 재생 불가능하며, 검증 가능한 방법'으로 핵을 폐기하면 경제지원 재개를 비롯하여 북한의 안보와 북·미간 관계 개선의 협상을 시작할 수 있을 것이라는 종래의 입장을 굽히지 않았다. 아울러 3자회담의 확대를 통해 핵 문제를 포함한 북한의 미사일 문제, 재래식 무기의 후방배치 문제 등 북·미 간 현안 문제를 동시에 해결해야 한다고 주장하였다. 특히 미국은 북핵 문제가 평화적으로 해결되기를 바라지만, 이와 같은 제안이나 방법을 통해서도 문제가 해결되지 않는다면 북한에 대해 다양한 제재 조치를 취할 수도 있음을 시사하기도 하였다.

회담에서 중국은 한반도에 핵무기가 있으면 안 되고 북한 핵 문제는 평화적으로 해결되어야 하며 중국의 목표가 한반도의 평화에 있다고 주장하였다. 그리고 중국은 북핵 문제를 비롯한 한반도의 제반 현안 문제 해결에 관련 당사국들의 노력이 중요하다고 강조했으며, 중국의 주요 역할이 당사국의 '화해를 권고하여 회담을 촉진(勸和促談)'하는 데 있다는 입장을 표명하였다.

북핵 문제에 있어서 북·미 양국이 자국의 입장을 고수하기 때문에 베이징 3자회담은 실질적인 성과를 거두지 못하고 끝났다. 그러나 회담에서 북한과 미국이 각자의 입장을 표명하였으며, 상대방의 정책 전환의 가능성을 탐찰하였다. 특히 3자회담은 북핵 위기의 평화적 해결

12) 『중앙일보』, 2003년 4월 26일자.

을 위한 긍정적 환경을 조성해 주었으며 회담에서 관련국이 외교적 경로를 통해 회담을 계속 진행함에 동의하였다. 따라서 3자회담은 북핵 문제 평화적 해결을 위한 다자간 문제 해결의 장을 마련하는 계기를 제공했던 것으로 볼 수 있다. 여기까지 중국은 북핵 문제 해결이 북·미 당사자에 의해 해결되어야 한다는 원칙을 계속 고수해 온 것으로 보인다.

2) 중국의 노력과 6자회담의 개최

베이징 3자회담이 이틀 만에 북한의 전격적인 핵 보유 발언, 그리고 이에 대응한 미국의 무력해결 협박으로 결렬되었다. 그 후에 미국이 북핵 문제에 대해서 무력해결의 가능성을 배제하지 않는다는 입장을 거듭 표함으로써 한반도 상황은 다시 악화되었다.

북·미 간의 대화 재개를 추진하는 데 중국은 적극적인 행보를 충분히 보였다. 베이징 3자회담의 끝난 다음 날에 후진타오 주석이 전화로 부시 대통령과 북핵 문제 해결에 대해 의견을 교환하였다. 양국 정상은 3자회담을 긍정적으로 평가하였고 북핵 문제의 평화적 해결 노력을 계속하기로 의견을 같이하였다. 2003년 5월부터 중국은 북핵 문제의 평화적 해결을 위하여 외교노력을 적극적으로 전개하여 핵 문제에 대한 일관적인 입장과 원칙을 강조하면서 관련 당사국을 설득해 왔다.

한편, 3자회담이 난관에 봉착한 후 북핵 문제의 평화적 해결을 위한 6자회담이 개최되었다. 6자회담 개최 직전에 북·미 간의 후속 회담과 관련하여 관련국 간의 심각한 의견 차이가 노출되었다. 특히 미국과 북한의 의견 차이가 가장 심하였다. 베이징 회담 이후 미국은 3자회담의 틀을 지속하기 보다는 한국과 일본 등이 참여하는 '확대 다자회담' 즉 5자회담 방안을 제안하였다.[13] 이에 대해 북한은 자국을 적대시하

13) 이는 3자회담 결렬 이후 한·미 정상회담(2003.5.15)과 미·일 정상회담(2003.5.20)에서 보다 강경한 방향으로의 북핵 대책이 조율된 뒤 나온 결론이기도

지 않는 러시아까지 참여하는 6자회담을 제안하였다. 이러한 상황 변화는 북핵 문제가 북·미 당사자에 의해 해결되어야 한다는 중국의 입장을 변화시켰다. 즉 중국의 입장은 북·미 양자 당사자 해결 입장에서 다자안보대화를 통해 해결한다는 입장으로 변화된 것이다. 이러한 회담형식에 대한 입장 차이를 해소하기 위하여 중국은 특사와 고위 관료를 관련국에 파견하여 남북한, 미·일·러 등 관련 국가와 협상을 전개하여 북·미 양국이 참가하는 대화의 재개에 많은 노력을 경주하였다. 다자회담의 재개 문제에 대한 중·미정상의 전화 합의(2003.4.26) 이후, 5월 5일 볼톤(J.R. Borton) 미국 부국무장관이 러시아 방문 중에 미국이 러시아를 포함하는 6자회담을 찬성한다는 입장을 표명하였다. 그 날에 콜린 파월(Colin L. Powell) 미 국무장관은 조지 로버트슨(George Robertson) 나토 사무총장과 가진 기자 공동회견에서 "우리는 북핵 문제 해결을 위하여 한국을 포함, 일본, 중국, 러시아 등 나라들과 협력할 것"[14]이라고 언급하였다. 이는 미국이 6자 대화협상의 방식으로 북핵 문제를 해결할 의사가 있음을 시사해 주었다.

또한 7월 8일 한·중 양국 정상이 발표한 공동성명에서 북핵 문제의 해결을 위한 3자회담과 같은 다자대화 방식을 계속 촉진하겠다고 발표하였다. 북한을 대화의 장으로 이끌기 위하여 7월 14일 중국은 외교부 다이빙궈(戴秉國) 부부장을 특사로 북한에 파견하여 6자회담의 조속 개최를 권유하였다. 중국의 외교 노력 하에 7월 31일 북·미 접촉이 이루어졌으며 이 과정에서 북한은 6자회담을 베이징에서 개최하겠다고 성명하였다. 6자회담 개최 직전에 중국 외교부 리자오싱(李肇星) 부장은 북한 주중국 대사, 러시아 외무장관, 미국의 국무장관과 6자회담 개최의 관련 사항에 대해 의견을 교환하여 향후 회담의 추진에 대해 논의하였다. 이러한 노력의 결과 남북한과 중·미·러·일 등 6개국이

하다.

14) 『한겨레시문』, 2003년 5월 6일자.

참가하는 다자회담이 개최되었다.

Ⅲ. 6자회담의 전개와 중국의 역할

6자회담의 개최는 북한의 핵개발로 조성된 위기상황을 일단 완화하였다. 이 절에서는 6자회담의 전개 과정에서 의장국으로서 중국은 어떤 역할을 하였는지, 이명박 정부 출범 이후 6자회담이 난항에 빠져 있는 상황에서 중국은 회담의 재개를 위하여 어떤 노력을 해 왔는지, 그리고 향후에 북핵 문제의 평화적 해결을 위하여 중국은 어떻게 노력해야 할지 등에 대해서 검토하고자 한다.

1. 중국의 노력과 6자회담의 전개

2003년 8월 27-29일까지 베이징에서 6개국이 제1차 6자회담을 개최하였다. 그러나 제 1차 6자회담에서 공동성명과 같은 실질적인 성과를 얻지 못하였다. 그럼에도 불구하고 관련 각국이 북핵 문제의 해결에 대해 나름대로 입장을 표명하였고 각국은 서로의 안보 관심사항을 어느 정도 이해하게 되었다. 회담 후 6개국은 한반도비핵화, 단계적인 방식으로 핵 문제 해결 추진, 지속적인 대화, 신뢰구축, 이견감소, 공동인식 확대 등의 원칙에 대해 의견을 일치하였다. 특히 제 1차 6자회담을 거치면서 미국과 북한의 입장이 다소 유연해졌다. 미국은 북핵 문제의 평화적 해결이 가능하며 북한을 위협, 공격할 의사가 없고 북한 정권을 무너뜨릴 생각도 전혀 없다고 강조하였다. 북한도 평화를 간절히 바라며 한반도 비핵화가 자국의 총체적인 목표이고 핵무기 보유가 북한이 추구하는 것이 아니라는 입장을 표명하였다. 이와 같은 공동인식과 북·미 입장의 미세한 변화는 6자회담 구도 속에 이루어진 것으로 볼 수 있다.

제1차 6자회담에서 북핵 문제에 있어서 북·미 양국의 입장은 약간 유연해졌으나 핵 문제 해결과 북한 안전보장 문제에 대해서 여전히 큰 입장 차이를 보였다. 미국은 북한이 철저하고 재생 불가능한 방식으로 핵 프로그램을 포기한 후에야 북한에게 안전보장을 제공해 줄 수 있다고 견지하였다. 이에 대해 북한은 미국과 불가침조약을 체결하기만 요구하는데 미국이 북한을 침략할 의사가 없다고 한 이상 이 조약의 체결을 거절할 이유가 없다고 주장하였으며, 미국이 대북 적대 정책을 포기하고 북한에게 법적인 불가침 보장을 제공하기 전에 북핵의 조기 시찰 사항을 검토해서 안 된다고 강조하였다.[15)]

이러한 북·미 간 입장 차이를 줄이고 제 2차 6자회담을 조속히 개최하기 위하여 중국은 계속 관련 국가간 중재 역할을 하였다. 2003년 10월 19일 태국 방콕 APEC 회의에 참가한 후진타오 주석은 미 부시 대통령과 가진 비공식 회담에서 대화를 통한 북핵 문제 해결의 입장을 재차 확인하였다. 그 후에 중국 외교부 왕의 부부장이 미국을 방문하여 제2차 6자회담 개최 준비사항에 대해 미국 측과 검토하였다. 당시 미국은 북핵 문제 해결을 위하여 베이징 6자회담이 계속 개최되기를 바라고 있다는 입장을 표명하였다.

한편 중국이 우방궈(吳邦國) 전인대 위원장과 왕이 부부장을 북한에 파견하여 6자회담 계속 개최 문제에 대해 북한과 협상하였다. 중국의 설득으로 북한은 6자회담의 계속 개최에 원칙적으로 동의하였다. 12월 9일 북한이 외무성 성명을 통해 조건부의 6자회담 참여 입장을 밝혔다.[16)] 이러한 상황 하 2004년 1월 13일 중국이 한반도 문제 전담대사

15) 新華社: 「朝鮮勞動黨中央書記局書記崔泰福會見中共中央對外聯絡部副部長劉洪才」, 『中國與朝鮮半島國家關系文件資料彙編(1991-2006)』, 487面.

16) 2003년 12월 9일 외무성 성명에서 북한은 자국의 핵시설을 동결하는 대신에 미국이 테러리즘지지 국가 명단에서 북한을 지우고 대북 정치·경제·군사 제

인 닝푸쿼(寧賦魁)를 미국에 보내 북한의 요구와 건의에 대해 미국 측과 협상하였다. 협상의 결과 중·미 양국은 북한의 요구와 건의를 6자회담에서 구체적으로 검토할 수 있다고 합의하였다. 2월 3일 중국 외교부 답변인 장치위얼(章啓月)이 제2차 6자회담은 2월 25일부터 공식으로 개최하겠다고 성명하였다.

결국 2004년 2월 25일 제2차 6자회담이 개최되었다. 회담에서 핵포기, 안전보장, 경제협력 등 실질적인 문제를 검토하기 시작하였다. 회담에서 북한은 미국이 대북 적대 정책을 포기하기만 하면 자국이 바로 핵 프로그램을 포기할 것이라는 진전된 입장을 명확히 표명하였다. 미국은 북한이 철저하고도, 검증 가능한 정도로 핵 프로그램을 폐기해야 한다고 재차 강조하였다. 회담 후 관련국들이 공동성명을 발표하고 제3차 6자회담의 시간과 장소를 정하며 회담의 기제화(機制化)를 위한 실무조직 설립에 대해 의견을 같이하였다.

특히 회담에서 북한은 핵 포기의 첫 걸음으로서 핵시설동결 조치를 취할 의사를 표시하였고 이에 대해 미국 및 기타 관련국들이 대응한 보상을 해야 한다고 요구하였다. 이것은 훗날의 제 3차 6자회담의 실질적인 의제가 되었다. 제2차 6자회담에서는 주로 회담 진행의 절차와 방법을 논의하였다.

제1차(5.12-13), 제2차(6.21-22) 6자회담 실무그룹 회의를 거친 뒤 제 3차 6자회담이 2004년 6월 23일 공식으로 개최되었다. 제3차 6자회담에서 관련 각국이 나름대로의 문제 해결 방안을 제기하였고 핵 문제 해결을 위한 본격적인 논의 단계에 진입하였다.[17] 2차 6자회담에 거론된 핵 포기의 첫 단계 행동조치에 대해서는 의견을 같이하였다.[18]

재를 해제해야 한다고 강조함과 동시에 미국 및 주변국들이 북한에 중유, 전력 등 에너지를 지원해야한다는 요구를 제기하였다. 이들 요구가 만족될 경우 제2차 6자회담에 참가할 것이라고 더 붙였다.

17) 王傳劍, 2005,「朝鮮半島問題與中美關系」,『國際政治研究』2005年 第3期, 北京: 北京大學國際關系學院, 48面.

그리고 이번 회담에서 '구두약속 대 구두약속(口頭對口頭)', '행동 대 행동(行動對行動)'의 원칙에 따라 북핵 문제의 평화적 해결을 점진적으로 추구한다는 합의에 도달하였다. 또 회담에서는 실무그룹의 직책과 운영지침을 규정하였다. 이외에도 제 4차 6자회담의 개최시기를 정하였고 두 번째의 공동성명을 발표하였다.

특히 미국은 북한 핵 폐기를 조건으로 대북 연료지원과 안전보장을 제의하였다. 미국은 북한의 선 핵 폐기 주장을 보다 구체적인 안으로 작성해 와 6자회담 개시 후 처음으로 내실 있는 제안을 하였다.[19] 이 제안은 6자회담의 계속 진행에 긍정적인 영향을 주었다고 할 수 있다.

6자회담의 성공 개최에 중국도 많은 기여를 하였다. 제3차 6자회담 후 중국의 대표단장인 왕이 외교부 부부장은 중국의 역할을 평가할 때 "회담 진행에서 중국의 역할은 '대화를 통한 중재'에 있다"고 강조하였으며, 구체적으로 "중국은 평화적 해결을 핵 문제 해결의 최종목표와 방법으로의 설정, 다자안보대화로서의 6자회담의 정례화 및 회담 의장국으로서 관련국의 입장 조율 등 측면에 실질적인 역할을 하였다"고 밝혔다.[20]

핵 문제의 최종 해결은 북한과 미국의 두 직접 당사자에 걸려 있다. 제3차 6자회담에서 미국이 핵폐기와 안전보장 및 경제보상 방안을 제기하였고 이것은 회담의 지속 진행에 유리하다고 볼 수 있다. 그러나

---

18) 6개국은 모두 핵시설동결 및 이에 대한 상응 보상 조치를 실시하는 것이 핵포기의 첫 단계라 보고 실무그룹이 회의를 조속히 개최하여 핵시설 동결의 범위, 기한, 검증 및 이에 상응한 보상 조치를 통해 북한의 관심사항 등 문제에 대해서 보다 더 구체적인 검토를 실시해야 한다고 요구하였다.

19) 그 주요 내용은 3개월 준비기간 동안 북한은 모든 핵활동의 완전한 목록을 제공하고 핵활동을 중지하며 국제사찰 및 검증 하에 원심분리기 주요 부품과 핵무기 및 무기 구성요소에 대해 공개적이고 관찰 가능한 방식으로 무력화를 허용한다는 것이다. 북한의 약속 이행에 따라 다른 당사국들은 잠정적인 다자안보를 제공하고 미국을 제외한 당사국들은 북한에 중유를 제공한다는 것이다.

20) 『人民日報』, 2004年 6月 27日.

탈북자 460여 명의 한국 입국사건으로 인해 남북관계가 소강상태로 들어갔고, 미 의회가 북한 인권법을 통화시키자 북·미관계는 더 냉각되었다. 2004년 9월 개최 예정된 제4차 6자회담이 연기됨으로써 북핵 문제는 다시 난항으로 접어들었다.

6자회담의 재개를 위하여 중국은 2004년 9월부터 對북·미 설득 외교를 재차 전개하였다. 중국은 중앙정치국 상임위원인 리창춘(李長春) 북한방문(9.10), 김영남의 중국방문(10.18-19)을 계기로 북한 핵 문제의 평화적 해결의 입장을 확인하였다. 동시에 중·미 외무장관 회담(10.25) 및 산티아고 중·미 정상회담(11.20)에서 중국은 6자회담 계속 추진의 입장을 밝히고 인내심, 융통성 그리고 성의(誠意)를 가지면서 복잡한 북핵 문제를 해결하는 것이 바람직하다고 미국에게 촉구하였다. 이에 대해 미국도 대화를 통한 북핵 문제 평화적 해결의 입장을 표시하였다. 이처럼 중국은 對북·미 외교노력을 통해 북한과 미국의 입장을 재차 확인하였다.

그러나 부시 대통령은 재선에 성공한 후 북한 체제의 교체(regime change)나 전환(regime transformation)을 공언하였고 심지어 북한을 '폭정의 전초기지(Outposts of Tyranny)'로 규정한 데 이어서 "전제정권을 타도하여 자유를 증진하는 것이 미국의 새로운 소명"[21] 이라고 선언하였다. 이러한 미국의 행동은 북한이 미국을 믿지 않게 하였다. 이로 인하여 북한은 핵보유를 선언하고 북·미관계는 다시 극도로 냉각되었고, 이것은 6자회담 재개의 전망을 어둡게 하였다.

이러한 상황에서 정세의 악화를 저지하기 위하여 중국은 셔틀외교(shuttle diplomacy)를 전개하였다. 외교성명 내지 상하이협력기구(SCO)의 공동성명(2005.2.25)을 통해 6자회담의 재개를 위한 관련국의 지지와 협력을 요구하였다. 이와 동시에 중국 외교부 리자오싱 부

21) 홍현익, 2008, 「북핵 문제와 6자회담: 전개과정, 평가 및 과제」, 『한국과 국제정치』 제24권 제1호, 서울: 경남대학교 극동 문제연구소, 43쪽.

장은 2월 12일부터 한·미·러의 외무장관과 잇따라 통화하여 대화를 통한 북핵 문제의 해결을 촉구하였다. 그리고 2월 중하순 내에 북핵 6자회담에 있어서 중국은 한국과 3차례나 회담을 개최하였다.

2005년 2월 21일 중국은 왕쟈뤼(王家瑞) 중국공산당의 대외연락부장관을 특사로 북한에 파견하여 6자회담의 재개 문제를 검토하고 북한을 설득하였다. 회담에서 김정일 국방위원장은 "조선이 한반도비핵화, 대화를 통한 핵 문제 해결의 입장을 여전히 견지하며 6자회담에 반대한 적이 없었고 회담에서 탈퇴하지도 않을 것"이라는 입장을 밝히면서, "관련국의 노력을 거쳐 제4차 6자회담 개최의 조건이 형성되면 북한은 회담에 복귀할 수 있으며 관련 각국이 문제 해결에 성의와 행동을 충분히 보여 주어야 한다"[22]고 강조하였다. 김정일 위원장의 발언을 보면 중국의 설득 하에 북한이 대화를 통한 북핵 문제 평화적 해결의 입장을 견지하고 있었다는 것을 알 수 있다.

2005년 5월부터 북·미관계에 긴장 완화의 기운이 나타나기 시작되었다. 6자회담 계속 개최 문제에 대해서 북한이 미국과 직접 접촉의 의사를 나타내자, 미국은 북한의 주권국가 지위를 인정하고 6자회담에서 북한과 대화를 지속 전개하겠다는 자세를 보였다. 6월 10일 한·미 정상회담에서 부시 대통령은 북한이 핵을 폐기할 경우 북·미간에 '보다 정상적인 관계(more natural relations)'를 맺을 수 있다고 언급하였다. 동년 7월 초 북한의 김계관 부상이 미국을 방문하여 미국의 힐 차관보와 직접 접촉하고 회담재개를 결정하였다. 7월 10일 중국은 탕쟈쉬안 국무위원을 특사로 북한에 보내 제4차 6자회담 개최의 관련 사항에 대해 북한과 협상하였다. 이번 협상에서 양국이 6자회담 계속 개최에 동의하고 6자회담의 제도화를 희망한다는 입장을 표명하였다.

2005년 7월 26일 13개월 만에 제4차 6자회담이 베이징에서 열리고 9월 하순까지 2단계로 진행되었다. 제4차 6자회담은 과거 세 차례의 회

22) 『人民日報』, 2005年 2月 22日.

〈표 4〉「9·19 공동성명」 주요 내용

1. 6개국은 6자회담의 목표가 한반도의 검증 가능한 비핵화를 평화적인 방법으로 달성하는 것임을 만장일치로 재확인함. a. 조선민주주의인민공화국은 모든 핵무기와 현존하는 핵계획을 포기할 것과, 조속한 시일 내에 NPT와 IAEA 등 국제기구에 복귀할 것을 공약함. b. 미합중국은 한반도에 핵무기를 갖고 있지 않으며, 핵무기 또는 재래식 무기로 조선민주주의인민공화국을 침공할 의사가 없다는 것을 확인함. c. 대한민국은 자국 영토 내에 핵무기가 존재하지 않는다는 것을 확인하면서, 「한반도의 비핵화에 관한 남북공동선언」에 따라, 핵무기를 접수 또는 배치하지 않겠다는 공약을 재확인함. d. 1992년도 「한반도의 비핵화에 관한 남북공동선언」은 준수, 이행되어야 함. e. 조선민주주의인민공화국은 원자력의 평화적 이용 권리가 있다고 밝혔고, 여타 당사국들은 이에 대한 존중을 표명하였고, 적절한 시기에 북한에 대한 경수로 제공 문제에 대해 논의하는 데 합의함.
2. 6자는 상호관계에 있어 국제연합헌장의 목적과 원칙 및 국제관계에서 인정된 규범을 준수할 것을 약속함. a. 조선민주주의인민공화국과 미합중국은 상호 주권을 존중하고, 평화적으로 공존하며, 각자의 정책에 따라 관계정상화를 위한 조치를 취할 것을 약속함. b. 조선민주주의인민공화국과 일본은 평양선언에 따라, 불행했던 과거와 현안사항의 해결을 기초로 하여 관계 정상화를 위한 조치를 취할 것을 약속함.
3. 6자는 에너지, 교역 및 투자 분야에서의 경제협력을 양자 및 다자적으로 증진시킬 것을 약속함. a. 중화인민공화국, 일본, 대한민국, 러시아연방 및 미합중국은 조선민주주의인민공화국에 대해 에너지 지원을 제공할 용의를 표명. b. 대한민국은 조선민주주의인민공화국에 대한 200만Kw 전력공급에 관한 제안(2005.7.12)을 재확인함.
4. 6자는 동북아시아의 항구적인 평화와 안정을 위하여 공동 노력할 것을 공약함. a. 직접 관련 당사국들은 적절한 별도 포럼에서 한반도의 항구적 평화체제에 관한 협상을 가질 것. b. 6자는 동북아시아에서의 안보협력 증진을 위한 방안과 수단을 모색하기로 합의함.
5. 6자는 '공약 대 공약', '행동 대 행동' 원칙에 입각하여 단계적 방식으로 상기 합의의 이행을 위하여 상호 조율된 조치를 취할 것을 합의함.
6. 6자는 제5차 6자회담을 11월초 베이징에서 개최키로 합의함.

※「9·19 공동성명」내용을 요약해서 작성하였다.

담보다 실질적인 진전을 이루었다. 구체적 내용은 회담 후 발표한 「9·19 공동성명」에 포함되어 있다.

참가국들이 6자회담의 목표가 한반도의 검증 가능한 비핵화를 평화적인 방법으로 달성하는 것임을 만장일치로 재확인하였다. 특히 북한은 모든 핵무기와 핵 프로그램을 폐기할 것과 빠른 시일 내에 NPT와 IAEA에 복귀할 것을 약속하였다. 이에 부응해서 미국은 한반도에 핵무기를 갖고 있지 않으며 핵무기 또는 재래식 무기로 북한을 공격할 의사가 없다는 것도 재확인하였다.

그리고 회담에서 참가국들이 북한의 원자력 평화적 이용 권리를 존중하였고 적절한 시기에 북한에 대한 경수로 제공 문제를 논의하기로 결정하였다. 또 6개국이 동북아의 안보협력을 증진하기 위한 방안과 수단을 모색하고, 직접 관련 당사국들이 별도의 포럼을 통해 한반도 평화체제를 논의하기로 하였다. 이는 북핵 문제를 북·미 사이의 문제로만 국한시키지 않고 북한의 핵을 넘어 한반도 평화체제를 마련하고자 하였다는 점에서 의미가 크다. 4차 6자회담의 보다 더 구체적인 내용은 <표 4>에 포함된다.

위와 같이 9·19공동성명으로 한반도 안보상황은 대립· 갈등 국면에서 화해·협력 쪽으로 방향을 틀었고 북핵 문제의 평화적 해결의 발판이 만들어졌다. 이 성명은 한국전쟁 이후 남북한과 중·미·러·일 등 관련국들이 한반도 안보 문제에 있어 달성한 첫 번째의 국제합의 문서이다. 또한 6개국이 한반도 평화체제 구축의 필요성에 합의했다는 점에서 향후 동북아 다자안보협력 체제 구축의 공감대도 조성하였다고 볼 수 있다. 그 중에 미국은 북한과의 상호 주권 존중 및 평화 공존, UN 헌장의 목적과 원칙의 준수를 약속하였다. 이 점은 미국이 힘의 우위에 입각한 일방주의적인 동북아 안보전략 추진이 어렵다는 것을 인식하고 협력적인 동북아 안보질서를 대안의 하나로 고려하게 되었다는 것을 보여준다.[23)]

그런데 북핵 문제의 평화적 해결은 「9·19공동성명」에서 진전을 보였지만 미국의 대북 금융제재 사건[24]으로 인하여 전망이 또 다시 불투명해졌다. 「9·19 공동성명」조항을 이행하도록 하기 위하여 중국은 각종 경로를 통해 공동성명에서 각 관련국이 승낙한 사항을 절실히 이행해야 한다고 호소하였다. 10월 28일 후진타오 주석이 북한에 직접 방문하여 공동성명의 이행 및 제5차 6자회담의 개최 문제에 있어 대북 설득과 협상을 전개하였다. 회담에서 김정일 위원장은 「9·19공동성명」을 긍정적으로 평가하면서 북한이 승낙한 사항에 따라 제5차 6자회담에 참가하겠다고 성명하였다.[25]

2005년 11월 9-11일 제5차 6자회담 1단계 회의가 베이징에서 열렸다. 회담 후의 성명에서 각국이 '승낙 대 승낙, 행동 대 행동(承諾對承諾, 行動對行動)'의 원칙에 따라 「9·19공동성명」을 이행하고 검증 가능한 한반도 비핵화를 이루어 한반도 및 동북아의 평화와 안정을 지킬 것이라는 입장을 같이하였다.

이 회담에서 북한은 공동성명 이행과 한반도 비핵화의 의지를 표명하였다. 그러나 북·미 간에 불신과 대립은 여전하였다. 회담 후의 기자회견에서 북한의 김계관 대표는 미국이 대북 적대 정책 포기, 북한과 평화 공존의 입장을 표명한 상태 하에 북한이 비핵화 승낙을 했던 것인데, 미국의 대북 '금융제재'는 대북 적대 정책의 지속으로 간주될 수 있고 「9·19공동성명」에 어긋났을 뿐만 아니라 북한으로 하여금 공동성명의 승낙을 이행하지 못하였다고 강조하면서 미국을 비난하였다.

23) 홍현익, 2005, 『6자회담: 과정, 문제점 및 대응전략』, 성남: 세종연구소, 16~17쪽 참조.

24) 2005년 9월 16일 미국 재무부는 북한의 불법자금 세탁을 문제 삼아 중국 방코델타아시아(BDA: Banco Delta Asia)은행의 북한 계좌에 있었던 2500만 달러 자금에 대해 동결조치를 취하였고, 9·19공동성명 발표 후 미국의 힐(Christopher Hill) 대표는 미국이 경수로 제공 조항에 대한 유보 입장을 취할 것이라고 밝혔다. 이것은 북한의 비난을 초래하였다.

25) 『人民日報』, 2005年 10月 29日.

이러한 와중에 미국은 북한과 양자회담을 거부하면서 오히려 대량살상무기확산방지구상(PSI: Weapons of Mass Destruction Proliferation Security Initiative)의 대북 적용 등 대북 제재를 강화하였다.[26] 이에 대응하여 북한은 다시 미사일 시험발사를 여러 차례 진행하였다. 이로 인하여 UN안보리는 대북 제재결의안 1695호를 채택하였으며 미국과 일본은 대북 압박과 제재를 더욱 강화하였다. 한국정부 역시 유엔 안보리의 결의안을 지지하고 인도적 지원을 일시 중단하였다. 2006년 10월 9일 북한은 지하 핵폭탄 실험을 강행하였다. 이로써 북핵 위기 사태는 절정에 도달하였다.

한반도의 위기사태는 중국의 평화발전 전략에 커다란 충격을 주었다. 따라서 북한이 핵폭탄 실험을 하자 중국은 즉각 외교성명을 통해 북한을 비난하였다. 외교성명에서 북한이 국제사회의 반대를 무시하고 핵실험을 '제멋대로(悍然)' 실시한 점에 대하여 중국정부는 결연히 반대한다는 입장을 명확히 표하였다.[27] 중국정부의 외교성명에 '悍然'이라는 외교적 언사가 나타나는 경우는 극히 드물다. 그리고 대북 제재에 관한 유엔 안보리 결의안을 표결할 때도 중국은 찬성표를 던졌다. 제1차 북핵 위기 시만 해도 중국이 대북 제재 결의안에 반대 입장을 취하였는데, 10.9 핵실험에 대한 유엔 1718호 결의안에 지지입장을 취하였다. 그 이유는 북한의 핵폭탄 실험으로 조성된 한반도 위기상황이 중국의 국가이익에 위협이 되기 때문이다. 또 후진타오 정부부터 형성된 책임있는 대국의 이미지 수립이라는 외교 지침에 따라 중국은 북핵 위기의 해결에 적극적으로 나서게 된 것이다. 만약에 중국이 1718호 결의안을 반대할 경우 북핵 실험의 책임이 중국 측에 돌아갈 수도 있다. 이것은 평화발전을 통한 중국의 책임있는 대국 이미지를 훼손시킬

26) 홍현익, 2008, 앞의 논문, 45쪽.

27) 인터넷 자료: 「朝鮮悍然實施核實驗,中國政府堅決反對」, 新華網: http://news.xinhuanet.com/world/2006-10/09/content_5180207.htm(검색일: 2010년 3월 31일).

것이다. 이외에 유엔결의안의 지지를 통해 중국의 대북 외교 보통국가화의 의사를 엿볼 수도 있다.

그럼에도 불구하고 중국은 한반도비핵화, 대화를 통한 북핵 문제 해결이라는 일관된 입장을 견지하여 무력 사용을 단호히 반대하였다. 위기사태의 격화를 막고 북핵 문제를 6자회담 구도 안에 끌어들이기 위하여 중국은 對북한 및 對한·미·일·러 관련국 셔틀 외교를 재차 전개하였다.

북한이 핵폭탄 실험을 강행하자 그날 밤에 후진타오 주석은 바로 미 부시 대통령과 통화하였다. 통화에서 후 주석은 중국의 북핵 문제에 대한 일관 입장을 표명하면서 한반도 정세의 악화 또는 통제 불능을 방지하기 위하여 핵실험에 냉철하게 대응하고 과격한 발언이나 행동을 자제하는 것을 바란다고 강조하였다. 부시 대통령은 북한의 핵실험을 규탄하면서도 외교노력을 통해 해결할 가능성이 여전히 있다며 이를 위하여 중국과 협력을 계속 진행한다는 입장을 밝혔다.[28] 2006년 12월 18일 5차 2단계 6자회담 개최 전까지 중국 고위지도자들이 미 부시 대통령을 포함한 고위관료들과 여러 번 회담을 진행하고 미국의 6자회담 재개의 입장을 거듭 확인하였다.[29]

2006년 10월 10일 중국 외교부가 북한의 핵실험 반대, 비핵화 조치 이행, 과격한 적대행동 자제 등 내용을 포함한 성명을 발표하고 6자회담에 조속히 회귀해야 한다고 북한에 재촉하였다. 그리고 탕쟈쉬안 국무위원을 특사로 북한에 파견하고 김정일 국방위원장과 회담을 전개하여 6자회담 재개 문제에 대해 의견을 직접 교환하였다.

---

28) 『人民日報』, 2006年 10月 10日.

29) 2006년 10월 20일 후진타오 주석, 원쟈바오 총리, 탕쟈쉬안 국무위원 및 리자오싱 외교부장관 등 중국 고위 지도자들이 연이어 미국의 국무장관 라이스(Condoleezza Rice)와 회담을 진행하여 북핵 문제의 평화적 해결을 논의하고 6자회담의 재개에 대해 의견을 교환하였다. 11월 20일 중·미 정상회담에서 북핵 및 6자회담 재개 문제에 대해 재차 논의하였다.

한편 13일 후진타오 주석과 노무현 대통령이 회담을 진행하고 북핵 위기의 악화 방지, 핵 문제의 평화적 해결 및 6자회담의 조속 개최 등의 문제에 대해 한·중 양국이 협력하기로 하였다. 그리고 6자회담의 재개 등 문제에 대한 러시아의 지지를 얻기 위하여 10월 14일 중국은 탕자쉬안 국무위원을 특사로 러시아에 보냈다. 푸틴 대통령과의 회담을 통해 중·러 양국이 이 문제에 대해 의견을 일치하였다.

중국의 셔틀 외교노력 하에 2006년 10월 31일 중·북·미 3국이 베이징에서 비공식적 회담을 진행하며 적당한 시간에 6자회담을 재개하자고 입장을 같이 하였다. 2006년 11월 1일 북한 외무성은 6자회담에 회귀하겠다고 성명하였다.

일련의 준비 작업을 거쳐 2006년 12월 18-22일 5차 2단계 6자회담이 베이징에서 열렸다. 이번 회담에서 6개국은 북핵 문제 평화적 해결, 「9·19 공동성명」 이행, 행동 대 행동 등 입장과 원칙을 재차 확인하였다. 이 번 회담은 실질적인 진전을 보이지 못하였으나 6자회담이 깨지지 않고 현상을 유지하였다는 것 자체만으로도 성공적이었다고 볼 수 있다.

BDA 문제 해결 및 영변 핵시설 폐쇄·봉인 등 문제에 대한 북·미 양자 간의 몇 차례의 회동 후, 2007년 2월 8-13일 5차 3단계 6자회담이 베이징에서 개최되었다. 이 번 회담에서는 「9·19 공동성명」의 이행을 위한 방안을 협의한 결과 「9·19 공동성명 이행을 위한 초기조치(2·13 합의)」가 채택되었다. 이 합의를 통해 6자회담 참가국들은 비핵화의 단계별 조치를 최초로 구체화하고 이에 상응하는 대북 경제, 에너지 지원, 북·미, 북·일 간 관계 정상화, 한반도 평화체제 및 동북아 다자안보대화 논의 개시 등에 합의하였다. 「2·13 합의」에서는 핵시설 폐쇄를 넘어 불능화 단계까지 합의하였으며, 북핵의 불능화 과정의 구체적 행동과 진전이 있을 때에만 그에 상응하는 지원을 제공하는 방식을 도입하였다. 그리고 참가국들이 '균등과 형평의 원칙'에 따라 대북

경제 에너지 지원을 분담하기로 합의하였다. 「2·13 합의」는 비핵화에 대한 정치적 상응조치로서 미·북, 미·일 관계 정상화 협의를 개시하기로 합의함으로써 양자 간 갈등관계를 해소하기 위한 장치를 마련하였다. 또 이 합의로 '동북아 평화·안보 체제 실무그룹'이 그간 동북아 지역에서는 논의되지 못했던 정부 간 다자안보협의체 설립 문제를 논의할 수 있는 기회를 갖게 되었다.30)

〈표 5〉 「2·13합의」의 주요 내용

	항 목		내 용
제1항	최종목표		▶한반도 비핵화 조기 달성
	이행원칙		▶행동 대 행동 원칙에 따라 단계적으로 9·19 공동성명을 이행하기 위하여 상호 조율된 조치 실시
제2항	초기단계	북측 이행 조치	▶영변 핵시설의 폐쇄, 봉인 ▶IAEA 사찰단의 입북 및 감시활동 재개 ▶모든 핵 프로그램 목록에 대한 협의 개시
		북미, 북일 대화 개시	▶북·미, 관계정상화 위한 양자대화 개시 -북한에 대한 테러지원국 지정 해제, 적성국 교역법 적용 종료를 위한 과정 개시 ▶북·일 관계정상화를 위한 양자대화 개시
		대북 보상 조치	▶9·19 공동성명 1조와 3조에 의거 참가국들은 대북 경제, 에너지, 인도적 지원에 협력 ▶초기단계에서 중유 5만톤 상당의 긴급 에너지 지원 -2·13 합의이행을 전제로 최초 운송은 60일 이내에 개시
		이행 시한	▶상기 초기 조치들이 향후 60일 이내에 시행
제3항	실무그룹	설치	▶2·13 합의와 9·19 공동성명의 완전한 이행을 목표로 5개 실무그룹을 설치 -한반도 비핵화, 북·미관계정상화, 북·일관계 정상화, 경제·에너지 협력, 동북아 평화·안보 체제 구축
		임무	▶9·19 공동성명의 이행을 위한 구체계획을 협의·수립 ▶실무그룹의 진행상황을 6자회담 수석대표회의에 보고 ▶한 실무그룹의 진전은 다른 실무그룹의 진전에 영향을 주지 않으며, 각 실무그룹에서 만들어진 계획은 상호 조율된 방식으로 전체적으로 이행

		개최 시한	▶모든 실무그룹 회의를 향후 30일 이내에 개최
제4항	중간 단계	북측 이행 조치	▶모든 핵 프로그램에 대한 완전한 신고 ▶재처리 시설을 포함, 현존하는 모든 핵 시설 불능화 실시
		대북 보상 조치	▶중유 95만톤 상당의 경제·에너지 인도적 지원
제5항	6자외교장관 회담 개최		▶초기조치 이행을 완료한 후 동북아 안보협력 증진방안을 모색하기 위한 장관급 회담을 신속히 개최
제6항	한반도 평화 체제 협상착수		▶직접 관련 당사국들이 적절한 별도 포럼에서 한반도의 항구적 평화체제에 관한 협상을 시작
제7항	후속 회담 일정		▶실무그룹의 보고를 청취한 뒤 다음단계 행동에 관한 협의를 위하여 제6차 6자회담을 2007년 3월 19일에 개최
대북 지원부담의 분담에 관한 합의 의사록			▶한국, 미국, 중국, 러시아는 북한에 대한 지원부담을 평등과 형평의 원칙에 기초하여 분담할 것에 합의 -일본도 자국의 우려사항이 다뤄지는 대로 동일한 원칙에 따라 참여하기를 기대함

*전성훈, 2007, 『북핵 2·13합의와 평화적인 핵폐기 사례 분석』, 서울: 통일연구원, 6~7쪽.

「2·13합의」 이후 6개국은 '한반도 비핵화', '동북아 평화·안보 체제', '북·미와 북·일' 실무그룹 회의를 개최하고 비핵화 초기조치 이행, 북·미, 북·일관계 개선 및 동북아 다자안보구상 등 구체적 사항에 대해 논의하였다. 이어서 2007년 3월 19-22일간 제6차 1단계 6자회담이 베이징에서 개최되었다. 회담에서 6국 대표들이 실무그룹회의의 결과를 청취하고 비핵화의 초기조치 이행 및 다음 단계 추진방안을 검토하며 9·19 공동성명과 「2·13합의」를 이행한다는 입장을 재차 확인하였다. 그러나 BDA 북한의 자금 송금과 관련하여 북·미 양국이 이견

30) 『외교백서 2008』, 24~31쪽 참조.

을 줄이지 못하여 이번 회담은 구체적 합의에 이르지 못한 채 종료되었다. 6자회담을 계속 순조롭게 진행하기 위하여 6차 1단계 회담 후 기자회견에서 중국의 외교부 친강(秦剛) 대변인은 중대한 안보현안으로서의 북핵 문제의 평화적 해결을 고려하여 관련 각국이 초기조치 이행을 조속히 함으로써 6자회담을 지속해야 한다고 촉구하였다.

2007년 6월 BDA자금이 미국 연방준비은행과 러시아 중앙은행을 거쳐 러시아의 극동상업은행으로 송금되면서 6자회담 진행을 저해해 온 BDA 문제는 종결되었다. 이어서 개최된 6자회담 수석대표 회의에서 비핵화 초기단계 조치 이행을 가속화하기 위한 협의가 이루어졌고, 나아가 다음 단계 진입을 위한 구체적 방안도 논의되었다. 결국 2007년 9월 27일 제6차 2단계 6자회담은 베이징에서 열렸다. 10월 3일 「9·19공동성명 이행을 위한 제2단계 조치(10·3합의)」가 채택되었고, 이를 통해 참가국들은 「9·19 공동성명」의 이행을 위한 추가적 조치에 합의하였다. 합의에서 북한은 2007년 말까지 북한 내 모든 현존하는 핵시설을 불능화(不能化)하고, 모든 핵 프로그램을 완전하고 정확하게 신고하며, 핵물질과 기술 등을 이전하지 않는다는 공약을 재확인하였다. 그리고 이러한 북한의 조치에 부응하여 여타 참가국들이 북한에 경제, 에너지 지원을 제공하고 핵시설 불능화 과정을 지원하며, 북·미, 북·일 관계정상화 노력을 지속하기로 합의하였다.

「10·3합의」 이후 각국은 비핵화 관련 제2단계 조치의 이행을 위하여 노력해 왔다. 2008년 5월 북한은 핵 프로그램 관련 자료를 미국 측에 제공하였다. 6월 26일 북한은 플루토늄 생산량과 사용처, 영변 핵시설 목록, 사용하고 남은 우라늄 등을 적시한 핵 신고서를 중국에 제출하였다. 미국은 당일에 북한을 테러지원국 명단에서 해제하는 절차에 착수한다고 발표하였으며 북한은 다음 날에 영변원자로의 냉각탑을 폭파하였다. 동년 7월 6국의 첫 외무장관 회담이 성사되었다. 10월 미국과 북한이 핵시설 검시 문제에 대해 구두합의를 달성하였으며 미

〈표 6〉「10·3합의」의 주요 내용

구 분	내 용
비핵화	1. 북한의 모든 현존 핵시설 불능화 2. 연내 북한의 모든 핵 프로그램의 완전하고 정확한 신고 3. 북한의 핵물질, 기술 및 노하우 不이전 공약 재확인
관계정상화	4. 미국은 북·미 관계 정상화 실무그룹에서의 합의를 기초로 북한 측 조치와 병행하여 공약 이행 5. 불·일 양측은 평양선언에 따라 신속한 관계정상화 노력 경주
대북 경제, 에너지 지원	6. 중유 100만톤 상당의 경제, 에너지, 인도적 지원 제공 (旣제공 10만톤 포함)
6자 외교장관회담	7. 적절한 시기에 베이징 개최 재확인 (의제 협의를 위한 6자 수석대표회의 사전 개최)

※자료 :「10·3합의」내용을 요약해서 작성하였다.

국은 테러지원국 명단에서 북한의 이름을 지우고 북한에 중유를 제공하기로 결정하였다. 여기까지 북핵 문제 평화적 해결을 위한 6자회담은 단계적 결실을 거두었다고 할 수 있다.

위에서 북핵 문제의 평화적 해결을 위한 6자회담의 개최과정을 회고하면서 중국의 역할을 살펴보았다. 북핵 문제에 있어 중국은 한반도 평화와 안정유지와 비핵화 원칙에 따라 대화를 통해 문제를 평화적으로 해결하며 북한의 안보우려를 해소해야 한다는 입장을 견지한다. 이러한 목표를 달성하기 위하여 중국은 주변 관련국들과 외교협상을 적극적으로 전개해 오고 있다. 특히 제2차 북핵 위기가 일어난 후 한반도 정세의 악화를 방지하기 위하여 중국은 과격한 행동과 자극적인 발언을 자제하고 핵 문제를 대화로 해결해야 한다고 관련국들에 호소하면서 6자회담의 재개에 많은 노력을 경주하였다. 6자회담의 전개과정에서 중국은 북·미 입장차이의 '조정자(調停者)', 위기 격화의 '완충자(緩衝者)', 관련국들의 합의 달성의 '추동자(推動者)'라는 핵심 역할을 하였다.

비록 6자회담은 아직 북핵 문제의 결과가 확실하지 않지만 동북아에서 중국이 주도하는 다자협력 사례로 볼 수 있을 것이다.[31] 중국은 6자회담을 계속 추진함으로써 다음 몇 가지 성과를 거두었다.

첫째, 중국은 다자안보대화 즉 6자회담을 추진함으로써 북핵 위기로 조성된 한반도 긴장상태를 완화하였다. 한반도 평화와 안정유지는 중국의 동북아 전략의 핵심이다. 북핵 문제로 야기된 한반도 위기상황은 중국이 절대로 방관하지 않을 것이다. 중국은 북핵 위기가 무력충돌까지 비화되지 않도록 외교적 노력을 경주해 왔다. 특히 신안보관의 지침에 따라 후진타오 정부는 북핵 문제의 해결을 위한 다자안보협력의 3자회담, 6자회담을 성사시키고 추진해 왔다. 북핵 문제의 주요 당사국 간의 대립과 불신으로 인해 6자회담은 여태까지 진전되지 못하였지만 무력충돌 일촉즉발의 위기상황을 교묘하게 완화하였다. 이와 같이 북핵 위기 완화 및 6자회담 개최를 위한 중국의 외교노력은 책임있는 대국 이미지를 긍정적으로 보여주고 '有所作爲'이란 신외교전략 시행의 상징으로 평가되었다.[32]

둘째, 중국이 6자회담의 지속 개최를 추진함으로써 북핵 문제를 비롯한 현안 문제의 평화적 해결을 지향하는 다자안보대화의 메커니즘을 조성하였다. 앞에서 분석한 바와 같이 6자회담은 우여곡절의 속에 지속되어 왔다. 그럼에도 불구하고 회담이 난항에 빠질 때마다 중국은 의장국으로서 주도적으로 회담을 재개시켰다. 비록 회담이 중대한 성과를 거두지 못했지만 다자안보협력의 메커니즘은 이미 관련국들의 인정을 받았다. 이러한 공동인식은 향후 북핵 문제의 해결을 무력이 아닌 다자안보대화의 구도 안에 한정시키는 데 중요한 역할을 할 것이라고 본다.

---

31) 이태환, 2008b, 앞의 논문, 125쪽.

32) 朱鋒, 2006, 「中國的外交斡旋與朝核問題六方會談」, 『外交評論』 2006年 4期, 北京: 外交學院, 26面.

셋째, 6자회담의 지속 추진은 지역 문제 해결에 대한 미국의 일방주의를 견제하고 대화를 통한 문제 해결의 의식을 정립하였다. 9.11사건 이후 미국은 반테러전의 이름으로 일방주의의 강경 정책을 시행하였다. 제2차 북핵 위기 무렵에 미국이 이라크 전쟁을 벌이면서 대북 초강경 압박 정책을 행하였다. 이러한 압박 정책은 북한의 양보를 받아내지 못하고 오히려 북한의 강경대응을 초래하여 북핵 문제를 더욱 복잡하게 하였다. 6자회담의 진행은 북·미 관계 긴장 완화의 기회를 제공했을 뿐만 아니라 참여국들이 모두 같이 대화협상을 전개하는 자리를 창출하였다. 이것은 지역현안 문제 해결에 있어 미국의 일방주의를 어느 정도에 견제하였다고 할 수 있다.

넷째, 중국은 6자회담을 추진함으로써 동북아 다자안보협력의 제도화에 기여하였다. 주지했듯이 6자회담에서 북핵 문제뿐만 아니라 한반도 평화체제 내지 동북아 평화와 안보 문제까지 검토한 바 있다. 이처럼 동북아 지역 국가들이 한 자리에 모여서 역내 안보 문제에 대해 대화·협상을 집중적으로 전개하는 것은 역사상 처음이다. 6자회담은 향후의 동북아 지역 다자안보협력체의 구축을 위한 신뢰증진과 협력경험 축적의 기회와 장을 마련해 주고 있다. 특히 제4차 6자회담에서 관련각국이 한반도 평화체제 전환 문제를 포함한 동북아 안보협력 증진 방안을 탐색하기로 합의한 바 있다. 이 합의는 6자회담이 북핵 문제 해결의 차원을 넘어 동북아의 항구적인 평화와 안정을 지향하는 것을 보여 준다. 이러한 의미에서 볼 때, 중국이 6자회담을 계속 추진하는 노력은 결국 동북아 다자안보협력체의 구축에 기여한 것으로 간주할 수 있다.

2. 6자회담의 재개를 위한 중국의 노력

앞에서 밝힌 바와 같이 6자회담은 우여곡절을 겪으면서 진행해 왔다. 「10·3 합의」 이후 북한이 핵시설 불능화에 적극적인 행동을 보였으며, 미국도 북한에 에너지 원조 및 북한의 테러지원국 명단에서의 해제 등의 문제에 대해 상응 조치를 취하기로 하였다. 그러나 북한 핵시설 신고 및 불능화 검증 등의 문제에 대해서 북·미 양국 간에 여전히 입장 차이가 보이고 있다. 2008년 12월 6자회담의 수석대표 회의에서 북한의 핵불능화 검증 문제를 둘러싸고 북·미 양국이 합의를 달성하지 못해 한반도 비핵화는 다시 수렁에 빠져들었다. 버락 오바마 행정부가 들어선 뒤 6자회담 자체가 열리지 않을 뿐 아니라 상황은 더욱 악화되었다. 2009년 4월 북한은 6자회담에서 탈퇴하였고 장거리 로켓을 발사하였으며, 5월에 제2차 핵실험을 강행함으로써 한반도 정세를 흔들었다. 이에 미국은 핵실험에 따른 국제적 제재조치를 담은 유엔안보리 결의 제1874호를 주도하고 한국도 북한 핵 문제를 대북정책의 우선순위로 두는 '비핵·개방·3000 구상'을 고수하며 북한을 압박해 왔다. 그러나 북한이 체제유지 수단으로 삼는 핵개발은 안보보장이 없는 상황에서는 결코 포기하지 않을 것이다.

그럼에도 불구하고 여타 관련국들은 6자회담을 통해 북핵 문제를 해결해야 한다는 공동인식을 갖고 있어 회담의 재개를 위하여 노력하고 있다. 특히 6자회담의 의장국인 중국은 북한과 한·미간의 입장을 조율하고 북한의 6자회담 복귀를 위하여 외교적 노력을 꾸준히 경주해 오고 있다.

2009년 5월 25일 북한이 제2차 핵실험을 강행한 후 중국은 외교성명을 통해 북한을 비난하고 유엔의 대북 제재 1874호 결의안에 동의하였다. 이와 동시에 한반도 정세의 악화를 방지하기 위하여 중국은 관련국들이 행동을 자제하고 대화를 통해 위기를 완화하자고 여러 차례 호소해 왔다. 동년 7월 북한의 미사일 발사로 조성된 위기상황에서 우다위(武大偉) 중국 외교부 부부장이 한·미·일·러 등을 연속 방문하고 대화를 통한 위기완화 및 6자회담 지속 추진 등 문제에 대해서 관련국들과 협의하였다.

북한이 6자회담에 다시 회귀하도록 하기 위하여 2009년 10월 5일 원쟈바오 총리가 북한을 방문하여 김정일 위원장과 회담을 진행하였다. 원쟈바오 총리의 설득 하에 북한이 6자회담에 대한 전향적인 입장을 보이기 시작하였다. 회담에서 김정일 위원장은 "한반도 비핵화는 김일성 주석의 유훈이기 때문에 조선은 이 목표를 향해 계속 노력하겠다"며 "조·미관계 전환 문제에 관련된 회담의 진전에 따라 6자회담을 추진할 것"[33]이라고 강조하였다. 10월 10일 개최된 제2차 한·중·일 정상회담에서 원쟈바오 총리는 이러한 북한의 입장 및 한·미·일과의 관계 개선 의사를 한·일 두 정상에게 통보하였다. 동 회담에서 3국 정상은 대화를 통해 현안 문제를 해결하며 동북아의 항구적인 평화를 위하여 6자회담의 재개를 추진하자고 합의하였다.

2010년 1월 11일 북한은 외교성명에서 6자회담의 구도 안에 정전협정의 당사국들과 회담을 진행할 것을 표명하였다. 2월 8일 후진타오 주석의 특사인 왕쟈뤼(王家瑞) 부장이 북한을 방문하여 김정일 위원장과 핵 문제 및 6자회담 재개 등에 대해서 협의하였다. 김정일 위원장은 북한의 비핵화 입장을 강조하며 6자회담의 재개 문제에 있어서 중국과 협상을 긴밀히 진행하겠다는 입장을 표명하였다. 한·미와 북한 간의 입장 차이를 조율함으로써 6자회담을 조속히 재개하기 위하여 2월 23일 우다위 부부장은 한국과 미국의 6자회담 대표를 베이징에 초청하여 북한의 입장 변화 상황을 양국 대표에게 통보하였으며, 6자회담 재개 및 비핵화 이행 문제에 대해 함께 협의하였다. 중국은 유엔 안보리 1874호 결의안을 견지하는 조건 하에 비핵화 회담과 평화협정 회담을 진행하자고 제안하였으나 한·미 양측은 북한이 구체적인 비핵화 조치에 먼저 나서야 6자회담을 재개할 수 있다고 강조하였다.

위와 같이 2009년 하반기부터 북한이 한국과 미국을 향해 유화적

33) 『人民日報』, 2009年 10月 5日.

조치를 취하면서 6자회담이 재개될 것이라는 전망이 나왔다. 그러나 2010년 3월 천안함 사태가 터지면서 상황은 다시 원점으로 돌아갔다. 7월 천안함 공격을 규탄하는 유엔 안보리 의장성명이 나온 뒤 6자회담을 재개하려는 관련국들의 행보가 강해졌지만 협상 테이블이 언제 마련될지는 불투명하다. 이러한 상황에서 6자회담의 재개를 위하여 중국은 적극적 중재를 계속 전개해 왔다. 2010년 8월 16부터 9월 3일까지의 18일 동안 중국 한반도 문제 특별대표인 우다웨이 부부장이 북한, 한국, 일본, 미국 등 관련국을 연속 방문하여 한반도 긴장 완화 및 6자회담의 재개를 위하여 각국의 의견을 모았다. 9월 4일 북한 김정일 위원장은 중국 방문 후 6자회담의 조속한 재개에 힘을 쓸 것이라는 입장을 명확히 표명하였다.[34)]

그러나 2010년 11월 23일 연평도 포격사건이 일어나 한반도는 전쟁이 일촉즉발의 국면에 처하게 되었다. 이로 인해 6자회담의 재개는 또 다시 수렁에 빠져들었다. 사태의 악화를 방지하기 위하여 중국은 다이빙궈(戴秉國) 국무위원을 한국과 북한에 파견하였고 무력행동 자제와 대화 재개를 양측에 촉구하였다. 이와 함께 중국 외교부는 6자회담 단장 긴급회의를 개최하자고 제안하였다. 12월 12일 러시아 방문 중의 북한 박의춘 외무상이 기자회견에서 "한반도 정세가 전례없이 악화된 상황에서도 6자회담을 통해 북핵 문제를 해결해야 한다"[35)]는 입장을 재차 밝혔다. 그러나 한·미·일 3국은 북한이 실질적인 비핵화 행동을 취하지 않고서는 6자회담 재개를 고려하지 않겠다는 입장을 견지하고 있다.

2011년 후반부터 북한과 한·미간에 여러 차례로 걸쳐 대화를 진행하였고 한반도의 정세는 완화된 상태로 나타나기 시작하였다. 이러한 상황에서 6자회담의 재개의 무드가 대두되었으나 북한 김정일 국방위원

---

34) 『新京報』, 2010年 9月 4日.

35) 『京華時報』 2010年 12月 12日.

장의 돌연 사망 및 두 차례의 로켓발사 등으로 다시 흩어지게 되었다.

한 치의 양보가 없는 대립 때문에 6자회담은 재개되기 어려울 것이다. 그럼에도 불구하고 중국은 자국 경제 성장에 유리한 평화적·안정적 주변 환경을 유지하기 위해서는 관련국 간의 입장 차이를 줄이는 노력을 계속 경주해야 한다. 즉 북한을 설득하면서 한·미 양국이 양보를 이루도록 노력해야 한다는 것이다. 관련국들도 한반도에서 전쟁이 다시 일어날 것을 원하지 않고 있다. 북핵 문제와 같은 초국가적인 위협을 해소하고 한반도에서 진정한 평화를 정착시키기 위해서는 남북한과 주변 4국이 다자안보협력의 틀에서 대화협상을 전개해야 한다.

Ⅳ. 6자회담의 향후 과제와 전망

6자회담의 개최는 북핵 문제의 해결을 대화와 협상의 틀로 이끌었다. 그러나 주지한 바와 같이 6자회담은 우여곡절 속에 진행해 온 것이다. 특히 2008년 12월부터 북한의 핵시설 신고 및 불능화 등의 문제에 대한 북·미간의 입장 차이로 인해 6자회담이 여태까지 휴회상태에 있다. 따라서 향후에 6자회담이 과연 지속될 수 있을지, 지속 진행된다면 어떤 방향으로 나갈 것인지, 그리고 해결해야 될 과제가 무엇인지 등이 본 절의 중점적인 검토내용이 될 것이다.

1. 6자회담의 지속 가능성

이명박 정부 출범 후 남북관계는 다시 냉각되었다. 상호 비난의 와중에 북한은 2009년 1월 30일 남북 대결상태 해소와 관련된 모든 합의사항을 무효화한다고 일방적으로 선언하였다. 4월 14일 미사일 발사와 관련, 유엔 안보리가 제재 결의안을 통과시킨 것에 항의해 6자회담 탈퇴를 선언하였다. 현재까지 6자회담은 휴회상태에 있어 향후 계속 개최의 전망이 어두워 보인다. 심지어 6자회담이 이미 실패되었다는 주장까지 나왔다.[36]

이러한 6자회담의 난항은 꼭 회담의 실패를 의미하지 않으며, 6자회담은 재개될 것이다. 북한의 6자회담 탈퇴 선언, 제2차 핵실험의 강행 및 연평도 포격 사건을 비롯한 일련의 과격한 행동으로 인하여 6자회담의 재개는 힘들어 보인다. 그러나 2009년 후반부터 북한이 6자회담 개재의 의사를 몇 차례로 드러냈다는 사실에 비추어 보면 북한은 실질적으로 6자회담을 포기하는 것이 아니라고 할 수 있다. 북한은 일련의 과격한 행동을 통해 추후의 6자회담에서 더 유리한 조건을 창출하는 데 목적이 있을 수도 있다. 특히 북한의 과격한 행동으로 조성된 한반도 긴장 정세는 6자회담의 중요성을 역으로 부각시키고 있다. 따라서 한반도의 안보불안 상황에서 6자회담은 북핵 문제를 해결하는 메커니즘으로서 약화되기는커녕 날로 그 중요성이 더해지고 있다. 그리고 북한의 제2차 핵무기 실험 등 과격한 행동은 6자회담을 종결하는 것이 아니고 6자회담을 새로 개최해야 하는 계기가 될 것이다.[37]

또 6자회담의 개최 과정에 수많은 곡절과 곤란을 겪은 것은 주지한 사실이다. 그리고 6자회담은 곡절과 곤란을 겪은 후 가시적인 진전을 보이는 식으로 지속해 온 것이다. 마찬가지로 현 단계에 6자회담의 난항 상태도 휴회상태일 뿐이다. 왜냐하면 동북아 지역 안보협력 체제가 결여된 상황 하에 북핵 문제의 평화적 해결에는 6자회담보다 더 적절한 선택이 없기 때문이다. 특별히 6자회담은 관련국들의 장기적인 연구와 노력을 거쳐 이루어진 역사적 선택으로서 남북한뿐만 아니

36) 이승철, 「6자회담은 죽었다」, 『경향신문』, 2009년 5월 12일자.

37) 朱鋒, 2009, 「二次核試後的朝核危機: 六方會談與'强制外交'」, 『現代國際關系』 2009年第7期, 北京: 中國現代國際關系研究院, 46面.

라 주변 4강의 안보이익에 부합되므로 지속 진행될 것으로 판단될 수 있다.[38]

또한 북한이 6자회담에서 탈퇴한 지 무려 4년이 되었지만 그 동안 여타 각국은 북한의 회담 복귀를 거듭 재촉해 왔다. 그리고 관련국들이 6자회담의 재개를 위하여 외교적 노력을 여전히 하고 있는 것도 사실이다.[39] 특히 핵 문제의 주요 당사국으로서의 미국과 북한이 6자회담을 진행할 의사는 여전히 보여 왔다.

2009년 3월 4일 미국의 보스웰스(Stephen Bosworth)북한 문제 특사가 중국 북경을 방문할 때 미·중 양국이 6자회담을 조속히 재개시켜야 하며 북핵 문제를 해결하는 데 6자회담이 중요한 역할을 할 것이라는 미국 측의 입장을 밝혔다. 특히 2009년 4월 5일 오바마 대통령은, 6자회담은 북한의 비핵화를 달성하고 역내 긴장을 감소시키는 외에 관련 국가들 간의 안보 쟁점들을 해결하는 장을 마련해줄 것이라고 성명한 바 있다.[40] 이것은 미국 오바마 행정부의 6자회담에 대한 신뢰와 기대감을 보여 준다.

북한은 경제난을 극복하고 체제를 유지하기 위해서는 6자회담에 참가할 것이다. 현 단계 북한의 경제 문제는 단순히 식량부족 같은 것이 아니라 인간의 기본적 생활영위마저도 실패한 상황이라는 데 있다. 아울러 침체된 경제와 높은 인플레이션은 북한 체제의 붕괴를 가속화할 것이다. 이러한 가운데 중국은 북한에 대한 전면적인 경제 지원을 제

38) 石原華, 2007,「朝鮮核試爆與重開六方會談」,『東北亞論壇』2007年 第1期, 長春: 吉林大學東北亞研究院, 56~57面.

39) 북핵 6자회담 중단 후, 회담의 재개를 위하여 관련국들은 많은 외교적 노력을 해 왔다. 한·미·일 정상회담(2008.11.23, 페루 리마), 중·미 정상회담(2009. 11.17, 중국 베이징), 한·미 정상회담(2009.11.20, 한국 서울), 한·중 외교회담(2010·3.18, 베이징) 등 회담에서 관련국들은 북한의 6자회담 복귀를 거듭 촉구한 바 있다.

40) 오바마,「6자회담 계속할 것」, http://www.ytn.co.kr/_ln/0104_20090405 1720 092535(검색일: 2010년 12월 13일).

공할 의지와 능력이 없다. 따라서 북한의 유일한 선택은 핵무기를 포기하고 6자회담으로 복귀하는 것이라 할 수 있다.[41] 2010년 1월 11일 북한은 외교성명에서 6자회담의 구도 안에서 정전협정의 당사국들과 회담을 진행할 것을 표명한 바 있다.

이러한 사실들은 6자회담의 다자안보대화 패턴이 이미 관련국의 인정을 받았다는 것을 입증해 준다. 즉 다자간 안보협력의 틀로서 6자회담은 여전히 북한의 핵폐기 문제를 다루는 매우 중요한 수단이 되고 있다.[42] 이와 같은 6자회담에 대한 공동인식 바탕에서 향후에 관련국들이 6자회담을 지속 추진할 것이다.

그러나 북핵 문제의 복잡성 및 강대국들 간의 이해 대립으로 인하여 6자회담의 추진과정은 순탄하지 않을 것이다. 관련국의 공동노력하에 북한이 6자회담에 회귀할 의사를 보이는 가운데 천안함 사건이 일어났다. 이로 인해 6자회담의 재개 문제는 다시금 불투명해졌다. 그리고 2010년 11월 23일 발생한 연평도 포격사건은 6자회담의 재개를 더욱 어렵게 만들었다. 그럼에도 불구하고 관련국들이 한반도 비핵화에 공동적 이해관계를 갖고 있기 때문에 북핵 문제의 근본적 해결을 바라고 있다.

2011년 후반부터 북·미, 남북한 6자회담 수석대표 간의 회담이 성사되며 "남북관계 개선-북미대화-6자회담 재개" 라는 회담 재개 3단계 원칙에 대해서도 합의가 이루어졌다. 특히 2012년 2월 22일 북·미 양국은 베이징에서 제3차 고위급 회담을 개최하여 '북한 우라늄 농축(UEP) 중단 및 이에 대한 검증·감시 가능', '대북 식량지원 및 양자관계 증진' 등 내용을 비롯한 합의를 발표하였다. 이것은 6자회담의 재

41) Zhu Feng, 2010, "Cheonan Impact, China's Response and the Future of Northeast Asian Security,"『전략연구』통권 제49호, 한국전략연구소, pp.78-79 참조.

42) 이승근, 2010,「동북아 다자안보체제 구축과 선결조건」,『세계지역연구논총』제28집 제1호, 한국세계지역학회, 145쪽.

개에 아주 긍정적인 의미를 지닌다고 할 수 있다. 그러나 주지하듯이 김정일의 사망 및 그 후에 북한의 2차례 로켓 발사로 인하여 이러한 6자회담 재개의 진전이 다시 멈춘 상태가 되고 말았다.

북한이 핵무기를 이미 사실상 보유하고 있는 상황에서 대북 제재압박 또는 무력사용 등의 방식으로 북핵 문제를 해결하기는 어렵다. 무력사용의 결과는 북한의 핵 보복을 초래할 것이며 압박과 제재도 북한의 극단적 행동을 야기하여 한반도를 전쟁의 길로 몰아갈 것이다. 따라서 다자대화와 외교협상을 통해 북핵 문제를 해결하는 것이 가장 바람직하고 현실적인 선택이다. 이 경우 6자회담의 패턴이 우선적으로 선택될 것이다.[43)]

그러나 과거 20년 북핵협상 과정을 돌이켜 본다면 앞으로 6자회담이 순탄하게 진행될 것이라고 전망하기가 어렵다. 핵무기 개발이 많이 진전되어 있는 상태에서 북한의 대외적 강경책은 당분간 지속될 것이다. 그리고 미국이 오바마 정부도 중동 중시 정책을 견지하는 가운데, 엄격한 핵 비확산 정책을 추진하여 단기간 내 미·북 간 타협의 접점을 찾기 어려울 것이다.[44)] 이와 같은 북핵 문제의 복잡성과 북·미 간 심각한 대립의 현실을 고려할 때 6자회담 재개는 장기화될 것으로 보인다. 북핵 문제의 최종 해결은 북·미 주요 당사자의 입장조율에 달려 있다.

북한이 핵무기 개발의 가장 근본적인 목적은 경제와 에너지 원조에 있는 것이 아니라 정권 유지와 국가안보 확보에 있다. 안보 문제에 있어 북한이 북·미 직접 대화를 통해 평화협정을 체결한다고 주장해 왔는데 이러한 안보 요구는 미국의 거절을 당하였다. 즉 북·미 양국은 비핵화와 한반도 평화협정 체결 문제의 선후 순서에 대해서 입장대립을 좁히지 못하고 있다. 탈냉전 이후 극히 불리한 안보환경 속에 북한

43) 石原華, 2007, 앞의 논문, 16~17面.
44) 전봉근, 앞의 논문, 170~171쪽.

이 핵무기 개발과 같은 비대칭적 위협전략을 실시하기 시작하였다. 이 전략은 이중적인 목적을 가지고 있다. 하나는 핵무기 개발로 미국과의 대화의 기회를 창출하고 비핵화의 조건으로 북·미 대화를 통한 평화협정을 체결한다는 것이다. 또 하나는 미국이 북·미 대화의 장에 나서지 않더라도 핵개발 성공을 통해 핵무기로 체제안전과 국가안보에 대한 외부위협을 효과적으로 방지하는 데 있다.

이러한 목적 하에 북한은 핵무기 개발을 사활이 걸린 안보수단으로 간주하게 되었다. 이리하여 미국이 대북 적대 정책을 포기하지 않은 한 북한은 본격적인 핵폐기 조치를 취하지 않을 것이다. 특히 국제법적 차원에서 북·미 양국은 휴전 상태이다. 이러한 상태에서 막강한 군사력을 보유하고 있는 미국을 상대하여 북한이 자신에게 가장 유효한 안보방위 카드인 핵무기를 포기하는 것은 지난한 일이라고 할 수 있다. 현재 북한이 이미 핵무기를 보유한 상태이기 때문이 핵 문제의 조속한 해결을 그다지 바라지 않을 것으로 판단될 수 있다. 그리고 북한이 핵무기를 보유하고 있기 때문에 대북 무력공격을 통한 핵제거 행동은 더욱 비현실적이다. 이러한 가운데 북한의 안보요구를 만족시키지 않을 경우, 또는 미국의 양보가 북한이 받아들일 정도까지 이루어지지 않을 경우에 대화해결 구도 즉 6자회담에서도 실질적인 진전을 이루기가 어렵다.

그런데 유일한 초강대국으로서 미국도 정치적 체면을 위해더라도 북한에 큰 양보를 하기가 어렵다. 따라서 북핵 문제 평화적 해결을 위하여 북·미 양국은 접촉과 대화를 지속하여 서로 간의 신뢰를 증진하고 이를 바탕으로 각자의 입장을 양보하며, ‘행동 대 행동’의 원칙에 따라 실질적인 핵폐기와 대북의 안보보장 조치를 병행 진행해야 한다. 이러한 북·미 간의 신뢰증진과 타협은 단번에 이루어지기 어렵고 긴 세월이 필요할 것이다. 따라서 북핵 문제의 상황변화에 수반하여 핵 문제의 평화적 해결을 위한 6자회담도 장기적으로 진행될 수밖에 없다고 본다.

2. 다자안보협력 체제로의 발전 가능성

6자회담은 동북아 지역 안보 현안을 중심으로 역내 주요국가간에 개최된 최초의 다자안보회담으로서 중대한 의미를 지닌다. 특히 6자회담의 개최는 북한 핵실험으로 조성된 전쟁위기 상황을 직접적으로 완화시켰다. 그렇다면 향후에 6자회담이 동북아 다자안보협력체로 발전해 나갈 가능성이 있을 것인가? 필자가 이러한 가능성이 있다고 본다.

우선, 6자회담이 6차례나 개최된 것은 관련국들이 동북아 지역 안보 현안 문제를 해결하기 위하여 다자안보협력 체제 구성의 필요성에 대해 공감대를 형성하고 있다는 점을 시사해 준다. 이러한 점에서 6자회담은 장기적으로 동북아 지역에서의 다자안보협력 체제로의 발전가능성을 열어주고 있는 것으로 볼 수 있다.

둘째, 전개과정을 보면 관련국들이 6자회담을 제도화하는 방향으로 추진하고 있다는 것을 알 수 있다. 앞에서 언급한 바와 같이 6자회담이 처음 개최될 때 북핵 문제의 평화적 해결을 지향하는 것이었으나 제2차 6자회담부터 실무그룹의 설립 및 그 운영규정에 대해서 공식으로 검토하였다. 실무그룹 설립은 6자회담이 제도화로 나갈 것임을 시사해 준다. 특히 제4차 6자회담에서 한반도 평화체제 구축 문제를 포함한 동북아 안보협력 증진 방안을 검토하기로 결정하였다. 이 결정은 단순히 북핵 문제의 해결에만 의미가 있는 것이 아니라 한반도의 항구적인 평화구축을 동북아 다자안보협력 체제 건립과 전략적으로 결합시키는 데 중요한 의미가 있다고 본다. 이들 내용과 관련하여 제 6차 1단계, 2단계 6자회담 개최 직전에 6국 대표들이 실무그룹회의를 두 차례 개최하였다. 이와 같은 동북아 다자안보협력 실무그룹회의의 개최는 6자회담이 제도화를 향해 한 걸음을 내디디었다는 것을 의미한다.

특히 6자회담에서 설립된 '동북아 평화·안보 체제 실무그룹'은 향후 동북아 다자안보협력 추진에 있어서 큰 활용도를 가질 것으로 볼 수 있다.[45] 그리고 6자회담의 합의에 따라 2008년 7월 6국 외무장관들이 싱가포르에서 비공식적 회담을 개최하였다. 이것은 6자회담이 특사급 또는 대표급에서 장관급으로 승격된 것을 의미한다. 또 6자회담이 재개되면 핵 문제뿐만 아니라 한반도 평화체제와 관련한 평화협정 논의도 진행될 가능성이 많다. 이와 같이 향후에 6자회담은 북핵 문제를 성공적으로 해결할 경우 동아시아식 안보레짐 건설의 모체로 기능할 수 있다.[46]

셋째, 6자회담의 관련국들이 회담을 다자안보협력체로 발전해 나가는 것에 대해 지지입장을 취하고 있다. 한국은 수차례 걸쳐 동북아 다자안보협력체의 필요성을 가장 적극적으로 강조해 왔다. 노무현 대통령은 2004년 7월 21일 한·일 정상회담(제주), 2005년 11월 17일 한·미 정상회담(경주), 2007년 9월 7일 한·중 정상회담(시드니) 등 중요한 회담자리에서 북핵 문제가 해결되면 6자회담이 한반도 평화체제와 동북아 다자안보체제로 발전될 필요성이 있다고 거듭 강조한 바 있다.[47] 또 노무현 정부의 윤영관 외교통상부장관과 라종일 국가안보보좌관 등 외교·안보 라인의 주요 고위관료들도 6자회담을 동북아 다자안보협력체로 발전시켜 나갈 필요성이 있다고 명확히 피력한 바 있다.[48]

---

45) 박홍도, 2008, 「동북아 다자안보협력의 가능성 및 제약요인: 6자회담의 사례를 중심으로」, 경남대학교 정치외교학전공 박사학위논문, 172쪽.

46) 이삼성, 2006, 「동아시아: 대분단 체제와 공동체 사이에서」, 『민주주의와 인권』 제6권 제2호, 전남대학교 5.18연구소, 33쪽.

47) 『동아일보』, 2004년 7월 21일자; 『한겨레신문』, 2005년 11월 17일자; 『한국일보』, 2007년 9월 7일자.

48) 2003년 11월 28일 라종일 청와대 국가안보보좌관은 성공적인 6자회담을 통해 다자협의에 기반한 지역 안보 공동체를 형성해 갈 것이라고 밝혔다. 『연합뉴스』, 2003년 11월 28일자; 또 윤영관은 북핵 6자 회담 성공으로 한반도 비

6자회담을 적극적으로 추진해 온 중국도 6자회담을 동북아 안보협력 체제로 발전시키는 것을 가장 선호한다.[49] 6자회담이 성공적으로 마무리 된다면 중국은 이를 계기로 동북아 다자안보협력체 형성에 이니셔티브를 장악할 가능성 크기 때문이다.

6자회담의 안보협력 체제화 문제에 대해 미국도 긍정적인 입장을 보였다. 2004년 7월 8일 당시 미 백악관 안보담당 보좌관 라이스는 중국을 방문했을 때 북핵 문제 협의기구인 6자회담을 동북아 안전보장 문제를 논의하는 항구적 기구로 격상시키는 방안을 중국에 타진한 바 있다. 또 2005년 11월 17일 한·미 정상회담에서 양국 정상은 북핵 문제가 해결되면 역내 안보 문제에 공동 대처하기 위하여 지역 다자안보대화 및 협력 메커니즘을 발전시키는 데 공동노력을 하기로 합의하였다.

러시아도 동북아 지역의 다자안보협력에 적극적 태도를 취하고 있다. 제2차 6자회담 개최 이후 러시아가 회담의 상설 기구화를 위하여 실무그룹을 설립하는 것이 바람직하다고 제의한 바 있다. 특히 2007년 8월 러시아는 의장국으로 6자회담의 제2차 실무그룹회의까지 주최하였다.

북한은 동북아 다자안보협력은 시기상조라고 일관되게 반대 입장을 견지해 왔다. 그러나 북한은 이를 반대하면서도 2000년부터 ARF, NEACD 등 다자안보대화에 적극적으로 참여하였다. 이것은 북한이 다자안보협력에 대한 인식의 변화를 시사해 준다. 특히 6자회담의 참여는 이 점을 입증하였다.

유엔 측에서도 6자회담이 지역 다자안보협력 체제로 발전해 나갈

핵화가 실현되면 동북아 안보 문제를 총체적으로 논의할 공식, 또는 비공식 협의체로 발전할 가능성이 높다고 말한 바 있다. 『연합뉴스』, 2004년 5월 3일자.

49) 중국 중앙당교(中央黨校) 국제전략연구소 먼홍화(門洪華)가 이와 비슷한 견해를 밝혔다. 그는 6자회담을 동북아 안보협력 기제로 발전시키는 것이 중국의 일관적 입장이라 하였다. 門洪華, 2008, 「東北亞安全困境及其戰略應對」, 『現代國際關係』 第8期, 北京:中國現代國際關系硏究院, 22面.

것을 바라고 있다. 2009년 8월 13일 반기문 유엔 사무총장은 제5회 제주평화포럼의 기조연설에서 6자회담 프로세스는 장기적으로 동아시아 지역의 다자안보협력 체제로 진화할 가능성이 있다고 명확히 밝힌 바 있다.

이처럼 6자회담의 관련국들은 회담을 다자안보협력 체제로의 발전을 바라고 있다. 이러한 공동인식 하에 6자회담은 향후에 북핵 문제를 해결하면서 점차 제도화되고 최종에 동북아 다자안보협력 체제로 승격될 수 있을 것이다.

넷째, 동북아 지역에서 다자안보협력 체제는 아직 없는 상태이다. 이런 상태가 6자회담이 제도화되어 지역 안보 문제들을 관리할 수 있는 다자안보협력체로 변화할 것을 요구한다. 탈냉전 이후 진영대립 구도의 해체에 따라 지역차원의 다자안보협력체가 대두되고 점차 확산의 양상을 보이고 있다. 유럽에는 유럽안보협력기구(OSCE)가 있고 현재에는 거의 하나의 국가 안보기구 수준으로 성장하였다. 동남아시아 지역에도 아세안지역안보포럼(ARF)이 있고 이미 높은 수준의 제도화 단계에 올라갔다. 그러나 세계경제의 중심지로서 동북아 지역에는 아직 OSCE, ARF와 같은 다자안보협력체가 존재하지 않고 있다. 비록 동북아 국가들이 동북아 협력대화(NEACD, 1993), 동북아 다자안보대화(NEASED, 1994) 등 협력기구를 만들었으나 이들 기구는 주로 민간참여의 형식으로 운영되어 왔다. 다시 말해 동북아 지역에서 정부차원의 다자안보협력체는 여태까지 공식으로 형성되지 않은 상태이다. 이러한 다자안보협력 체제가 결여된 상황에서 6차례이나 개최되어 역내 안보현안 문제를 거론해 온 6자회담은 당연히 우선 선택의 대상이 될 것이다.

위에서 분석한 바와 같이 6자회담은 동북아 다자안보협력체로 발전해 나갈 가능성이 없지 않다. 그러나 각국의 서로 다른 전략적 계산, 회담 자체의 규제력 부족, 동북아 국가관계의 역사성과 특수성 등 여러 요인으로 인해 6자회담의 제도화 또는 다자안보협력 체제로의 변모는 기나긴 과정을 거쳐야 한다고 생각한다. 향후에 6자회담이 다자간 안보협력체로 발돋움하기 위해서는 다자주의가 가지는 지속성과 적응성, 합의제 기제로서의 탄력성, 그리고 일반화된 원칙의 비차별성을 극복해야 한다. 그리고 대화와 협상을 바탕으로 공동생존을 모색하는 공동안보 조건의 달성과 동시적으로 예방외교의 기능과 대화의 관습화 및 협의 과정에 대한 불확실성을 제거하는 안보협력에 대한 각국의 노력이 요구된다.[50)]

3. 6자회담의 향후 과제

6자회담은 우여곡절을 겪고 지속해 왔으며 어느 정도 가시적인 성과를 거두었다. 위에서 언급한 바와 같이 6자회담은 향후에 지역 다자안보협력 체제로 발전해 나갈 가능성이 있다. 그러나 한반도 문제의 복잡성 및 동북아 국가 간의 신뢰결여 등 요인으로 인해 6자회담의 안보협력 체제화의 과정에서 수많은 난점과 과제가 있을 것으로 예상될 수 있다.

1) 북핵 문제 평화적 해결

앞에서 6자회담 지속 개최의 필요성과 가능성에 대해 긍정적으로 검토한 바 있다. 그렇다면 어떻게 북·미간의 입장 차이를 좁히고 가시적인 진전을 거둘지는 향후 6자회담이 풀어야 하는 과제이다. 이 과제를 해결하지 못한다면 6자회담의 다자안보협력체로의 약진은 어려울 수밖에 없을 것이다. 따라서 당분간 북·미간의 신뢰증진과 입장 차이를 조율하는 것은 관련국들이 당면한 중요 과제이다. 과연 북·미 입장

50) 이명우, 앞의 논문, 190~192쪽 참조.

차이는 줄일 수 있을 것인가? 필자가 보기에는 북핵 문제에 있어서 북·미 양국의 입장은 가까이 접근될 가능성이 있다.

6자회담 개최 직전에 북핵 문제 해결에 대해 북·미 양국은 강경대립의 자세를 보였다. 몇 차례의 회담을 진행한 후 양국은 상대방의 관심사항을 어느 정도 인정하여 양보를 해 냄으로써 핵폐기와 북한의 안전보장 및 경제지원 등 핵심적인 문제들에 대해 합의를 이루었다. 이러한 과거의 경험은 북미양국의 입장차이가 조절 불가능한 일이 아니라는 것을 입증해 준다. 사실상 「9·19공동성명」 및 그 실천방안으로서의 「2·13합의」와 「10·3합의」 등 6자회담의 결의는 북핵 문제의 평화적 해결 방향과 방법을 이미 만들어낸 것이다. 그러나 북·미 양국 간 불신으로 인하여 비핵화의 추진과정에서 새로운 변수가 생기면 모처럼 가까워진 북·미의 신뢰관계가 또 다시 원상태로 돌아갈 수 있다.

북핵 문제에 대한 북·미 입장 차이를 축소하는 데 가장 중요한 점은 양국이 장기적 대화를 통해 신뢰를 증진하는 것이다. 사실상 북한은 안보우려 해소와 국제사회 참여를 통한 경제개발의 고려 하에 미국과 관계개선을 절박하게 바라고 있다. 6·15공동선언 5주년 기념행사를 계기로 통일부 정동영 장관과 북한 최고인민회의 김영남 위원장 간에 이루어진 회담에서 김영남 위원장이 “미국이 북한의 체제와 제도를 인정하면 북한도 미국을 우방으로 대할 것”[51]이라고 말한 바 있다. 이것은 미국과의 관계개선의 의사를 보여준다. 그러나 초강대국으로서 미국은 북한의 이러한 의사를 받아들이지 않았다. 특히 한·러, 한·중 수교 및 남북한 유엔 동시 가입 이후에도 미국은 북한 정권의 합법성을 인정해주지 않고 있다. 이로 인해 북한은 냉전시기와 달리 독자적으로 미국의 압박과 위협에 대처할 수밖에 없다. 이러한 상황에서 북한은 비상적인 대응조치를 취하게 된 것으로 보인다. 따라서 초보적인 신뢰관계 조성을 위해서도 미국이 대북 적대시 정책을 포기하고 북한

---

51) 『조선일보』, 2005년 6월 17일자.

정권의 합법성을 인정하는 것은 바람직하다. 이와 동시에 북한도 인권 상황을 점차 개선해야 한다.

사실상 북핵 문제 해결의 실질적 주도권은 미국에 있다고 본다. 미국이 대북정책을 추진할 때 많은 카드를 활용할 수 있는 반면에 북한이 미국의 위협을 막거나 미국과 대화를 하는 데 쓰일 수 있는 카드는 핵무기밖에 없다. 이러한 점에서 북핵 문제의 최종 해결 여부는 미국의 결단에 달려 있다고 할 수 있다.[52] 따라서 북핵 문제의 조속 해결을 위하여 향후의 6자회담에서 미국은 양보를 더 해야 될 듯하다. 특히 미국은 북한 문제의 해결, 즉 북한정권의 본질을 바꿔야 북한의 핵위협을 근본적으로 해소할 수 있다는 논리를 지양해야 한다.[53] 즉 미국이 비핵화와 한반도 평화협정 체결 및 에너지 지원의 선후 순서상에 고집하지 않고 북한의 안보요구를 만족시키는 것은 비핵화의 진행에 도움이 될 것이다. 물론 한·미관계를 고려할 때 평화협정의 체결은 4자 당사자의 구도 하에 진행하는 것이 적당하다. 이에 대응하여 북한도 가시적인 핵폐기 행동을 해야 한다. 이처럼 비핵화의 성실한 이행을 통해 북·미간의 신뢰관계는 증진될 것이다.

또 6자회담 및 합의 이행 과정에서 관련국들이 특히 북·미 양국은 상대방을 비난하는 비우호적인 행동을 자제할 필요가 있다. 남북한, 북·미간의 장기적 적대와 불신으로 인해 안보불안 상태에 처하고 있는 북한은 자국에 관련된 부정적인 언론이나 신문이라도 적대 정책으로 간주할 수 있기 때문이다. 따라서 앞으로 한·미 양국이 북한에 대한 언론을 발표할 때 신중한 자세를 취하고, 군사협동훈련과 같은 자극적 행동을 자제하는 것을 기대한다.

요컨대 향후에 6자회담 관련국들이 상호존중, 평등협력의 자세로 회

---

52) 邵峰, 앞의 논문, 12面.

53) 朱鋒, 2005, 「六方會談: '朝核'背後的若幹問題」, 『和平與發展』 2005年 第2期, 北京: 和平與發展硏究中心, 45~46쪽 참조.

담을 계속 개최하고 성의 있는 의견교환과 성실한 합의 이행을 추진하면서 신뢰를 증진하며, 서로 신뢰관계를 바탕으로 북핵 문제를 평화적이고 성공적으로 해결함으로써 6자회담을 동북아 다자안보협력체로 발전시키는 것이 바람직하다.

2) 북한의 국제사회 참여 유도

탈냉전 후 동북아 국가 간의 쌍무적 관계는 큰 진전을 보였다. 그러나 북한은 중국과 러시아 두 개 국가와만 외교관계를 유지하고 있어 한·미·일 등 주요 국가와 관계를 정상화하지 못한 상황에 있다. 국제사회에서 북한의 고립은 동북아 안보불안의 중요 요인으로 작용하고 있다. 따라서 이러한 불안 요인을 제거하고 한반도 내지 동북아의 안정과 평화 환경을 조성하기 위해서는 남북한 및 북·미, 북·일 관계의 개선이 중요하고 시급한 과제로 남아 있다. 사실상 6자회담을 통해 남북한, 북·미, 북·일의 긴장관계는 어느 정도 완화되었다. 앞으로 6자회담에서 과거의 경험을 바탕으로 북한과 한·미·일 관계의 개선을 계속 추진하고 북핵 문제를 평화적으로 해결하며, 북한이 국제사회에 공식으로 진입할 수 있도록 노력해야 한다.

이외에 동북아 지역 내에 영토 문제, 통일 문제 및 테러, 환경오염, 마약밀수 등 전통과 비전통 안보 문제들이 6자회담이 지역 다자안보협력체로 나갈 때 해결해야 할 과제들이다. 관련국들이 과거 6자회담에서 취득한 경험을 참고하여 다자대화와 양자협상 결합의 방식으로 이들 과제를 평화적으로 해결하는 데 적극적 역할을 해내야 한다.

향후의 6자회담에서 대화를 진행하면서 신뢰를 증진하고 이를 바탕으로 회담의 합의를 충실히 이행함으로써 북핵 문제를 평화적으로 해결한다는 것이 동북아 각국의 소망이다. 나아가 북핵 문제 해결과정에서 이루어진 신뢰관계를 초석으로 하고 당사자 간의 협의를 걸쳐 한반도의 평화협정을 체결하고 평화체제를 확립함으로써 한반도의 평화

상태를 실현해야 한다. 이를 보장하기 위하여 동북아 국가들은 적극적으로 안보협력을 전개하여 6자회담을 다자안보협력체로 전환시키는데 더 많은 노력을 경주할 필요가 있다.

제6장

결론

본 연구는 탈냉전 이후 한국 정부가 제시한 한반도 평화를 지향하는 다자안보협력 구상, 그리고 이에 대한 중국의 입장과 역할을 분석하는 데 목적을 두었다. 이 연구 목적을 위하여 본 연구는 탈냉전 후 변화하는 동북아 안보 정세를 살펴보면서 다자주의 이론에 입각하여 한국의 대북정책, 다자안보협력에 대한 한·중 양국의 입장을 집중적으로 분석하였다. 특히 북핵 문제의 평화적 해결을 위한 전형적인 다자안보협력 사례인 6자회담의 전개 과정, 중국의 역할 및 6자회담의 향후 전망 등을 자세히 검토하였다.

탈냉전 이후 국제질서의 다극화와 경제구조 일체화의 시대 흐름 속에서 동북아 국가들 간에 경제협력과 상호의존 관계가 심화해지고 있다. 그럼에도 불구하고 정치·군사·안보적으로는 중·미, 중·일 등 강대국 간에 억제와 반(反)억제를 특징으로 한 세력 각축은 동북아 정세의 불안상태를 조성하였다. 특히 정전체제가 무력화되는 상황에서 북한의 핵 문제, 미사일 발사 문제 등으로 인해 한반도 정세는 더욱 복잡해지고 긴장 상태가 되고 있다. 따라서 동북아 지역 경제의 지속 성장이나 군사안보 등의 측면을 고려할 때 다자안보협력을 통해 북핵 문제를 비롯한 한반도 문제를 해결하고 평화 상태를 정착시키는 것이 시급히 필요하다.

1980년대 중반부터 한국의 노태우 정부는 북방정책을 단행함으로써 중국, 소련, 북한 등 주변 사회주의 국가와의 관계를 개선하였다. 이와 같은 동북아 국가 간의 관계개선은 다자안보협력을 전개하는 토대를 마련해 주었다. 탈냉전 이후 북한을 대화의 장으로 유도하고 다자대화를 통해 한반도 평화체제를 구축하기 위하여 김영삼 정부는 기존의 남북한 입장을 절충하여 다자안보협력을 위한 4자회담을 제안하였다. 이 구상은 다자회담의 장에서 남북대화를 지속하여 신뢰를 증진한 다음 그 바탕 위에서 남북평화협정을 체결하고 중·미 양국이 이를 보장해 주는 2+2방식으로 한반도 평화체제를 구축하는 데에 근본적인 목적이 있었다.

4자회담은 김영삼 정부에 의해 제안되었지만 본회담의 진행은 주로 김대중 정부시기에 이루어졌다. 1999년 8월까지 4자회담은 우여곡절을 거듭하면서 6차례 개최되었지만 평화협정의 당사자 및 미군철수 등의 핵심 문제에서 합의를 달성하지 못한 채 실패로 끝나고 말았다.

1998년 출범한 김대중 정부는 한반도에서 요원한 통일 문제보다는 남북 간의 평화공존을 실현하는 것이 더 시급하다는 판단에서 과거 정부의 흡수통일론을 포기하고 햇볕정책을 실시하게 되었다. 이 햇볕정책은 남북화해·협력을 지속적으로 추진하여 북한이 스스로 대외개방의 길로 나가도록 유도함으로써 남북한 평화공존의 상태를 조성하는 것을 기본목표로 설정하였다. 이를 위하여 김대중 정부는 대북 경제협력과 인도주의 지원 등 사업을 추진하면서 주변 국가들과의 안보협력 관계를 계속 강화하여 한반도 냉전구조를 근본적으로 해체시키려 하였다. 이러한 측면에서 보면 햇볕정책은 일종 다자안보협력 구상이라 해도 될 것이다. 그러나 외부 여건의 변화와 북한의 핵개발로 인하여 김대중 정부가 한반도 냉전구조를 해체시키는 데 딜레마 국면에 빠지게 되었다.

노무현 정부는 김대중 정부의 대북 포용적 정책 이념을 계승하였고 한반도 내지 동북아 지역의 평화와 번영을 위한 평화번영정책을 실시하였다. 평화번영정책의 목표는 대북 화해·협력과 남북 평화공존을 넘어 동북아의 공동번영을 지향하는 것이다. 이를 위하여 노무현 정부는 당면하는 북핵 문제의 평화적 해결을 첫 번째의 중대한 안보과제로 설정하고 다자안보협력을 전개하면서 6자회담을 적극적으로 추진하였다.

이와 함께 동북아의 평화·안정적인 환경을 조성하고 동북아 경제중심국가로 성장해 나가기 위하여 대외 균형외교를 실시하는 일환으로서 '동북아 균형자역할론'을 제안하고 추진해 왔다. 평화번영정책의 실시는 북한의 대남한, 대미 적대의식을 약화시키고 북핵 위기의 악화를 방지하는 데 중요한 역할을 하였다. 이처럼 평화번영정책은 목표에서나 추진과정에서나 다자안보협력의 요소와 특징이 뚜렷하게 나타나고 있어 한반도 평화를 위한 다자안보협력 구상으로 간주될 수 있다.

이명박 정부는 출범한 후 과거 10년 동안 추진해 온 대북 포용적 화해·협력의 기조에서 이탈하여 실용주의와 상호주의에 입각하는 '비핵·개방·3000 구상'이란 강경·압박 정책을 추진해 왔다. 이명박 정부는 남북관계의 개선보다 한·미관계의 강화, 장기적인 포용을 통한 북한 스스로의 변화보다 전반적인 대북 우세조성을 통한 북한의 가시적 변화를 더 중요시한다. 김대중·노무현 정부의 대북정책은 유도 정책을 통해 북한이 스스로 변화를 추구하는 것이라면 이명박 정부의 대북정책은 압박을 통한 북한의 가시적 변화를 부추기고자 하는 것으로 보인다. 이러한 이명박 정부의 대북정책 기조의 전환은 북한의 반발과 비난을 야기하고 한반도 정세를 다시 긴장하게 하여 남북관계는 또 다시 원점으로 돌아갔다. 그럼에도 불구하고 이명박 정부의 대북정책 기조와 추진방식을 따지지 않고 단순히 정책의 내용, 지향목표 및 전개과정을 살펴보면 '비핵·개방·3000 구상'은 다자협력을 통해 이루어질 수 있는 안보구상이다.

한편 전통적으로 한반도 문제에 대해 중국은 '남북한 자주·평화통일'라는 입장을 견지해 왔기 때문에 한반도 문제의 평화적 해결을 위한 다자주의의 안보협력구상을 구체적으로 제안하지는 않았다. 물론 이는 냉전시기에 중국의 다자안보협력에 대한 부정적인 인식에서 기인하기도 하였다. 그러나 이는 중국이 다자안보협력을 반대한다는 것을 의미하지 않는다. 특히 탈냉전 이후 안보위협의 확대와 주변 정세의 변화에 따라 중국은 한반도 평화와 안정에 유리한 다자안보협력에 대해 적극적 참여 자세를 보이기 시작하였다. 이러한 입장은 중국의 안보관과 밀접한 관계가 있다. 중국의 안보관은 덩샤오핑의 실용주의 안보관으로부터 쟝쩌민의 '상호신뢰, 호혜, 평등, 합작'의 신안보관, 그리고 후진타오의 '화해공존론'의 안보관까지의 변화를 거쳤다.

1997년 3월 중국의 신안보관이 정립된 후 중국은 다자주의적 안보협력에 많은 관심을 경주하게 되었다. 이러한 안보관의 변화에 따라 중국은 한반도 평화 정착을 지향하는 다자안보협력 구상에 대해서 적극적인 지지입장을 견지해 왔다. 비록 4자회담 구상이 제기된 초기단계에서 중국은 신중한 태도 또는 유보적 태도를 취하였으나, 1997년 이후 적극적 참여의 자세를 보이기 시작하였다. 특히 김대중, 노무현 정부에서 제기했던 남북한 평화공존을 지향하는 햇볕정책, 평화번영정책에 대해서 매우 긍정적인 태도를 보였다.

한반도 내지 동북아 지역의 평화와 안정에 지장이 되는 북핵 위기가 일어난 후 중국은 핵 문제의 평화적 해결을 위하여 다자안보협력의 3자회담과 6자회담을 성사시켰다. 특히 6자회담이 곤경에 빠질 때마다 중국은 관련국가 사이에서 셔틀외교를 전개함으로써 회담의 지속진행에 주도적 역할을 하였다. 그리고 중국은 관련국들과 함께 6자회담의 지속진행을 통해서 북핵 문제를 다자안보협력의 틀 안에서 풀려고 한다.

그러나 북·미 간 심각한 신뢰결여와 입장대립으로 인하여 6자회담은 단기간 내에 실질적인 진전을 보이기가 어려웠다. 그럼에도 불구하고 6자회담은 북핵 문제의 평화적 해결에는 가장 적절한 방안이라고 할 수 있다. 관련국들은 6자회담의 패턴을 인정하여 이 회담이 지속적으로 개최되기를 기대하고 있다. 회담의 참여국들은 향후에 6자회담을 통해 북핵 문제를 비롯한 한반도 문제를 해결함으로써 6자대화의 패턴을 동북아 다자안보협력 체제로 발전시키는 데 일정한 공감대를 형성하였다.

강대국으로 부상하는 중국은 북핵 문제와 같은 지역 안보현안 문제의 해결 그리고 지역 평화와 안정을 지키는 안보협력 체제의 구축 문제에는 적극적인 참여와 협력의 자세를 보이며 책임있는 대국의 이미지를 부각하고 있다. 향후에 한반도 내지 동북아 지역의 평화와 안정을 유지하는 데 중국은 역내 대국으로서의 역할을 계속 해야 한다. 이를 위하여 중국은 몇 가지 과제를 적절하게 해결할 필요가 있다.

우선 대미·일 관계 변화에 적절히 대처해야 한다. 탈냉전 후 미국과 일본은 중국을 잠재적 도전국가로 설정하였다. 그러므로 미·일은 동맹관계를 강화하면서 對중국 억제 정책을 추진해 왔다. 그에 대응하여 중국은 러시아와 연합하여 대미·일 反억제 전략을 강화할 가능성이 있다. 만약 그렇게 된다면 동북아 지역에서 新냉전 대립구조가 형성되어 지역의 안보 정세는 불안해질 수밖에 없을 것이다. 따라서 중국의 발전은 물론 지역 전체의 이익을 위하여 중국은 평화발전의 전략을 계속 견지해야 한다. 그리고 대미·일 전략적 대립보다는 협력의 자세를 취하는 것이 바람직하다. 즉 경제를 비롯한 많은 분야에서 협력을 전개함으로써 상호 간의 신뢰를 증진하는 데 노력한다는 것이다.

둘째, 북핵 문제의 평화적 해결에 있어서 중국은 6자회담의 재개를 계속 촉구해야 한다. 앞에서 제기한 바와 같이 6자회담이 북핵 문제의 평화적 해결에는 가장 적절한 방안이다. 회담의 재개를 위하여 중국은 대북 영향력을 이용하여 북한을 설득해야 한다. 이와 동시에 미국과 일본이 북한에 대해 과도한 압박과 제재를 취하지 않도록 외교적 중재를 계속 해야 한다.

셋째, 북핵 문제가 평화적으로 해결된다면 중국은 남북한 및 북·미, 북·일관계의 실질적 개선을 촉진하고 북한이 대외 개혁개방의 길을 가도록 외교적 영향력을 행사할 필요가 있다. 국제사회로부터의 장기적 고립으로 인하여 북한은 오랫동안 경제난에 시달리고 있다. 북한의 경제난은 한반도 정세의 불안정을 조성할 수 있는 주요 원인의 하나이다. 따라서 이러한 경제난을 해소하기 위하여 중국은 북한과 한·미·일의 관계 개선에 외교적 노력을 경주할 필요가 있다. 이와 동시에 북한이 대외 개혁개방을 추진하는 데 관련국들과 함께 경제적 지원과 개혁개방의 경험을 포함한 각종 지원을 제공하는 것이 바람직하다.

마지막으로 남북한 모두가 동북아 다자안보협력을 추진하는 데 적극적 역할을 해야 한다. 한반도 문제는 형성된 지 오래되었고 또 여러 현안 문제가 겹쳐 있기 때문에 구조의 복잡성과 위기의 다발성을 그 특징으로 하고 있다. 특히 북핵 문제, 미사일 발사 등 현안 문제는 한반도 문제를 점점 국제화시키고 있다. 따라서 한반도 평화 정착은 단순히 남북한 주요 당사자에 의해 다루어질 문제라기보다는 다자안보협력의 구도에서 진행되는 문제인 것이다. 이러한 의미에서 중국은 2차적 당사자로서 향후 한반도 평화체제의 구축을 위하여 미국과 함께 적극적, 건설적인 역할을 해야 한다. 아울러 북핵 문제의 평화적 해결과정에서 형성된 신뢰관계와 경험을 바탕으로 관련국들과 함께 6자회담을 동북아 다자안보협력 체제로 발전시키는 데 기여해야 할 것이다.

참고문헌

◇ 한국어 문헌

1. 저서

강원식 외, 1995, 『한반도 평화체제 구축방안』, 연구보고서 95-04, 서울: 민족통일연구원.

강정구 외, 2005, 『전환기 한·미관계의 새판짜기』, 파주: 한울.

곽태환, 1997, 『한반도 평화체제의 모색』, 서울: 경남대학교 극동 문제연구소.

구영록·길승흠·양성길 공편, 1990, 『남북한의 평화구조』, 서울: 법문사.

국가안전보장회의 편, 2004, 『평화번영과 국가안보-참여정부의 안보 정책 구상』, 서울: 국가안전보장회의.

______, 2005, 『동북아 균형자: 설명자료』, 서울: 국가안전보장회의.

국방부 국정홍보처 편, 2008, 『참여정부 국정운영백서 제5권: 통일·외교·안보』, 서울: 국정홍보처.

국제민간경제협의회 편, 1991, 『북방국가편람』, 서울: 국제민간경제협의회.

극동 문제연구소 편, 1995, 『동아시아 신질서의 모색』, 서울: 프레스.

김강녕, 2006, 『한반도 평화안보론』, 부산: 신지서원.

김계동 외, 2004, 『동북아 신질서: 경제협력과 지역안보』, 서울: 백산서당.

김성한, 1999, 『한반도 평화체제 구축과 주한미군의 역할』, 서울: 외교안보연구원.

김영작·김기석 공편, 2006, 『21세기 동북아공동체 형성의 과제와 전망』, 파주: 한울.

김일성, 1967, 『김일성 저작선집』 제3권, 평양: 조선로동당출판사.

______, 1967, 『김일성 저작선집』 제4권, 평양: 조선로동당출판사.

김창훈, 2002, 『한국외교 어제와 오늘』, 서울: 다락원.

김태현 역, 1995, 『세계화 시대의 국가안보』, 서울: 나남출판.

대통령공보실 편, 1989, 『민주주의의 시대 통일을 여는 연대: 노태우 대통령 1년의 주요 연설』, 서울: 동화출판공사.

대통령비서실 편, 1990, 『노태우대통령 연설문집』 제1권, 서울: 대통령비서실.

______, 2006, 『노무현 대통령 연설문집』 제3권, 대통령비서실.

민족통일연구원 편, 1996, 『북한 정세변화와 주변 4국의 대한반도 정책』, 민족통일연구원 제5회 학술회의 발표논문집, 서울: 민족통일연구원.

박두복, 2002, 『中共 '16전대회' 이후 중국 지도체제 개편과 우리의 대응』, 서울: 외교안보연구원.

박종철 외, 2007, 『2020 선진 한국의 국가전략(Ⅰ): 안보전략』, 협동연구총서 06-04, 서울: 통일연구원.

______, 2003, 『동북아 안보·경제 협력 체제 형성 방안』, 연구총서 03-17, 서울: 통일연구원.

박종철·전현준·최진욱·홍우택 공편, 2009, 『이명박 정부의 대북정책 및 추진환경과 전략』, 경제·인문사회연구회 협동연구총서 09-17-02, 서울: 통일연구원.

배긍찬, 2005, 『동북아 지역협력의 과제와 전망: '동북아시대' 구상을 중심으로』, 서울: 외교안보연구원.

서울평화상문화재단 편, 2009, 『동북아 핵무기와 한반도 평화체제』, 서울: 서울평화상문화재단.

서재진, 2008, 『남북 상생·공영을 위한 비핵·개방·3000 정책의 이론적 체계 연구』, 정책연구시리즈 2008-01, 통일연구원.

송대성, 1998, 『한반도 평화체제: 역사적 고찰, 가능성, 방안』, 성남: 세종연구소.

신상진, 1997, 『중·북관계전망』, 연구보고서97-04, 서울: 민족통일연구원.

______, 1998, 『한반도 평화체제 구축에 대한 중국의 입장과 전략』, 연구보고서 98-10, 서울: 민족통일연구원.

신상진 외, 2000, 『한반도 냉전구조 해체: 주변국 협력유도방안』, 연구총서99-24, 서울: 통일연구원.

여인곤 외, 2009, 『비핵개방3000 구상: 추진전략과 실행계획』, 협동연구총서 2009-17-01, 서울: 통일연구원.

오수열, 2004, 『강대국의 동북아 정책과 한반도』, 부산: 신지서원.

외교통상부, 2001, 『외교백서 2000』, 서울: 외교통상부.

______, 2004, 『외교백서 2003』, 서울: 외교통상부.

______, 2009, 『외교백서 2008』, 서울: 외교통상부.

외교통상부 편, 1999, 『한국외교의 50년: 1948-1998』, 서울: 외교통상부.

외무부, 1994, 『외교백서 1994』, 서울: 외무부.

______, 1996, 『외교백서 1996』, 서울: 외무부.

______, 1997, 『외교백서 1997』, 서울: 외무부.

______, 1998, 『외교백서 1998』, 서울: 외무부.

외무부 편, 1989, 『한국외교의 40년: 1948-1988』, 서울: 외무부.

유진규, 2000, 『4자회담 경과와 북한의 협상전략』, 2000국방정책 연구보고서, 서

울: 한국전략문제연구소.
이기택 외, 1996, 『전환기의 국제정치이론과 한반도』, 서울: 일신사.
이동휘, 2010, 『21세기 한국 외교에 있어서 다자 협력의 중요성: 미국 오바마 행정부의 외교 정책 변화를 계기로』, 정책연구과제 2009-06, 서울: 외교안보연구원.
______, 2006, 『동북아 다자안보에 대한 중국의 입장』, 세종연구소 정책보고서, 세종연구소.
이수훈, 2009, 『조정기의 한·미동맹: 2003-2008』, 마산: 경남대학교 출판부.
이승철 외, 2006, 『21세기 동북아 국제관계와 한국』, 서울: 나남출판.
이태환, 2006, 『동북아 다자안보에 대한 중국의 입장』, 세종연구소 정책보고서, 세종연구소.
전성훈, 2007, 『북핵 2,13합의와 평화적인 핵폐기 사례 분석』, 서울: 통일연구원.
전현준 외, 2006, 『10,9 한반도와 핵』, 서울: 이룸 출판사.
정문헌, 2004, 『탈냉전기 남북한과 미국: 남북관계의 부침』, 서울: 도산출판사.
제성호, 2000, 『한반도 평화체제의 모색: 법규범적 접근을 중심으로』, 서울: 지평서원.
조선중앙통신사 편, 1963, 『조선중앙년감(1963)』, 평양: 조선중앙통신사.
통일부, 1998, 『통일백서 1998』, 서울: 통일부.
______, 2003, 『통일백서 2003』, 서울: 통일부.
______, 2004, 『통일백서 2004』, 서울: 통일부.
______, 2005, 『통일백서 2005』, 서울: 통일부.
______, 2008, 『통일백서 2008』, 서울: 통일부.
______, 2009, 『통일백서 2009』, 서울: 통일부.
통일부 편, 1998, 『국민의 정부 대북정책』, 서울: 통일부.
______, 2003, 『국민의 정부 5년 평화와 협력의 실천』, 서울: 통일부.
______, 2003, 『참여정부의 평화번영정책』, 서울: 통일부 통일 정책실.
통일부 남북회담본부 편, 1991, 『남북대화』 제52호, 서울: 통일원 남북회담본부.
______, 1999, 『남북대화』 제66호, 서울: 통일부 남북회담본부.
통일연구원 편, 2007, 『2007남북정상회담과 한반도 평화번영: 평가와 전망』, 서울: 통일연구원.
______, 2008, 『이명박 정부 대북정책은 이렇습니다』, 대북정책설명자료, 서울: 통일연구원.
______, 1999, 『한반도냉전 구조 해체방안(Ⅳ)-장기·포괄적 접근전략』, 학술회의총서 99-07, 서울: 통일연구원.

통일원 편, 1997,『4자회담 개최 관련 자료』, 서울: 통일원.
한국협상학회 편, 2000,『정상회담이후 남북관계: 한반도 냉전구조 해체와 평화체제 구축방안』, 2000년도 동계학술대회 발표논문집, 한국협상학회.
허문영·오일환·정지웅, 2007,『평화번영정책 추진성과와 향후과제』, 연구총서 07-10, 통일연구원.
허문영 외, 2007,『한반도 평화체제: 자료와 해제』, 서울: 통일연구원.
홍규덕, 1993,『동북아 지역에서의 다자간 안보협력체의 형성전망과 대응책』, 서울: 민족통일연구원.
홍현익, 2005,『6자회담:과정, 문제점 및 대응전략』, 성남: 세종연구소.
홍현익·이대우 공편, 2001,『동북아 다자안보협력과 주변 4강』, 세종 정책총서 2001-08, 성남: 세종연구소.

2. 학술논문

고유환, 2006,「한반도 평화체제 구축을 위한 남북협력」,『북한학연구』제2권 제1호, 동국대학교 북한연구소.
고병길, 1990,「남북한 평화체제의 접근방법 및 방안」, 구영록·길승흠·양성길 공편,『남북한의 평화구조』, 서울: 법문사.
곽태환, 1997,「동북아 안보환경 현황과 한반도 평화구상」,『동북아연구』제3권, 경남대학교 극동 문제연구소.
구갑우·박건영·최영종, 2005,「한반도 평화체제 수립과 동아시아 다자간 안보협력에 관한 연구」,『한국과 국제정치』제21권 제2호, 경남대학교 극동문제연구소.
권영진, 1998,「북한 핵 문제에 대한 한국의 정책결정과정 연구」, 고려대학교 정치외교학과 박사학위논문.
길병옥, 2005,「미국과 중국의 대한반도 전략 비교분석 및 한국의 대응방안」, 한국국방경영분석학회,『2005 추계학술대회 발표논문집: 제3분과 군사정책·군사전략』, 서울: 육군본부.
김경일, 2006,「동북아 지역안보협력 체제와 한반도-다자주의 시각을 중심으로」,『한국동북아논총』제39집, 한국동북아학회.
김기정, 2005,「21세기 한국 외교의 좌표와 과제: 동북아 균형자론의 국제정치학적 의미를 중심으로」,『국가전략』제11권 제4호, 세종연구소.
김달중, 1989,「북방정책의 개념, 목표 및 배경」,『국제정치논총』제29집 제2호, 한국국제정치학회.
김동성, 1999,「4자회담 전개과정과 향후 전망」,『한반도 군비통제』제25집, 국방부.
______, 1984, 「중공의 1980년대 외교전략·전술과 한반도: 국가목표, 외교원칙, 외교 전략의 상관성을 중심으로」, 『中蘇硏究』 제8권 제3호, 한양대학교 아태지역연구센터.
김연수, 2004, 「협력안보의 개념과 그 국제적 적용: 북미관계에의 시사점」, 『한국정치학회보』 제38집 제5호, 한국정치학회.
김용호, 2003, 「대북정책과 국제관계이론: 4자회담과 햇볕정책을 중심으로 한 비판적 고찰」, 『한국정치학회보』 제36집 제3호, 한국정치학회.
김우상, 「동북아 및 한반도 정세」, 이승철 외, 2004, 『21세기 동북아 국제관계와 한국』, 서울: 나남출판사.
김준철, 2010, 「중국의 대국전략과 동아시아 지역협력」, 충남대학교 정치외교학과 박사학위논문.
김창희, 2002, 「김대중 정부 대북정책의 현황과 과제」, 『통일전략』 제2권 제1호, 한국통일전략학회.
김학준, 1998, 「남북한 교류와 정경분리원칙」, 『통일 문제와 국제관계』 제10권, 인천대학교 평화통일연구소.
류동원, 2004, 「중국의 다자안보협력에 대한 인식과 실천」, 『국제정치논총』 제44집 제4호, 한국국제정치학회.
류칭채이(劉淸才), 2004, 「신시기 중국의 한반도 정책」, 통일연구원 편, 『한반도 및 동북아 평화번영과 한·중 협력』, 학술회의총서 04-08, 서울: 통일연구원.
문정인·전병준, 1998, 「햇볕론과 4대강국」, 『국민의 정부: 과제와 전망』, 서울: 아태평화재단.
바시리 미크헤에프(Vasily V, Mikheev), 2004, 「한반도에 대한 러시아의 정책과 러시아의 입장에서 본 북핵 문제의 해결방안」, 『지역사회』통권 제48호, 한국지역사회연구소.
박건영, 2008, 「한반도 평화체제 구축을 위한 한국의 전략」, 『국방연구』 제51권 제1호, 국방대학원 안보 문제연구소.
박명림, 2006, 「한반도 정전체제: 등장, 구조, 특성, 변환」, 『한국과 국제정치』 제22권 제1호, 경남대학교 극동 문제연구소.
박병철, 2008, 「이명박 정부와 대미외교전략」, 『통일전략』 제8권 제2호, 한국통일전략학회.
박성화, 2006, 「한반도 평화체제구축에 관한 연구: 북핵 해결과 다자협력을 중심으로」, 동국대학교 북한학전공 박사학위논문.

______, 2006, 「한반도 평화체제구축에 관한 연구: 북핵 해결과 다자협력을 중심으로」, 『북한학연구』 제2권 제2호, 동국대학교 북한학연구소.

박영준, 2006, 「동북아 균형자론과 21세기 한국외교」, 『한국정치외교사논총』 제28집 제1호, 한국정치외교사학회.

박영호, 1999, 「한반도 평화체제구축: 4자회담의 추진방향」, 통일연구원 편, 『한반도냉전구조 해체방안(IV)-장기·포괄적 접근전략』, 학술회의 총서 99-07, 서울: 통일연구원.

______, 2001, 「한반도 평화체제 구축을 위한 4자회담 활성화 방안」, 통일연구원 편, 『제2차 정상회담과 평화체제 구축』, 학술회의 총서2001-02, 서울: 통일연구원.

박종철, 2003, 「동북아 다자안보협력 방안」, 박종철 외, 『동북아 안보·경제 협력체 형성 방안』, 연구총서 03-17, 서울: 통일연구원.

박홍도, 2008, 「동북아 다자안보협력의 가능성 및 제약요인: 6자회담의 사례를 중심으로」, 경남대학교 정치외교학전공 박사학위논문.

배종윤, 2005, 「동북아시아 지역공동체 건설과 '협력적 안보동맹 복합체'」, 『통일연구』 제9권 제1호, 연세대학교 통일연구원.

백승주, 2010, 「북한 핵 문제 해결을 위한 대북정책 추진방향」, 통일연구원 편, 『이명박 정부 2년 대북정책 성과 및 향후 추진방향』, 학술회의총서 10-01, 서울: 통일연구원.

사카모토 요시카즈, 2002, 「한반도의 평화전망: 일본은 이것을 할 수 있는가?」, 『아세아연구』 제45권 제1호, 고려대학교 아세아 문제연구소.

성경륭, 2008, 「김대중·노무현 정부와 이명박 정부의 대북정책 추진전략 비교: 한반도 평화와 공동번영 정책의 전략, 성과, 미래과제」, 『한국동북아논총』 제48집, 한국동북아학회.

송은희, 2006, 「중·일 관계의 변화와 동북아 안보 정세」, 『아태연구』 제13권 제2호, 경희대학교 아태지역연구원.

신범식, 2010, 「다자안보협력 체제의 이해: 집단안보, 공동안보, 협력안보의 개념과 현실」, 『국제관계연구』 제15권 제1호, 고려대학교 일민국제관계연구원.

신상진, 2006, 「21세기 중국의 對동북아 외교안보전략: 한국의 '균형자 역할론'과 관련」, 『한일군사문화연구』 제4권, 한일군사문화학회.

신욱희, 1997, 「다자주의의 동아시아 적용의 문제」, 『한국과 국제정치』 제17권 제1호, 경남대학교 극동 문제연구소.

엄상윤, 2010, 「한국의 동아시아 안보 공동체 구상: 특징과 과제」, 『국제관계연구』 제15권 제1호, 고려대학교 일민국제관계연구원.

오수열, 2002,「김대중 정부의 대북정책과 금강산사업의 평가」,『한국동북아논총』 제25집, 한국동북아학회.

유병용, 1995,「한국 북방외교사에 관한 일고찰: 제6공화국의 외교 정책을 중심으로」,『강원사학』 제11권 제1호, 강원사학회.

유현석, 2006,「동북아 다자안보협력체의 가능성: 북핵 6자회담과 미국의 정책을 중심으로」,『신아세아』 제13권 2호, 신아세아연구소.

윤덕민, 2004,「한반도 평화를 위한 다자적 접근모색」, 김계동 외,『동북아 신질서: 경제협력과 지역안보』, 서울: 백산서당.

윤 황, 2009,「이명박 정부의 대북정책에 대한 북한의 반응: 실태와 배경」,『평화학연구』 제10권 제1호, 세계평화통일학회.

이교덕,「북한의 외교안보전략: 균형전략과 선군정치」, 이승철 외, 2004,『21세기 동북아 국제관계와 한국』, 서울: 나남출판사.

이덕규, 2001,「동북아 다자간의 안보협력체와 한반도 안보」,『시민정치학회보』 제4권, 시민정치학회.

이동률, 2010,「북한 문제와 한미중 협력」, 이태환 편,『한반도 평화와 한미중 협력』, 성남: 세종연구소.

이삼성, 2009,「한·미동맹의 유연화를 위한 제언」, 이수훈,『조정기의 한·미동맹: 2003-2008』, 마산: 경남대학교 출판부.

______, 2006,「동아시아: 대분단 체제와 공동체 사이에서」,『민주주의와 인권』 제6권 제2호, 전남대학교 5,18연구소.

이상규, 1997,「동북아 지역 다자안보협력의 가능성과 한계성」,『안보학술논집』 제8집 제1호, 국방대학원 안보 문제연구소.

______, 1997,「동북아 다자안보협의 체제 구축방안: 유럽의 경험과 한국의 선택」,『국가전략』 제3권 제1호, 세종연구소.

이서행, 2003,「한반도 신뢰구축을 위한 전략: 휴전협정에서 평화체제로」,『국민윤리연구』 제54호, 한국국민윤리학회.

이석수, 2009,「남북한 평화체제 제안 논의 비교」, 서울평화상문화재단 편,『동북아 핵무기와 한반도 평화체제』, 서울: 서울평화상 문제화재단.

이승근, 2010,「동북아 다자안보체제 구축과 선결조건」,『세계지역연구논총』 제28집 제1호, 한국세계지역학회.

이승헌, 1978,「남북한 평화전략 비교: 그 구상내용과 발전상황을 중심한 고찰」,『국제정치논총』 제18집, 한국국제정치학회.

이명우, 2009,「북한 핵 정책과 동북아 다자간 안보협력 구상」, 경남대학교 북한

대학원 박사학위논문.

이인호, 1996, 「다자간 안보협력: 중국과 북한의 입장과 역할」, 이기택 외, 『전환기의 국제정치이론과 한반도』, 서울: 일신사.

이종석, 2008, 「남북관계 경색 타개의 길」, 『 정세와 정책』통권 제147호, 세종연구소.

이종선, 1996, 「한미정상회담: '제주선언'의 의의 및 전망」, 『Info-Brief』 제67호, 서울: 국회도서관 입법조사분석실.

이태환, 2010, 「한·중 전략적 협력 동반자 관계 평가와 전망」, 『세종 정책연구』 제6권 제2호, 세종연구소.

______, 2008a, 「후진타오 주석 방한과 한중 정상회담의 의미」, 『 정세와 정책』 통권 제149호, 세종연구소.

______, 2008b, 「동아시아 공동체와 중국: 중국의 인식과 전략」, 하영선 편, 『동아시아 공동체: 신화와 현실』, 서울: 동아시아연구원.

______, 2004, 「9·11 이후 미중관계 변화와 한반도」, 『신아시아』 제11권 제2호, 신아시아연구소.

임강택, 2008, 「북한의 대외개방을 촉진하기 위한 경제협력 추진방안」, 통일연구원 편, 『이명박 정부 대북정책 비전 및 추진방향』, 학술회의총서 08-01, 서울: 통일연구원.

임계순, 2001, 「중국의 대한반도 정책(1949-1992)」, 『중국사연구』 제13집, 중국사학회.

전봉근, 2009, 「6자회담의 위기와 그랜드 바겐 구상」, 『외교안보연구』 제5권, 외교안보연구원.

전재성, 2002, 「노태우 행정부의 북방정책 결정요인과 변화과정 분석」, 『국제문제연구』 제24권 제1호, 서울대학교 국제 문제연구소.

______, 2006, 「한반도 평화체제」, 하영선, 『북핵 위기와 한반도 평화』, 서울: 동아시아연구원.

전현준, 2006, 「북한 핵과 핵개발 과정」, 전현준 외, 『10,9 한반도와 핵』, 서울: 이룸출판사.

정경환, 2001, 「통일 문제의 기본 인식과 대북정책 방향」, 『통일전략』창간호, 한국통일전략협회.

정진위, 1998, 「최근의 남북한 관계」, 『동아시아연구논총』 제9권 제1호, 제주대학교 동아시아연구소.

제성호, 1995, 「북한의 대미평화협정 체결 전략: 내용, 의도 및 문제점」, 민족통일연구원편, 『한반도 평화체제 구축방안 모색』, 제16회국내학술회의논문집, 서울: 민족통일연구원.

______, 1997,「한반도 평화체제 구축에 관한 남북한의 입장과 문제점」,『한국통일연구』 제3집, 충남대학교 통일 문제연구소.

조성렬, 2008,「이명박정부의 대북정책구상과 추진전략」, 평화재단,『이명박정부의 대북정책과 남북관계』, 서울: 평화재단.

조윤영, 2009,「북핵 위기와 비핵·개방·3000의 대북정책」,『정치·정보연구』 제12권 1호, 한국정치정보학회.

지봉도, 2001,「한반도 평화체제의 구축방안과 그 보장방안의 국제법적 접근」,『북한학 보』 제25권, 북한학회.

최 강, 2005,「동아시아 안보 공동체와 다른 안보협력체간의 관계」, 이승철 외,『동아시아공동체: 비전과 전망』, 서울: 한양대학교출판부.

최 성, 1998,「국민의 정부 대북 포용정책의 원칙과 추진방향」,『통일경제』 제44호, 현대경제연구원.

______, 2002,「한반도 평화 정착의 길」,『통일경제』 제62호, 현대경제연구원.

최진욱, 2010,「국민들의 대북 인식 변화와 대북정책 평가」, 통일연구원 기획조정실 편,『이명박정부 2년 대북정책 성과 및 향후 추진방향』, 학술회의 총서10-01, 서울: 통일연구원.

하영선, 2008,「동아시아 공동체: 신화와 현실」, 하영선 편,『동아시아 공동체: 신화와 현실』, 서울: 동아시아연구원.

한석희, 2001,「탈냉전 시기의 중국의 대한반도 정책: 중국의 국가이익과 주변안정, 그리고 한반도 정책」,『연세사회과학연구』 제7집, 연세대학교 사회과학연구소.

한용섭, 1995,「한반도 평화체제 구축방안」, 민족통일연구원 편,『한반도 평화체제 구축방안 모색』, 제16회국내학술회의 논문집, 서울: 민족통일연구원.

______, 2002,「안보개념의 변화와 국방 정책」,『교수논총』 제27집, 국방대학교.

한헌동, 2007,「탈냉전기 한반도 안보구조에 관한 연구: 1990-2005」, 경남대학교 북한대학원 정치·통일전공 박사학위논문.

홍관희, 1997,「4자회담과 한반도 통일환경: 변화와 전망」,『국제문화연구』 제14권, 청주대학교 국제 문제연구원.

홍현익, 2008,「북핵 문제와 6자회담: 전개과정, 평가 및 과제」,『한국과 국제정치』 제24권 제1호, 경남대학교 극동 문제연구소.

황병덕 외, 2002,「한반도·독일의 냉전구조해체방안 비교연구와 정책적 함의」,『한국과 국제정치』 제18권 제1호, 경남대학교 극동 문제연구소.

◇ 중국어 문헌

1. 저서

陳峰君, 2004, 『亞太大國與朝鮮半島』, 北京: 北京大學出版社.

叢　鵬, 2004, 『大國安全觀比較』, 北京: 時事出版社.

崔志鷹, 2000, 『大國與朝鮮半島』, 香港: 卓越出版社.

高連福, 2002, 『東北亞國家對外戰略』, 北京: 社會科學文獻出版社.

胡鞍鋼 編, 2003, 『中國大戰略』, 杭州: 浙江人民出版社.

劉金質 外 編, 2006, 『中國與朝鮮半島國家關系文件資料彙編(1991-2006)』, 北京: 世界知識出版社.

劉金質·楊淮生 共編, 1994, 『中國對朝鮮和韓國政策文件匯編』 第5卷, 北京: 中國社會科學院出版社.

劉愈之 譯, 1965, 『和平地理學』, 北京: 商務印書館.

孟慶義, 2002, 『朝鮮半朝和平統一問題研究』, 延吉: 延邊大學出版社.

孟慶義·趙文靜·劉會清 共編, 2006, 『朝鮮半島問題與出路』, 北京: 人民出版社.

任 曉, 2001, 『國際關係理論新視野』, 北京: 長征出版社.

蘇長和 譯, 2003, 『多邊主義』, 杭州: 浙江人民出版社.

王傳劍, 2003, 『雙重規制: 冷戰後美國的朝鮮半島政策』, 北京: 世界知識出版社.

王東福, 2002, 『朝鮮半島與東北亞國際關系研究』, 延吉: 延邊大學出版社.

席來旺, 1996, 『國際安全戰略』, 北京: 紅旗出版社.

閻學通 編, 2007, 『中國學者看世界-國際安全卷』, 北京: 新世界出版社.

閻學通, 2000, 『美國稱霸與中國安全』, 天津: 天津人民出版社.

姚延進·劉繼生, 1994, 『鄧小平新時期軍事理論研究』, 北京: 軍事科學出版社.

中共中央文獻編輯委員會 編, 1993, 『鄧小平文選』 第3卷, 北京: 人民出版社.

中共中央文獻編輯委員會 編, 2006, 『江澤民文選』 第2卷, 北京: 人民出版社.

中國國務院新聞辦公室 編, 2005, 『中國的和平發展道路白皮書』, 北京: 人民出版社.

2. 학술논문

巴殿君, 2004, 「論朝鮮半島多邊」, 『安全合作機制」, 『東北亞論壇』 2004年 第1期, 吉林大學東北亞研究院.

鮑　玲, 2001, 「簡析冷戰後韓美聯盟關係的發展」, 『解放軍外國語學院報』 2001年 第1期, 解放軍外國語學院.

程紹海, 2004, 「朝鮮核問題與東北亞安全」, 『和平與發展』 2004年 第2期, 和平與發展研究中心.

崔立如, 2006,「朝鮮半島安全問題: 中國的作用」,『現代國際關係』2006年 第9期, 中國現代國際關系研究院.

龔克瑜, 2006,「如何構建朝鮮半島和平機制」,『現代國際關係』2006年 第2期, 中國現代國際關系研究所.

黃鳳志·高科·肖晞, 2006,『東北亞地區安全戰略研究』, 長春: 吉林人民出版社.

江西元, 2004,「朝核問題與東北亞安全合作框架前景」,『東北亞論壇』2004年 第3期, 吉林大學東北亞硏究院.

金友國, 2004,「日本軍事安全政策的變化及其影響」,『國際戰略研究』2004年 第3期, 中國國際戰略學會.

李大光, 2006,「和諧共存: 中國新安全觀解讀」,『東北亞學刊』2006年 第4期, 中國社會科學院東北亞硏所.

李 華, 2005,「朝鮮半島安全機制研究: 一種理論的分析」, 復旦大學 國際政治專攻 博士學位論文.

______, 2004,「停戰機制困境及其出路: 冷戰後朝鮮半島安全機制探析」,『國際論壇』2004年 第1期, 北京外國語大學國際問題研究所.

______, 2003,「冷戰後朝鮮半島安全機制和中國的角色」,『貴州師範大學學報(社會科學版)』2003年 第4期, 貴州師範大學.

李華鋒·王曉波, 2001,「軍事同盟, 合作安全與東北亞安全機制的建立」,『東疆學刊』2001年 第3期, 延吉: 延邊大學出版社.

劉 鳴, 2009,「朝鮮半島与東北亞和平安全机制: 构想与問題」,『東北亞論壇』2009年 第4期, 長春: 吉林大學 東北亞研究院.

劉勝湘, 2004,「國家安全觀的終結?-新安全觀質疑」,『歐洲研究』2004年 第1期, 中國社會科學院歐洲研究所.

劉文祥, 2006,「朝核六方會談的原因,進程及作用」,『太平洋學報』2006年 第1期, 中國太平洋學會.

劉學成, 2004,「非傳統安保的基本特性及其應對」,『國際問題研究』2004年 第1期, 中國國際問題研究所.

路寶春, 1997,「論韓美關係的發展」,『東北亞論壇』1997年 第2期, 吉林大學東北亞研究院.

滿海峰·巴殿君, 2006,「朝核危機與朝鮮半島國家關系中的各國合作解決途徑分析」,『遼東學院學(社會科學版)』2006年 第5期, 遼東學院.

門洪華, 2005,「美國霸權與東亞: 一種制度分析」,『太平洋學報』2005年 第9期, 中國太平洋學會.

邵 峰, 2007,「朝核問題的發展前景與東北亞安全機制建設」,『世界經濟與政治』

2007年 第9期, 中國社會科學院世界經濟與政治研究所.

沈丁立, 2009,「中美關系,中日關系以及東北亞國際關系」,『當代亞太』2009年 第2期, 中國社會科學院亞洲太平洋研究所.

石原華, 2005,「六方會談機制化:東北亞安全合作的努力方向」,『國際觀察』 2005年 第2期, 上海外國語大學.

______, 2007,「朝鮮核試爆與重開六方會談」,『東北亞論壇』2007年 第1期, 吉林大學東北亞研究院.

蘇長和, 1997,「關於均勢理論的幾點思考」,『歐洲』1997年 第4期, 中國社會科學院歐洲研究所.

王傳劍, 2005,「朝鮮半島問題與中美關系」,『國際政治研究』2005年 第3期, 北京大學國際關系學院.

王緝思, 2001,「對中美關系的幾點分析」,『現代國際關系』2001年 第6期, 中國現代國際關系研究院.

______, 2003,「新形勢的主要特點和中國外交」,『現代國際關系』 2003年 第4期, 中國現代國際關系研究院.

______, 2005,「中美關系:尋求穩定的新框架」,『中國黨政幹部論壇』2005年 第1期, 中共中央黨校.

______, 2007,「和諧世界: 中國外交新理念」,『中國黨政幹部論壇』2007年 第7期, 中共中央黨校.

王逸舟, 2004,「中國與非傳統安全」,『國際經濟評論』2004年 第6期, 中國社會科學院世界經濟與政治研究所.

______, 1999,「面向21世紀的中國外交: 三種需求的尋求及其平衡」,『戰略與管理』1999年 第6期, 中國戰略與管理研究會.

魏 玲, 2006,「東北亞多邊安全機制建設:以朝核問題六方會談爲例」,『外交評論』2006年 第1期, 外交學院.

吳心伯, 1996,「冷戰後韓國的安全政策」,『當代亞太』1996年 第2期, 中國社會科學院亞洲太平洋研究所.

吳兆雪·馬延琛, 2006,「中國新安全觀與構建和諧世界」,『世界經濟與政治論壇』2006年 第6期, 江蘇省社會科學院世界經濟研究所.

夏安淩, 2006,「朝鮮核問題與東北亞安全格局」,『太平洋學報』2006年 第1期, 中國太平洋學會.

辛本健, 2004,「美國外交政策軍事化及對中國安全的影響」,『中國評論』 第6期, 國家圖書館出版社.

徐 堅, 2004,「和平崛起是中國的戰略決策」,『國際問題研究』2004年 第2期, 中國國際問題硏究所.

虞少華·吳晶晶, 1999,「曲折發展的朝鮮南北關係」,『國際問題硏究』 1999年 第1期, 中國國際問題硏究所.

於迎麗, 2004,「中國的和平崛起與東亞安全合作」,『太平洋學報』 2004年 第4期, 中國太平洋學會.

袁 明, 1996,「21世紀初東北亞大國關係」,『國際問題硏究』 1996年 第4期, 中國國際問題硏究所.

曾 珠, 2008,「經濟全球化條件下的中日韓貿易一體化」,『雲南財經大學學報』 2008年 第2期, 雲南財經大學.

張 光, 1992,「80年代中國對外政策的重大調整」,『外交學院報』 1992年 第1期, 外交學院.

趙成烈, 2007,「韓半島和平體制的構築與東北亞安全合作」, 中國社會科學院韓國硏究中心,『當代韓國』 2007年 第2期, 社科文獻出版社.

趙躍欽·謝劍南, 2006,「淺議朝核問題與東北亞多邊安全合作機制」,『國際關係學院學報』 2006年 第6期, 國際關係學院.

朱 鋒, 2006,「中國的外交斡旋與朝核問題六方會談」,『外交評論』 2006年 4期, 外交學院.

______, 2005,「六方會談: 朝核背後的若幹問題」,『和平與發展』 2005年 第2期, 和平與發展硏究中心.

______, 2005,「'中國崛起'與'中國威脅'-美國'意向'的由來」,『美國硏究』 2005年 第3期, 中國社科院美國硏究所.

______, 2009,「二次核試後的朝核危機: 六方會談與'强制外交'」,『現代國際關系』 2009年 第7期, 中國現代國際關系硏究院.

◇ 영어 문헌

1. 저서

Armacost, Michael H, and Daniel I, Okimoto, The Future of America's Alliances in Northeast Asia, California: Asia Pacific Research Center, 2004.

Buzan, Barry, People, States, and Fear: An Agenda for International Security Studies in the Post-Cold War Era, Boulder, CO: L, Rienner, 1991.

Morgenthau, Hans J. Politics among Nations: the Struggle for Power and Peace, New York: Alfred A. Knopf, 1973.

Ruggie, John Gerard, Multilateralism Matters: The Theory and Praxis of an Institutional

Form, New York: Columbia University Press, 1993.

Spykman, Nicholas J, The Geography of the Peace, New York: Harcourt Brace Co, 1944.

Wolfers, Arnold, Discord and Collaboration: Essays on International Politics, Baltimore: The Johns Hopkins Press, 1962.

2. 학술논문

Caporaso, James A, 1992, "International Relations Theory and Multilateralism: The Search for Foundation." International Organization, Vol. 46, No. 3.

Forcey, Linda Rennie, 1989, "Introduction to Peace Studies." in Linda Rennie Forcey, ed. Peace: Meanings, Politics, Strategies. New York: PRAEGER.

Galtung, Johan, 1968, "Peace." in David L. Sills, ed. International Encyclopedia of Social Science, Vol. 11. New York: Macmillan Company & The Free Press.

Gross, Donald G, 2007, "Prospective Elements of a Peace Regime in Korea and Proposed Steps to Achieve It." IFANS Review, Vol. 15, No. 2.

Jervis, Robert, 1983, "Security Regime." in Stephen D. Krasner, ed. International Regimes, Ithaca: Cornell University Press.

Keohane, Robert O, 1990, "Multilateralism: An Agenda for Research." International Journal, Vol. 45.

______, 1988, "International Institutions: Two Approaches." International Studies Quarterly. Vol. 32, No. 4.

Krasner, Stephen D. 1983, "Structural Causes and Regime Consequence." in Stephen D. Krasner, ed. International Regimes, Ithaca: Cornell University Press.

Lucian, Giacamo. 1989, "The Economic Content of Security." Journal of Public Policy. Vol. 8, No. 2.

Mansbach, Richard W. 1993, "The New Order in Northeast Asia: A Theoretical Overview." Asian Perspective. Vol. 17, No. 1.

Nye, Joseph S, 1997. "China's Re-emergence and the Future of the Asia-Pacific." Survival, Vol. 39, No. 4.

Romberg, Alan D, 2007, "A Korean Peace Regime: Implications and Tasks for the ROK-U.S. Alliance and Regional Security Architecture." IFANS Review, Vol. 15, No. 2.

Ross, Robert S, 1999, "The Geography of the Peace: East Asia in the Twenty-first Century." International Security, Vol. 23, No. 4.

Sills, David L, 1968, "National Security." in David L. Sills, ed. International Encyclopedia of the Social Sciences, Vol. 11. New York: The Macmillan Company & The Free Press.

Zhu Feng, 2010, "Cheonan Impact, China's Response and the Future of Northeast Asian Security." 『전략연구』통권 제49호, 한국전략연구소.

◇ 신문자료

『국방일보』(서울) 『경향신문』(서울) 『대전일보』(대전)
『동아일보』(서울) 『로동신문』(평양) 『매일경제』(서울)
『문화일보』(서울) 『세계일보』(서울) 『아시아경제』(서울)
『연합뉴스』(서울) 『조선일보』(서울) 『중앙일보』(서울)
『한겨레신문』(서울) 『環球時報』(北京) 『京華時報』(北京)
『人民日報』(北京) 『文匯報』(香港) 『新京報』(北京)

◇ 인터넷 자료

국방부: http://www.mnd.go.kr
극동문제연구소: http://ifes.kyungnam.ac.kr
연합뉴스: http://www.yonhapnews.co.kr
통일부: http://www.unikorea.go.kr/
YTN News: http://www.ytn.co.kr/
한국국가안보넷: http://www.konas.net
歷史上的今天網: http://www.todayonhistory.com
人民网: http://www.people.com.cn
新華網: http://news.xinhuanet.com
新浪網: http://news.sina.com.cn/
中國財經網: http://www.caijing.com.cn
中國常駐聯合國代表團網: http://www.china-un.org/
中國廣播網: http://www.cnr.cn/
中國外交部網: http://www.mfa.gov.cn
中國政府網: http://www.gov.cn

Abstract

Study of Conceptions for Peace and Multilateral Security Cooperation on Korean Peninsula

-Centered on the Standpoints of ROK and PRC-

Bi Yingda

In this dissertation the author tries to analyze the multilateral security cooperation conceptions raised by ROK governments in the post-Cold War era and to analyze the attitudes and contributions on the part of China. The writing starts from the ever-changing situation in the North east Asia, reviews the policies madeby post-Cold War Korean governments toward PDRK, and establishes its argumentation in terms of standpoints toward multilateral security cooperation held by ROK and PRC.

After the Cold War, the economic cooperation and mutual dependence among Northeast Asian natins have been increasingly strengthened, while contradictions and conflicts still exist in political and military spheres. With the presence of Korean Peninsula nuclear issue in particular, the possibility of the peninsula's disrupting into war is still not to be exempted. Thus, multilateral security dialogues among Northeast nations are essential for the solution to controversies with in the area.

In mid 80s, the Policy towards North Korea, taken by Roh Tae Woo administration, which features active measures to improve the nations' relations with China and Soviet Union and other socialist countries, laid a solid foundation for future multilateral security cooperation among Northeast Asia nations.

The South and North of the peninsula have been holding different views concerning which nations to be allowed into the Korean Peninsula peace pact. In 1993, Kim Young Sam administration advanced its conception of four-party talks with ROK, PDRK, PRC and USA included, which intends at the continuation of South-Northdialogue, thus conclusion of South-North peace pact on the basis of strengthened mutual trust. The plan also seeks to establish apeace mechanism on Korean Peninsula, safeguarded by joint maneuver of PRC and USA. However, four-party talks were stranded in the end, for the south and the north failed to reach an agreement on the selection of candidate nations to be acceded into the pact, and views could no tbe reconciled either on the issue of withdrawal of US military forces stationed in ROK.

The Kim Dae Jung government, which started its administration in 1998, gave up the tone of assimilation and integration and spared no efforts to push forward its Sunshine Policy, aiming to influence PDRK and make it step into the path of reform and opening up through continuous efforts for reconciliation and cooperation. Under the guidance of this conception, peaceful coexistence of the two and the complete disruption of the Cold-war structure on the peninsula is expected. By observing this policy, ROK government achieved the easing of South-North relations, which resulted in the first leader meeting of DPRK and ROK.

Roh Moo Hyun acted in accordance to the inclusive policy initiated by Kim Dae Jung government, and made its own Peace and Prosperity Policy toward DPRK. His policy makes its priority concern the peaceful solution to Korean Peninsula nuclear issue. The Roh Moo Hyun government strove hard to hold six-party talks and advocated a balanced diplomatic policy. The government ardently observed the policy. To some degree, the implementation of the policy softened the enmity harbored by PDRK toward ROK and USA, and effectively contained the escalation of Korean Peninsula nuclear issue crisis.

However, Lee Myung Bak government made major review upon the inclusive policy taken by the previous government and switched to a hard-line "Denuclearization, opening up, 3000" policy, shored up with pragmatism and reciprocity. His policy put semphasis on Korea-US relations and targets at forcing DPRK into changes by ROK's overall advantages against it. The drastic change in the tone of the nation's diplomatic policy strained the peninsular situation and the South-North Korea relations went back to the starting point.

Given the points raised above, from perspectives of both goal-setting and process of promotion, diplomatic policies taken by ROK governments in the post-Cold War era, with no exception, feature a distinct multilateralism, thus falling in the category of multilateral security cooperation conception.

On the Korean Peninsular Issue, in the post-Cold War era, particularly accompanying the formation of China's new security conception, PRC has abandoned its negative understanding of multilateral security cooperation and has been playing an active role in supporting and entering into the multilateral security cooperation beneficial to the peninsula's peace and stability.

On the issue of four-party talks, though in the first stage PRC held a prudent stance, China has been an active participant into the process after 1997. PRC especially welcomes "Sunshine Policy" and "Peace and Prosperity Policy". And it remains supportive of "Denuclearization, Opening up, 3000" Conception too, yet uttering disapproval over the oppressive measures taken by ROK against North Korea.

For the sake of peaceful solution to the nuclear issue, China advocates multilateral cooperation, especially on occasions when the six-party talks stalled, China actively involved itself in diplomatic mediation, and acted as a leading force for shelving disagreement and resuming conversation. Due to the lack of basic trust between DPRK and USA, in the short term, it is unrealistic to expect six-party talks to gain substantial progress. However, six-party talks remains an optimal scheme for peaceful solution to the nuclear issue. Countries involved in the talks have also reach consensus over the benefits of six-party talks mode, looking forward to future conversations. It is anticipated that through six-party talks, a peaceful solution to the nuclear issue, as well as other issues on Korean peninsula, will be forged; and that the talks will be further institutionalized, becoming part of northeast Asia multilateral security cooperation and gain common support. Arguably, in this process, China will continue to exert influence as an emerging regional nation.

Key Words: Korean Peninsula Peace Mechanism, Multilateral Security cooperation, Korean Peninsula Nuclear Issue, Sunshine Policy, Peace and Prosperity Policy, Denuclearization Open 3000 Conception, China's Korean Peninsula Policy, Four-Party Talks, Six-Party Talks.

찾아보기

바

사

아

자

차

카

타

파

하

필 영 달 畢 穎 達

2011.2 한국학중앙연구원 정치학 박사(국제정치 분야) 학위 취득
2004.2 서울대학교 국제대학원 한국학 석사(국제정치 분야) 학위 취득
1996.7 중국 吉林大學 학사 학위 취득

現在: 中國·山東大學韓國學院助敎授,
兼任中國社會科學院地區安全中心特聘硏究員
연구 분야: 한반도 국제정치, 한중관계, 남북관계

발표 학술논문
〈朴槿惠政府對北政策的現實與超越〉, 〈朝核問題困境與發展方向〉,
〈中國對六方會談的戰略思考及其演變〉, 〈六方會談重啓的必然性和難點解析〉,
〈朝韓對交叉承認構想的立場〉 等10余篇.

韓半島 平和와 多者安保協力 構想
-韓國과 中國의 立場-

값 23,000원

2014년 5월 10일 초판 인쇄
2014년 5월 15일 초판 발행

저　　자 : 畢 穎 達
발 행 인 : 한 정 희
발 행 처 : 경인문화사
서울특별시 마포구 마포동 324 - 3
전화 : 718 - 4831~2, 팩스 : 703 - 9711
이메일 : kyunginp@chol.com
홈페이지 : http://kyungin.mkstudy.com
등록번호 : 제10 - 18호(1973.11.8)

ISBN : 978-89-499-1017-8 93340